暨南文库·新闻传播学 **1**

*JINAN Series in Journalism & Communication*

道可道·非常道（二）

# 道可道
## 新闻传播理论与实务研究

谭 天 著

暨南大学出版社
JINAN UNIVERSITY PRESS

中国·广州

图书在版编目（CIP）数据

道可道：新闻传播理论与实务研究/谭天著. —广州：暨南大学出版社，
2019.12

（暨南文库. 新闻传播学）

ISBN 978 - 7 - 5668 - 2791 - 3

Ⅰ.①道… Ⅱ.①谭… Ⅲ.①新闻学—传播学—研究 Ⅳ.①G210

中国版本图书馆 CIP 数据核字（2019）第 272040 号

道可道：新闻传播理论与实务研究

DAOKEDAO：XINWEN CHUANBO LILUN YU SHIWU YANJIU

著　者：谭　天

出　版　人：徐义雄
项目统筹：黄圣英
责任编辑：高　婷　康　蕊
责任校对：刘舜怡　黄晓佳
责任印制：汤慧君　周一丹

出版发行：暨南大学出版社（510630）
电　　话：总编室（8620）85221601
　　　　　营销部（8620）85225284　85228291　85228292（邮购）
传　　真：（8620）85221583（办公室）　85223774（营销部）
网　　址：http：//www. jnupress. com
排　　版：广州尚文数码科技有限公司
印　　刷：广州市快美印务有限公司
开　　本：787mm×1092mm　1/16
印　　张：17.5
字　　数：310 千
版　　次：2019 年 12 月第 1 版
印　　次：2019 年 12 月第 1 次
定　　价：69.80 元

（暨大版图书如有印装质量问题，请与出版社总编室联系调换）

# 总　序

······

　　如果从口语传播追溯起，新闻传播的历史至少与人类的历史一样久远。古人"尝恨天下无书以广新闻"，这大约是中国新闻传播活动走向制度化的一次比较早的觉醒。

　　消息、传闻、故事、新闻、报道，乃至愈来愈切近的信息、传播、大数据，它们或者与人们的生活特别相关、比较相关、不那么相关、一点也不相干，或者被视为一道道桥上的风景、一缕缕窗边的闲情抑或一粒粒天际的尘埃，转眼消失在风里。微观地看，除了极少数的场景外，新闻多一点还是少一点，未必会造成实质性的差别；本质地看，人类作为社会性的动物，莫不以社会交往，包括新闻传播的存在和丰富化为前提。

　　这也恰好是新闻传播生存样态的一种写照——人人心中有，大多笔下无。它的作用机制和内在规律究竟为何，它的边界究竟如何界定，每每人见人殊。要而言之，新闻传播学界其实永远不乏至为坚定、至为执着的务求寻根问底的一群人。

　　因此人们经常欣喜于新闻传播学啼声的清脆、交流的隽永，以及辩驳诘难的偶尔露峥嵘。重要的也许不是发现本身，而是有越来越多的研究者参与其中，或披荆斩棘，或整理修葺。走的人多了，便有了豁然开朗。倘若去粗取精，总会雁过留声；倘若去伪存真，总会人过留名。

　　走的人多了，我们就要成为真正的学术共同体，不囿于门户之见，又不息于学术的竞争。走的人多了，我们也要不避于小心地求证、深邃地思考，学而不思则罔。走的人多了，我们还要努力站在前人、今人的肩膀上，站得更高一些，看得更远一些。

　　这里的"我们"，所指的首先是暨南大学的新闻传播学人。自 1946 年起，创系先贤、中国第一位新闻学博士、毕业于德国慕尼黑大学的冯列山先生，以及上海《新闻报》总经理詹文浒先生等以启山林，至今弦歌不辍。求学问道的同好相互砥砺，相互激发，始有本文库的问世。

"我们"，也是沧海之一粟。小我终究要融入大我，我们的心血结晶不仅要接受全国同一学科学术共同体的检验，还要接受来自新闻、视听、广告、舆情、公共传播、跨文化传播等领域的更多读者的批评。重要的不完全是结果，更多的是过程。在这一过程中我们特别关注以下剖面：

第一，特定经验与全球视野的结合。文库的选题有时是从一斑窥起，主要目标仍然是研究中国全豹，当然，我们也偶或关注印度豹、非洲豹和美洲豹。在全球化时代，我们的研究总体会自觉不自觉地增添一些国际元素。

第二，理论思辨与贴近现实的结合。犹太谚语云"人类一思考，上帝就发笑"，或许指的是人力有时而穷，另外一种解释是万一我们脱离现实太远，也有可能会堕入五里雾中。理论联系实际，不仅是哲学的或革命的词句，也是科学的进路。

第三，新闻传播与科学技术的结合。作为一个极具公共性的学术领域，新闻传播的工具属于拿来主义的为多。而今，更是越来越频繁地跨界，直指5G、云计算、人工智能等自然科学的地盘。虽然并非试图攻城拔寨，但是新兴媒体始终是交叉学科的前沿地带之一。

归根结底，伟大的时代是投鞭击鼓的出卷人，我们是新闻传播学某一个年级某一个班级的以勤补拙的答卷人，广大的同行们、读者们是挑剔犀利的阅卷人。我们期望更多的人加入我们，我们期望为知识的积累和进步贡献绵薄的力量，我们期望不辜负于这一前所未有的气势磅礴的新时代！

编委会

2019 年 12 月

# 序　言

..... .....

　　荷兰华人街的地砖上刻着中国古代思想家老子的名句："道可道，非常道。"我很喜欢这句话，先是把自己的微信公众号取名为"谭天论道"，继而把它用在自己的书名里。这一个系列共三部约80万字：《道可道：新媒体理论与实务研究》《道可道：新闻传播理论与实务研究》《非常道：新媒体传播实践》。

　　自1996年发表第一篇论文以来，我已发表论文200多篇，出版专著教材10多部。2004年我从业界调到暨南大学新闻与传播学院工作，就此真正进入学术研究阶段。由于自己的刻苦努力和大胆创新，我的论文不仅高产，研究也渐入佳境，并一直保持较强的学术敏感和创造力，一些研究成果得到学界的广泛认同和业界的良好反响。

　　最近十多年，正是互联网和新媒体急速发展，新闻传播学发展面临巨大挑战的时期。而我则完成了两次学术转型，一是由应用研究转向理论研究，二是由广播电视研究转向新媒体研究。我的研究领域比较广，并有不少理论创新，先后提出电视节目形态构成、传播裂变、意义经济、媒介平台、社会化传播等新理论以及各种新锐观点。

　　《道可道：新媒体理论与实务研究》和《道可道：新闻传播理论与实务研究》精选了我的数十篇论文（独著和合著）及一篇研究心得，这些文章分别发表在核心期刊、新闻传播年鉴、各种蓝皮书和会议论文集上，有些被《新华文摘》、中国人民大学"复印报刊资料"系列数据库转载，有些还获得各种奖励。这些文章是我不懈探索的学术成果，也在一定程度上展示新闻传播和新媒体的最新研究。

　　《道可道：新媒体理论与实务研究》包括三部分：网络与新媒体研究、传媒经济与管理研究、学术探讨与研究心得；《道可道：新闻传播理论与实务研究》也包括三部分：新闻学研究、传播学研究、广播电视学研究。这一系列专著几乎涵盖新闻传播学研究的主要领域，对于学生来说是一个全面了解学科前沿的窗口，对于学者来说是一个可以进行学术交流的载体。

"道可道，非常道"系列不仅可以看到我的研究成果，还可以看到我是如何做研究的。我希望读者不仅看到我写了哪些论文，做了哪些研究，从中学习了哪些新知识、新理论，还能对我的研究思路、视角、观点和方法有所了解、有所领悟。前瞻、创新、务实和跨界是我的学术风格，解放思想、道无不理是我的理论追求，科学精神、天道酬勤是我的工作态度。

非常道，即除了功夫下在论文外，研究还需要社会观察和传播实践。有朋友问，谭老师你怎么有那么多好的选题？原因在于我把中国社会和新闻传播看作自己研究的田野、学术的源泉。《非常道：新媒体传播实践》包括四部分内容：传媒观察、网络评论、文化传播、读书与教学。正是这些观察与思考孕育出我的独到见解和理论建树。

"凡是过去，皆是序曲。"我更希望在此书基础上与学者们展开新的学术对话。

谭　天

2019 年 11 月

第一编

# 新闻学研究

新闻学研究主要是应用研究，但笔者也没有放弃对新闻基本规律的探索，本章讨论了新媒体语境下的新闻定义、电视新闻的不可预知性、电视新闻舆论场及构建；新闻业务研究也要尽量使用新理论，在电视记者角色定位和"寻兵报道"的研究中采用了符号学理论；在新闻研究中要敢于提出新观点、新理论，如电视新闻评论时代、电视调查新闻理论的构想；新闻学研究不仅研究微观层面的业务，还要研究宏观层面的媒体，新闻立台和评论强台的发展战略；新闻学研究既可以进行共时性的比较，如中美电视调查性报道比较，也可以进行历时性的梳理，如电视新闻三十年回顾，广播新闻形态之变，都可以析出其发展脉络和趋势。我认为，新闻学研究不仅要追踪热点，更要开阔视野、放眼未来。

# 新媒体语境下的"新闻"

不可否认，新媒体的出现，导致新闻传播呈现出碎片化、聚合化、泛在化等特点，这些都指向"什么是新闻"这一最根本问题，由此也引发学界对新闻定义的重新讨论。以客观、发展、全面的视角来探讨新媒体语境下的新闻定义，不仅可以让人们对新闻有更清醒的认识和更科学的界定，而且能推动新闻传播学的进一步发展，从而科学地指导人们的新闻实践活动。

## 一、新闻定义众说纷纭

近年来有关新闻定义的研究已经摆脱了前些年"报道说"与"信息说"的单纯争论，而呈现出多元化、规范化的趋势：

20 世纪 80 年代兴起的"新闻作为框架"理论，为新闻定义提出了与众不同的思考角度。黄旦教授在对这一理论进行归纳时指出："1. 框架理论的中心问题是媒介的生产，即媒介怎么反映现实并规范人们对之的理解；2. 怎样反映现实，如何建构意义并规范人们的认识，最终是通过文本或话语——媒介的产品得以体现；3. 框架理论关注媒介生产，但并不把生产看成一个孤立的过程，而是把生产及其产品（文本）置于特定语境——诸种关系之中。"①

李希光教授从新闻采写的角度指出："新闻是经过媒体报道的对不同人有不同兴趣的最新的信息。新闻应该包含'读者需要知道'和'读者想要知道'两个方面的内容。"②

尹连根博士依托于英国学者斯图尔特·霍尔的"呈现说"，提出：新闻是"现实权力关系新近变动的建构性呈现"③。

近年来，"新闻理论研究开始从政治化走向学术化，从较为浮躁转向相对严

---

① 黄旦：《传者图像：新闻专业主义的建构与消解》，上海：复旦大学出版社 2005 年版，第 229、231－232 页。

② 李希光：《关于新闻的定义与新闻写作》，《新闻与写作》2012 年第 3 期，第 77－78 页。

③ 尹连根：《现实权力关系的建构性呈现——新闻定义的再辨析》，《国际新闻界》2011年第 4 期，第 55 页。

谨，研究的规范化提上日程"①。迄今为止，学界对"事实说""报道说""信息说"基本形成了比较客观、一致的评价，越来越多的学者接受了新闻是一种信息的观点，新闻从种属上讲属于信息的范畴。新闻定义的研究仍然侧重对新闻本体的研究。但是，对新闻本体的研究也有其局限性。陈力丹教授认为，"要想真正探讨什么是新闻，必须探究具体传播新闻的社会文化背景、时效条件。对于日常新闻工作而言，有一个简单的定义是方便的，但是任何一种所谓定义都会将新闻传播现象简单化。在'新闻'一词之前或之后不断地增减定语或状语，这已经谈不上学术了，应结束这种游戏"②。

从发展趋势来看，互联网将成为互动性最强、受众最广、信息承载量最大的传播媒体，新的传播方式将促使人们对新闻定义重新解读。新闻定义的研究离不开与新闻实践的结合，若将新闻定义研究置于当前新媒体语境下，才有现实指导意义。遗憾的是，迄今尚无基于新媒体语境新闻定义研究的论文。

既然一时很难说得清楚"什么是新闻"，不如我们换一个思路，调转过来问一下"新闻是什么"，并从客体的角度来审视"新闻"，这种客体性是指与主体相对应的客观存在。笔者认为在新媒体语境下，新闻是一个相对模糊的概念，是一个集成的概念，是一个过程的概念。

## 二、新闻是一个相对模糊的概念

在传统媒体语境下，报纸新闻、广播新闻、电视新闻泾渭分明、边界清晰，我们已经习惯了一开始就将研究对象进行严格界定，即研究的对象具有确定性。然而，在新媒体中，新闻形式的边界开始变得越来越模糊，"模糊概念的内涵和外延是确定性和不确定性的统一"③。目前，人们普遍认为模糊概念有明确的内涵，却没有确定的外延。

一方面，新闻概念具有一些基本属性，这些基本属性反映新闻概念处在变化过程中的相对静止状态，例如，大家普遍认同的新闻是一种信息，新闻必须具有真实性，违背了这些基本条件，就不能被称为新闻。

另一方面，随着新媒体的发展，各种新的新闻形态层出不穷，传受关系的改变引发新闻观念的改变，新闻定义的内涵更丰富，外延在扩展。例如：来自

---

① 陈力丹：《近年来我国新闻理论研究概述》，《新闻界》1999 年第 6 期，第 14 页。
② 陈力丹：《新闻理论研究的回顾与展望》，《国际新闻界》2004 年第 3 期，第 39 页。
③ 石开贵：《模糊概念的特点及其作用》，《四川师范大学学报（哲学社会科学版）》2000 年第 5 期，第 60 页。

社交网站上的信息算不算新闻？微博上的评论算不算新闻？

这样一来，对新闻内涵和外延的认知就不是一目了然，而是存在各种不确定性，甚至会产生很高的模糊度。在新媒体语境下，新闻、资讯、信息的边界日益模糊。信息是物质的一种普遍属性，亦是本质属性。资讯是用户因为及时地获得它并利用它而能够在相对短的时间内给自己带来价值的信息。从严格意义上讲，新闻是一种资讯，资讯是一种信息，其涵盖的不只是新闻，还可以包括其他媒介，如专家讲座、供求、动态、技术、政策、评论等。尤其是随着社交网站的发展，这种重新结构资讯的方式让受众可以定制化个人的信息来源。只要是新的，与受众生活相关的信息都会在社交网站上以最简单的格式呈现。个性化信息可能对一部分受众来说并没有新闻价值，但这些信息会被另一部分受众视为新闻。

在新媒体语境下，新闻与评论的边界也会模糊化。在传统媒体语境下，新闻与新闻评论有着严格的分工。但在新媒体语境下，因为新媒体注重信息反馈，新闻传受关系发生了改变，所以意见的传播能形成新闻价值。新闻评论往往能够迅速形成舆论，舆情成为一种信息并且被迅速传播。这种公开传播的舆情信息的巨大影响力，使得媒体不得不引起重视，有的甚至改变媒体预想的报道议程，并影响新闻事件的进程。

更为严重的边界模糊还出现在对立的概念之间。如传者与受者、公共领域与私人领域、真实与虚拟等概念。"网络技术带来的网络新闻文化是一个丰富的新闻信息源，是一个没有把关人的自由信息时代，是一个任何人都可以解释新闻的时代。"[①] 新媒体语境下，新闻是一个相对模糊的概念，因此，集成大量有效信息才能帮助我们辨析什么才是新闻。问题是怎样才能将模糊的新闻变得清晰？那就要看如何聚合它。

## 三、新闻是一个集成的概念

传统媒体时代，新闻的六大要素以传统线性文本内容方式传播。这是一种适应语言文字的线性特征，根据编辑意图按照事件发展或时间顺序自然展开的文本。这种新闻文本发展出了语言精美、结构严谨、情节连贯、鸿篇巨制的叙事风格，形成了注重严密推理、追求终极价值和深刻社会意义、整体化的思维模式和审美意识。

---

① 李希光：《转型中的新闻学》，广州：南方日报出版社 2005 年版，第 157 页。

在新媒体语境下，新闻呈现超文本传播。超文本以其鲜明的非线性特征，倡导一种多元、对话、互动的文本理念，网络的超文本结构和超链接组织导致了信息传播碎片化。这些作为新闻要素的信息碎片，还算不上严格意义上的新闻，只有当其被按照一定逻辑进行组织、集成后，才能算是新闻。

一条微博传播的信息往往是残缺的新闻。在这样的微博信息中，只有时间和地点是确定的，人物身份、事件原因往往是缺失的，这样的信息在新媒体语境下比比皆是。彭兰教授认为："虽然每个网民只是提供一些零散的'碎片'，但是，当关键的碎片拼贴在一起时，当它们与专业媒体所提供的图景组合在一起时，最终呈现出来的景象，会比仅仅由专业媒体所描绘的景象，要更为丰富、立体、真实。"①

然而，多条关于同一事实的微博聚合起来，通过解读分析才会形成一条完整的新闻。一个热点事件在当前最常见的传播模式：目击者（往往是普通网友）发布只言片语的信息—引起网友关注—具有公信力的机构（传统媒体、政府）—个人（如微博上的公共知识分子、企业家）或信息聚合工具（如 RSS 阅读器、维基百科、互动百科等）进行组织—聚合并传播，从而生产出新闻。正是依赖于微博上大量的爆料和推测，使得之前的碎片细节被集成、放大、加工、传播，事件真相才渐渐为人所知。尤其在中国当前新闻审查制度下，有些信息还不能被公开报道，公众对于真相的渴求与主流媒体的缺位使得信息供需不平衡，而这种不平衡在互联网上得到缓冲，尤其是微博上，存在大量的娱乐化和历史隐喻，这使得很多相关微博看起来只是信息碎片，因此，只有把碎片化的信息进行聚合，才会生产出能被读懂的新闻，从而还原出较为完整的新闻事实全景。

在传统媒体语境下，传播方式主要是点对点或者点对面的传播，传统媒体的把关在新闻生产过程中起着至关重要的作用；新媒体语境下，传播方式的去中心化，使得把关人的作用更加明显地体现在信息的聚合上。可以说，新媒体时代是一个信息碎片化时代，在这个时代，新闻存在于信息的集成过程中。

## 四、新闻是一个过程的概念

将碎片化的信息和内容进行聚合、筛选、甄别，从而发现新闻。可见，新

① 彭兰：《碎片化社会背景下的碎片化传播及其价值实现》，《今传媒》2011 年第 10 期，第 9 - 10 页。

闻是一个逐步接受、辨析的过程。从文化消费和意义生产的方面说，新闻作为媒介组织的产品，乃是社会过程的产物。要判断新闻价值、专业主义和文化观念如何影响新闻内容，还需在新闻生产、信息集成的过程之中考察。传统媒体环境下，新闻的生产和传播掌握在媒体从业人员手中，传播过程是以媒体为中心，自上而下的或从中心向四周的辐射式传播模式。

互联网时代，遇到重大新闻发生，媒体如果不能及时报道，网民也会把他们看到的、听到的信息迅速上传到网络，产生的杂音、传闻甚至谣言，就会影响以致扰乱新闻的真实报道。由此可见，新媒体环境下，互联网已经改变了新闻生产、传播、消费的各个环节。

传统媒体时代，报社、电视台是专业新闻生产机构，新闻的生产有着组织化的特点。而新媒体时代，以社交网站和微博为代表的基于社会关系的传播工具，构成了一种不同于以往的新媒体形式。不仅具备互联网媒体自身迅速、多元、个性、交互的特性，生产者和消费者的界限也变得模糊。新媒体语境下，信息向新闻转化的过程从源头便已开始，受众能通过新媒体深入地参与信息的组织、生产和传播的过程。随着社会化媒体如博客、社交网站，尤其是微博在中国的迅速发展，新闻信息的来源已经从单一、固定的渠道转变为多元、分散的信息传播主体。

受众的视野日渐开阔，眼界越来越高，他们不再满足于对一时一事的了解。受众越来越多地探求事件背后的根源，目光开始更多地转向全球的政治、经济与社会的变革和发展上，渴求新闻的广度与深度。因此，目前传统媒体的新闻传播正在呈现出多维度主导新闻的格局，信息总量丰富，新的样式、报道方式层出不穷，社会热点广受关注，产品亲和力增强，透明度越来越强，公共性越来越强。

在受众的接收过程中，新闻的交互性和议论性增强，促使新闻成为一个发现的过程。新闻可能不在大众媒体中产生，而在反馈、交互和议论中逐渐产生，二次发现新闻，再次进行传播，从而形成新闻。在这一过程中，需要受众提高媒介素养对新闻进行筛选、聚合。从生产到传播的过程中，一旦失真和失范，则会出现谣言。

新媒体最具影响力的变革除了用户可以生产内容，还在于信息转发以及由此衍生出的虚拟人际关系。当今新媒体传播结合了人际关系的因素，其新闻传播形态不同于传统媒体的大众传播，而是呈现出一种自发意识、自我增强、裂变式的传播，人际关系大大改变了传统的新闻传播模式。新闻生产与传播方式的变革，使网络新闻的生产成本近乎为零，从而带来了新闻供需关系的急剧失衡，进而形成网络上的海量信息，为受众提供了广阔的选择空间，传统媒体时代的新闻消费方式也随着受众地位的提升而发生变化。

总之，新媒体语境下，多元化的生产主体、社会化的生产形式、多样化的产品形态，更加体现了新闻的过程性。

依据辩证唯物主义认识论观点，人们对自然事物的属性的认识和研究，完全是从自觉或不自觉地对具体事物的观察开始的，认识规律是从感性到理性。因此，对新闻定义的科学认知，需要我们对新媒体环境下人们的新闻传播活动进行反复的考察，才能从中抽象出新闻的特有属性及本质属性。虽然，说到这里我们仍然无法清晰地界定"什么是新闻"，但我们还是尝试从多个维度描述"新闻是什么"。从理论研究的角度来看，"新闻是什么"不重要，"新闻是什么"的讨论很重要。这些讨论必定推进我们对新闻定义这一基本概念的深化认识，对新闻理论的建构和创新做出新的贡献。

（本文原载于《新闻界》，2012 年第 12 期，原文名为"新媒体语境下的'新闻'界定"，作者：谭天、刘云飞、丁卯，有改动）

# "不可预知"：电视新闻的卖点

当今世界已进入注意力经济时代。就拿电视来说，目前我国约有 3 000 个频道，观众平均每天看电视的时间是 180 分钟，其中更换频道的频率达 100 次，这就意味着观众注意力高度分散。电视媒体竞争，新闻无疑是主战场。那么，电视新闻大战何以取胜？有什么东西能把观众的注意力吸引到电视新闻上呢？当然有许多东西、许多办法，但有一种稀缺的新闻资源很值得我们去开发利用，那就是重大新闻事件中的"不可预知性"。让我们先看看下面这个例子。

## 一、以悬念建立"新闻引力场"

2004 年 9 月发生的俄罗斯别斯兰人质事件，凤凰卫视对整个事件发生过程进行了现场直播。尽管前方记者拍摄的图像并不太理想，但仍然引起了观众极大的关注，观众不断地猜测：俄罗斯特种部队到底能否顺利解救人质？在营救过程中到底有多少平民被害？是几百人还是一千几百人？因为直接关系人质的生命安全，而且多数是少年，所以，观众一方面在猜测，另一方面会更关注事态的发展，关心人质的安全。这充分说明了观众对信息的选择取向。"猜测是直播过程中的卖点"，凤凰卫视中文台副台长刘春如是说。而猜测源自新闻事件发生过程的不可预知性，建立在重大新闻价值上的这种不可预知性大大地提高了观众的关注度。他们的目光紧紧地追随着现场直播，锁定在凤凰卫视的新闻节目上，电视频道形成了一个吸引观众、聚集人气的"新闻引力场"。

我国电视新闻报道的改革，就是变"过去完成时"为"现在进行时"。而要做到这一点，最好的报道方式就是跟踪报道。跟踪报道，即连续报道，现场直播实质上也是一种不间断的现场感更强的连续报道。但遗憾的是，在我国的电视新闻里此类报道太少了，仅以 2002 年度中国广播电视新闻奖为例，参评的33 件电视连续（系列）报道作品中，连续报道只有 3 件，只占 1/11。评委章壮沂指出："从电视新闻的特性看，跟踪重大事件、突发事件发展变化过程的连续报道应当成为主要报道形式之一，这是媒体竞争的需要，也是观众的迫切需求，现在连续报道太少，值得引起电视人的重视。"① 即使目前我国电视现场直播日益增加，笔者认为仍普遍存在三方面的滞后：一是有直播没报道，即只是简单的影像直播，没有报道策划和深度报道；二是有直播没卖点，即没有重要的新闻价值；三是有直播没悬念，不能以展现从未知到已知的过程来调动观众收看兴趣。因此别斯兰人质事件的相关报道有两大特点：第一，它是一次震惊世界的恐怖袭击（新闻价值）；第二，事件如何解决是一个悬念（不可预知）。前者各类媒体都可报道，后者则可充分显示电视媒体的优势——目击人质的解救现场与动态过程。

我们的电视新闻何以缺少悬念式的跟踪报道呢？最主要的还是受落后的新闻观念影响，我国在过去很长一段时间出现一种报道模式：强调宣传功能，强化主题性新闻，弱化事件性新闻，强调传者的主观意图，忽略受众的收看需求。能否把这两者统一起来呢？香港《文汇报》社长张云枫认为："内地的新闻强调社会效果，强调集体对国家利益的充分考虑，香港比较强调资讯的丰富，满足读者的需求。这些有所侧重，有所不同，也有共同之处，就是都以事实为依据，都强调发挥舆论监督的作用。这是个新课题，我希望将来把两种制度的长处都吸收过来，那就最理想。"② 而连续报道和现场直播中的"不可预知性"正是丰富资讯的最有效手段，也是构建"新闻引力场"的有效方法。

## 二、不确定的事能否报道

新闻事件发展的"不可预知性"同时也表现在新闻事实的"不确定性"上，这种"不确定性"也就是指未经证实的信息。未经证实的信息也能够成为新闻报道吗？未经证实的信息当然不能成为完整的、合格的新闻报道，但它可以成为新闻报道中的一部分。如《焦点访谈》的舆论监督不也正是用镜头去追寻一个个未知和疑问吗？不也是通过逐一采访查证，最后揭开整个事实真相吗？猜测、分析与查证构成了现场直播的全过程，而且过程比结果更有看头。

当然，对不可预知新闻事件的报道是需要极大的勇气的，因为记者要冒着报道失实的风险。对于重大新闻的发生，过去我们是像司机开车"一等二慢三回头"，等所有的情况都弄清楚了再去报道。如1999年5月8日，北约的美国 B－2 轰炸机发射精确制导炸弹轰炸中国驻南斯拉夫联盟大使馆，以美国为

---

① 江欧利、张君昌、吴煜：《中国广播电视新闻奖 2002 年度新闻佳作赏析》，北京：新华出版社 2004 年版，第 276 页。

② 李扬、胡伟平：《话说香港》，长春：长春出版社 2010 年版，第 498 页。

主导的西方媒体皆道是误炸，却迟迟听不到我国媒体的声音，让我们在新闻大战中处于被动的守势，第一话语权就在等待与核实中失去了。其实，我们完全可以边报边核，知道多少报多少，抢先报道就能抢得先机。加大对不可预知事件报道的力度，不但能够赢得新闻大战的主动权，还可以提高新闻舆论监督的透明度，加大新闻媒体国际竞争的开放度。

诚然，我们的电视新闻报道也是要考虑宣传效果的，但是不是所有不可预知的事件都值得报道呢？有些新闻事件的报道也许会产生负面作用，这恐怕就要权衡利弊了。对于不可预知的突发性事件，不少属于危机事件，大致可分天灾、人祸两类，前者如"非典"报道，有关部门已经还老百姓以知情权；后者如别斯兰人质事件，俄罗斯政府对境外媒体的报道采取开放的态度。这到底是利大还是弊大呢？弊：从人质营救的失败暴露了俄罗斯国家机器的低效与无能，有可能影响反恐士气和普京威信；利：向世界特别是西方展示了恐怖分子的凶残，他们不是什么车臣分裂分子，而是跟"9·11"劫机分子一样的亡命之徒，不但不应该支持，而且应该是全世界人民共同打击的目标。两者相比，从俄罗斯的反恐大局来看，是利大于弊。因此，普京政府采取了对国内外媒体全面开放的政策。在资讯十分发达的今天，不管是"坏消息"还是"好消息"，都难以封锁。其实，任何报道都会产生积极和消极的影响，就看如何正确把握舆论导向，这才符合马克思主义新闻观。难道我们报喜不报忧，群众就不会产生抗拒和逆反心理吗？社会上甚至还会因盲目猜测而流言不断、谣言四起。

一个新闻事件值不值得报道，首先要看它有没有新闻价值。李良荣教授认为："新闻价值就是事实本身包含的引起社会各种人共同兴趣的素质。"[①] 不可预知的重大新闻事件无疑能引发社会的广泛关注和受众的极大兴趣，难道新闻记者不应该全力以赴去追踪报道吗？

## 三、"不可预知"也能策划吗

不可预知事件的报道也是可以策划的。不少不可预知的新闻事件属于突发事件、危机事件，现场采访有相当难度，组织报道要精心策划，报道时机要当机立断。1998 年 2 月，在伊拉克武器核查波谲云诡、一场新的海湾战争一触即发的紧急情势下，中央电视台果断派出一个由八人组成的赴伊拉克特别报道小组。2 月 13 日，在中央电视台《新闻联播》中突然出现这样的一个场景：水均

---

① 李良荣：《新闻学导论》，北京：高等教育出版社 1999 年版，第 170 页。

益手持带有 CCTV 台标的话筒在巴格达进行现场直播，中国观众为之精神一振。在随后的十几天里，到底是打，还是不打？人们守候在电视机前追看前方记者发回来的报道。可惜这样充满悬念的报道太少了，特别是国内新闻。

虽然我们不能预知新闻事件将如何发展，但我们可以预见新闻事件发展的可能走向，从而为新闻报道策划进行定位。比如湛江电视台的连续报道《救助贫病儿童王振龙》，记者在策划时分析：虽然我们不知道社会各界有多少人捐多少钱，但我们预感一定会有人资助；虽然不能保证一定会救活这位患先天性心脏病的贫穷人家孩子，但我们知道这类手术风险较低、成功率较高。结果与记者的预见性定位是吻合的，社会各界捐助了足够的款项，医院成功地施行了手术，孩子健康地成长……观众感受到了这一曲充满爱心的美好"乐章"，真善美在猜测中得到了升华。然而，并不是所有的跟踪报道都会有皆大欢喜的大团圆结局，有时一个开放式的结局或许更能唤起观众的思考和关注，并为下一个报道设置了新的悬念。这就涉及另一个问题——策划总赶不上变化，记者除了有预见性还要有灵活性。

其实，不少主题性的系列报道也可以策划成事件性的连续报道。如黑龙江电视台的《关注农民工讨回打工钱》是一个很不错的系列报道，如果做成连续报道更能紧扣观众心弦。农民工王玉兴的命运就是千千万万农民工的遭遇，他到底能否讨回打工钱？政府职能部门的帮助是否有效？这个巨大的悬念就是一个"新闻引力场"，把观众紧紧吸引在电视机前，而且体现着一种深深的人文关怀。这样的报道是不是正面宣传？当然是！记者既站在群众的立场上来报道——诉说农民工的现状，同时也站在政府的立场上来报道——记录政府职能部门的努力。这样的跟踪报道老百姓更愿意看。

## 四、从稀缺信息资源中发掘"卖点"

蔡雯教授在《新闻报道策划与新闻资源开发》一书中，把新闻信息资源定义为："新闻媒介所拥有的新闻信息渠道及其产品，包括新闻提供者、新闻合作者、新闻线索、新闻稿件、新闻资料等。"[①] 笔者认为这个划分不太合理，新闻提供者和新闻合作者应该属于新闻人力资源，新闻稿件和新闻资料则属于新闻信息资源加工出来的新闻产品或半成品。笔者认为新闻信息资源应该是可供新

---

① 蔡雯：《新闻报道策划与新闻资源开发》，北京：中国人民大学出版社 2004 年版，第 7 页。

闻报道的信息资源，即新闻事实和新闻事件。由此，我们把新闻信息资源分为三类：第一类是显性新闻信息资源，大多数动态报道属于此类；第二类是隐性新闻信息资源，是需要我们去发掘的，这就是深度报道的取材范畴；第三类是稀缺的新闻信息资源，充满悬念的突发性新闻事件便是此类。大千世界充满着种种未知，但具有新闻价值的只占一部分，有重大新闻价值且适合电视报道的新闻信息就是稀缺新闻信息资源了。什么是既有重大新闻价值又适合电视报道的稀缺新闻呢？那就是"不可预知"的重大新闻事件。第三类与前两类有重叠交叉，有时它是显而易见的，就看你想不想报道，敢不敢报道；有时它需要你去发掘，没有强烈的社会责任感就会视而不见，如电视新闻《南丹"7·17"事故初露端倪》。长期以来，我们的电视新闻报道主要依赖前两种新闻信息资源，甚至更多的是显性新闻信息资源。

如今在日渐激烈的电视新闻争夺战中，前两种已成为常规武器，唯有稀缺的新闻信息资源能够成为最具有"杀伤力"的武器。为什么呢？首先，它是"不可预知"的重大新闻事件，往往是观众关注的热点；其次，要对这类新闻信息及时连续地进行报道，必须要有足够的投入：需要前方记者和机器设备到现场，需要租用卫星线路回传现场信号，还要有连续作战能力及后方支援。这不是哪家电视媒体轻易做得到的。"人无你有"，如果你做到了，那就成为独家报道，成为最大卖点。

电视新闻改革的方向就是新闻节目的动态化、实时化，新闻直播的常态化，而"不可预知"正是电视新闻报道的有力支撑点，由它构成的连续报道和现场直播必将成为最重要的电视新闻节目形态。电视新闻报道不但需要改革，更需要开放，电视新闻工作者应该及时转变观念，以观众需求为己任，以敏锐的眼光和高度的责任感抢占新闻大战的"制高点"。

（本文原载于《新闻爱好者》，2005年第9期，原文名为"'不可预知'：电视新闻的最大卖点"，有改动）

# 论电视新闻舆论场

我国电视评论的迅速发展使其相关理论研究总是相对滞后。问题首先出现在评奖分类的争论上，到底什么是电视评论节目？这是令历届新闻奖评委都感到头疼的问题："对象的界定：无法定义的电视新闻评论。"① 例如，在 2002 年度的中国广播电视新闻奖评选中，由湖北十堰电视台送评的节目《造林还是"造字"》获得电视评论一等奖；而湖北人民广播电台送评的节目《"造林"还是"造字"》却被评为广播专题一等奖。仔细比较两者并无大的区别，就连评委也认为："湖北十堰电视台摄制的《造林还是'造字'》就是这样一个比较典型的调查性报道。"② 须知，报道与评论是两回事。这就让我们糊涂了——《造林还是"造字"》到底是新闻评论节目还是新闻专题节目？也就是说，该如何界定电视评论节目？笔者在此引用一个新的概念——新闻舆论场，来对电视评论进行全新的剖析。

## 一、节目分类的困惑

我们首先要明确这样一个前提，即电视评论是不是新闻评论？中国传媒大学王振业教授认为："电视评论是新闻评论。它不论以什么具体形式出现，都必须坚持新闻评论的体裁特征，特别是政论性特征；不论论述新近发生的新闻事件还是客观存在的社会现象、社会问题，以口播评论还是图像评论出现，以媒介还是个人的名义播发，都代表着本台对于有关事物的看法，体现着本台的基本立场、观点和评论宗旨。"③ 大多数学者也把电视评论看作新闻评论。

中国人民大学涂光晋教授在其《广播电视评论学》中把电视评论的个性特

---

① 蔡照波、肖纵：《中国电视新闻评论类节目发生和发展探微》，北京：中国广播电视出版社 2003 年版，第 30 页。

② 江欧利、张君昌、吴煜：《中国广播电视新闻奖 2002 年度新闻佳作赏析》，北京：新华出版社 2004 年版，第 335 页。

③ 王振业、李舒：《新闻评论与电子媒介》，北京：中国广播电视出版社 2004 年版，第 109 页。

征归纳为：一是视听结合的评论，二是形象化的政论。① 这仍然是一个很模糊的概念。首先，还要解释什么才是视听结合的评论；其次，引自列宁的"形象化的政论"，很容易把新闻类的评论节目与社教类的政论片混淆。但无论是涂光晋还是王振业，都只是讨论电视评论，而没有对电视评论节目进行划分和界定。

2004 年底，笔者主持中国广播电视学会课题《电视评论节目的基本特征及多样化发展研究》，试图对电视评论节目进行划分和界定。研究首先划分评论与专题这两种节目形态：新闻专题是对事件性新闻做直截了当的全程报道或调查性报道，传递的是事实性信息，不加意见和评说；新闻评论则是在事实性和调查性报道的基础上发表言论，阐述观点，传递意见性信息。其次又划分了评论节目和谈话节目：新闻性与政论性是区分谈话节目是不是评论节目的一个重要标准。最后对电视评论节目做一个新闻学上的界定：无论是属于深度报道的新闻述评，还是属于新闻评论的谈话节目，凡是电视评论节目都应具有新闻性与政论性这两个新闻评论的重要特点。② 至此，我们似乎完成了对电视评论节目的划分，然而实际情况并非如此。我们发现，在一些所谓的电视评论节目里述多评少，而在其他新闻节目形态中却存在着大量的评论内容。与此同时，涂光晋教授在国外考察时发现，国外并没有电视评论这一节目形态。这令我们怀疑并反思作为节目形态来研究电视评论的路径。

其实，我们对电视评论的研究并没有跳出报刊评论的框框。上海电视台刘敬东在《电视新闻评论，还在路上》一文中指出，报刊这种"社论"模式在电视传播中产生了介质错位、文化逆差和策略乏术等困惑。他认为："评论必须观点清晰、透彻，旗帜鲜明；必须要非常理性，要字斟句酌、有严密的逻辑。这对完全文字化的报纸而言是最为适合的，它可以将报道和评论泾渭分明地划开，读者可以反复推敲其中的道理。而在广播和电视中，尤其是电视中，信息可以说是转眼即逝，观众留意更多的是绚丽多彩的画面、推拉摇移的镜头，以及一个个充满视觉冲击力的细节和故事。少了这些，只听主持人或评论员大发议论，效果可想而知。"③ 中央电视台副台长、《焦点访谈》创始人孙玉胜的看法极有见地："评论应该是一种内容，而不应该是一种形态。"④ 笔者认为，我们应该彻底摆脱对节目形态的纠缠，从传播学视角来重新审视整个电视评论。

---

① 涂光晋：《广播电视评论学》，北京：新华出版社 1998 年版，第 70 - 83 页。

② 涂光晋：《广播电视评论学》，北京：新华出版社 1998 年版，第 70 - 83 页。

③ 刘敬东：《电视新闻评论，还在路上》，《现代传播（中国传媒大学学报）》2002 年第 3 期，第 37 页。

④ 孙玉胜：《十年——从改变电视的语态开始》，北京：生活·读书·新知三联书店 2003 年版。

## 二、评论的视听传播

"新闻评论是专门传播意见性信息的一种重要文体，它首先发端于报刊。"①那么，在电视评论中意见性信息是如何传播的呢？20世纪大众传播学传播效果研究中的一个重要进展，"即从传播对大众或受众集合体具有的直接的普遍的影响之理论，转向承认人际交往在传递和证实由媒介产生的信息和观念中扮演了中介角色"②。这就肯定了人际传播在大众传播中所发挥的作用。电视谈话节目中主持人、嘉宾和现场观众之间的信息交流就是人际传播，而通过电视这一大众传媒传递给非现场观众是大众传播。所以说，电视访谈就是一个将人际传播进行大众传播的过程，即人际传播的大众化过程。那么，在这个过程中，两者的关系是怎样的呢？

首先，在电视访谈中大众传播是人际传播的目的，为人际传播确定方向。电视访谈的人际传播不同于一般的人际传播，一般的人际传播止于小众，而电视访谈融合了人际传播与大众传播。虽然电视谈话节目紧紧围绕人际传播做文章，但其最终目的是在广大观众中产生反响与共鸣。因此，是否适于大众传播，是决定如何进行人际传播的关键，必须根据大众传播的要求来决定人际传播的内容。

其次，在电视访谈中人际传播是大众传播的前提和基础，人际传播的效果直接影响并决定大众传播的效果。如电视谈话节目中的大众传播，可以看成是人际传播的延伸和拓展，只有现场的嘉宾谈得高兴，电视机前的受众才能看得尽兴。因此，现场人际传播的信息交流顺畅与否决定了大众传播的互动性如何；信息交流的深浅程度决定了大众传播影响力的大小；信息交流方式是否多样决定了大众传播是否具有亲和力。因此，只有将人际关系传播和大众传播的效果统一起来，才能增强电视谈话节目的传播效果。

印刷媒体只能以书面语言记录谈话内容，抽象而单向；广播虽然创造了谈话节目形态，但只能满足人的听觉感官，反映不了人际传播的本真状态；唯有电视能够以直播或直播形态的录播，声形具备、比较完整地还原日常人际传播中的谈话状态。也许，电视天生就是为谈话服务的。英国学者尼古拉斯·阿伯克龙比认为："电视的一个重要特征似乎是它引起交谈、鼓励谈话的功能。实际

---

① 曾建雄：《中国新闻评论发展史》，桂林：广西师范大学出版社1996年版。

② ［英］丹尼斯·麦奎尔、［瑞典］斯文·温德尔著，祝建华、武伟译：《大众传播模式论》，上海：上海译文出版社1997年版，第11页。

上，电视似乎常常是关于谈话的。作为一种媒体，它确实是由可视的谈话构成的。"① 电视访谈或谈话节目是以面对面人际传播的方式，通过电视媒介再现或还原日常谈话状态的一种节目形态，通常由主持人、记者与嘉宾（有时还有现场观众）围绕话题或事实展开即兴、双向、平等的交流，它本质上属于大众传播活动。在日常生活中，谈话是人际传播的最有效方式，它调动涵盖了语言、表情、动作、姿势、心态、氛围的整体感知，使人们获得超越语言之上的亲密感。当然，这种人际传播要转为媒体的大众传播，还要加以选择和控制。

在《央视论坛》2004 年 3 月 23 日播出的《迷乱的星空：媚捧洋星》这一期节目中，主持人在介绍相关新闻背景后，与两位专家就"媚捧洋星"这一现象展开讨论。两位嘉宾分别从文化与商业的角度提出各自的观点，交谈欲望在谈话者之间的互相激发之中不断升温，这种激发有信息的传递与反馈、有情感的刺激、有观点的对抗和附和，这一切因素综合地形成一个"谈话场"。主持人借助信息反馈，敏捷地抓取有价值的观点，顺势推动谈话，给参与者更大的展示空间，使现场有观点的碰撞。我们来看这一传播过程中意见信息的传递：

主持人与嘉宾的人际传播——形成一个吸引观众视线的"谈话场"——"谈话场"在受众中的传播便形成了大众传播。由此可见，人际传播与大众传播相结合形成了电视评论的一个重要特点。这里需要指出的是，人际传播与大众传播的结合并不只是存在于谈话节目中，而是存在于一切有谈话或访谈形式的节目形态之中，如《焦点访谈》（新闻述评）、《伊拉克战争特别报道》（现场直播）。了解到电视评论的传播机理之后，下面我们再看看它所采用的传播特点。至此，我们可以看到人际传播与大众传播相结合的意见性信息传播，是电子媒介评论的共性特征，是包括广播评论、电视评论甚至网络评论在内的电子媒介评论的共性特征。那么，作为电视评论的个性特征又是什么呢？

## 三、寓思辨于形象

谈话节目源自广播。到了电视，变听觉单通道为视听双通道，增加了视觉传播。同时，作为电视评论，在整个视听传播过程中还要承载更多的抽象理性。在电视评论中，它首先是属于电视新闻的，具有电视新闻的三种基本元素：解说、画面和同期声；其次是属于评论的，有评论的三要素：论点、论据和论证

---

① ［英］尼古拉斯·阿伯克龙比著，张永喜、鲍贵、陈光明译：《电视与社会》，南京：南京大学出版社 2001 年版，第 174 页。

方法。一个优秀的电视评论节目，需要把这两类要素或元素有机地结合起来、统一起来。而要做到这一点，就要找到它们的契合点。比方说，新闻评论的论证方法有许多种，哪些最适合视听表现呢？笔者认为：最利于视听表现的论证方法主要有两种，即例证法和比较法。

例证法即事例论证法。这是运用归纳推理进行论证的方法，是由个别到一般的方法。它往往通过揭示某些典型事例，并以此作为依据展开论证，从而证明自己论点的正确性。中央电视台的《焦点访谈》大多采用这种方法——"用事实来说话"。眼见为实，用记者的镜头和话筒采访到的新闻事实是极具视听冲击力的，它提供了确凿的证据和有力的论据。这种论证方法就形成了新闻述评这一节目形态。有人说这种新闻述评述多评少，不像评论节目。如《焦点访谈》中许多舆论监督的节目，往往只摆事实不置评语，把评论的空间留给观众。其实视听传播的实证性已足以造成很大的舆论空间，这就是电视评论所特有的论证方式。

比较法即比较论证法。它又分类比和对比。其中，反差巨大的对比法是最具视听震撼力的。湛江电视台的新闻评论《两个"100 亿"引起的思考》，首先讲述了 1999 年里发生的两件大事：一年前，当地政府发展思路不对，酿成轰动全国的湛江"9898"特大走私受贿案，案值高达 110 亿；事隔一年，通过拨乱反正，经济发展走上正路，在经贸博览会上与海内外客商签订了超过 100 亿元的项目合同。"对比"是将两种性质截然相反或者有差异的事物进行比较，它又分"纵比"和"横比"。上面这个例子就是利用两个 100 亿元这一巧合进行纵向述评。

评论三要素是抽象的、理性的。在电视评论中，这些要素都要通过各种形象的、感性的元素来表现，大致划分就是画面与声音，具体又可细分为现场画面、演播室画面、特技画面、字幕、解说词、同期声等视听元素。一个好的电视评论节目必须将评论要素与电视元素有机地结合起来、和谐地统一起来，才能做到既有严密的政论逻辑性，又有强烈的视听冲击力。那么，如何做到一点呢？笔者在《寓思辨于形象之中——电视新闻评论节目创优谈》一文中归纳出一些规律，即：访谈出观点、专家做点评、镜头抓视点、语言找亮点、字幕来点睛。[①]

在《造林还是"造字"》里，通过各种视听元素，我们看到了观点的碰撞，思想的交流和舆论的导向：

---

① 谭天、吴显德：《寓思辨于形象之中——电视新闻评论节目创优谈》，《岭南新闻探索》2003 年第 3 期，第 36 页。

［同期声］记者：你感觉花这么大的代价值不值得呢？

［同期声］郧西县店子镇党委副书记吴在斌：花这个代价我们认为还是值得的。因为我们做这几个字不仅仅是为了我们这一座山，而是为了整个镇的农民，为了增强他们的造林意识。

［解说词］那么村民们是如何看待这种造字运动的呢？

［同期声］村民：从（河）对岸可以看到这边一排字好看，它只能说在对面过车来去，当干部的看了好看。

村民：要依老百姓说都不值得，那山上啥东西都不长，搞了没意思。

［同期声］郧西县景阳乡林业站干部余秀武：我认为造林应该是实打实地造林，不应该把这个造林运动变成一种造字运动。当时以为恐怕将来会有一个很好的宣传效果，可是四年过去了，山上荒山还是荒山，这么一看就是一个劳民伤财的工程，也是一种形式主义做法。

近年来，中国广播电视新闻奖中获奖的电视评论节目大多是新闻述评，其中不少精品能够很好地将评论要素与视听元素结合起来，从而产生强大的视听冲击力和舆论影响力。由此可见，评论要素与视听元素的有机结合是电视评论另一个重要的特点，这也是电视评论的个性特征。思维抽象与视听形象的结合是为了增强视听传播效果，是为了制造舆论和引导舆论，舆论导向才是电视评论的终极目的。

## 四、舆论场的构建

如果说电视评论是节目内容而不是节目形态，换言之就是电视评论有可能存在于一切节目形态之中。那么，如何判断它的存在及影响呢？同时，由于难以用传递意见性信息与否来简单地区分出电视评论，那么我们可否用意见性信息的集合——公共意见来判断它的存在呢？在此，笔者引入一个概念——舆论场。

英国物理学家麦克斯韦提出了电磁场理论，物理学由此创立了"场"的概念。在社会学范畴内，人们也从中得到了许多有益的启示：物质运动总是受制于一种无形的相互作用的力，只要找出这种力以及它的作用规律，就可以对物质现象做出合理的解释。而它们的相互作用总是局限在一定范围之内的，这样就形成了"场"的概念。美国心理学家勒温（K. Lewin）是社会场论的创始人，另一位美国心理学家考夫卡进一步发展了他的"心理场"理论，提出"环境场""行为场"的概念。用"场"的范式研究社会传播，能认识舆论产生的环境机制。"场"不仅是舆论形成的条件、空间，而且是推动舆论发展的契机，甚至制约着它的正负方向。"场"便成为意见产生的社会共振圈。① 电视评论的谈话环境和交流特点营造出的正是这种典型场合。在这种场合下，激烈的观点碰撞，恰似一种此发彼应的公众论坛。在众意交错的情况下，主持人应该如何应对？发挥什么样的作用？从"社会场论"中我们可以找到判别电视评论特征的理论依据。

"所谓舆论场，正是指包括若干相互刺激因素、使许多人形成共同意见的时空环境。"② 清华大学刘建明教授还论证了构成舆论场的三要素——"同一空间人员密度与交往频率""舆论场的开放度"和"舆论场的渲染物或渲染气氛"。他指出，同一空间的人们的相邻密度与交往频率较高，空间的开放度较大，空间的感染力或程度较强，便可能在这一空间形成舆论场。无数个人的意见在"场"的作用下，经过多方面的交流、协调、组合、扬弃，会以比一般环境下快得多的速度形成舆论场，并有加速蔓延的趋势。这一研究成果，很好地描述了电视评论的运行机理，而谈话类电视评论则呈现给人们一种更为典型的舆论环境。事实上，我们对评论类谈话节目的评论主体——主持人、嘉宾和评论员的所有要求都会归结到这样的认识上：如何运用自己的话语方式，去营造一个充满民主、平等、和谐氛围的舆论环境？他们三方如何调控并保持这种环境氛围，发挥出引发众意、循循善诱、促成共识的作用？这就形成了场效应。所谓"场效应"正是电视评论最终所期望的舆论导向。

相对于文字符号的静态和预设的逻辑性，电视评论的叙述逻辑是一种动态逻辑，主持人和嘉宾、记者和访谈对象的相互沟通、相互补充形成一种合力，共同构建了一种流动的、开放的信息场。访问者以观众的视点，循序渐进地向嘉宾和访谈对象发问，谈话者的回答就是一个个的论点和对一个个论点的论证。观点不是事先确定的，而是在相互碰撞、交锋中迸发出的，意见性信息也就在这个"场"中源源不断释放出来，传达给观众的一切都是动态的、随机的。而在对话过程中，评论员保持了解释、更正、退让甚至反驳的种种可能，使评论更加灵活、全面，且评论过程是开放的，而不是封闭的。主持人和记者的问题决定着论点的推进和评述的节奏，问题的不断提出就是论证逐渐深入的过程。

①　刘建明：《社会舆论原理》，北京：华夏出版社 2002 年版，第 35 页。

②　刘建明：《社会舆论原理》，北京：华夏出版社 2002 年版，第 36 页。

二者结合完成论据的展示和论证的逻辑，观众在观看过程中也逐渐地豁然开朗。由此可见，这个舆论场形成于人际传播与大众传播的整个感应过程中，是一个由小到大、由里向外延伸的、不断拓展的空间。

现在，我们可以清晰地看到在电视新闻节目中，舆论场的形成及运行机理：演播室或新闻现场里主持人和嘉宾、记者和访谈对象形成人际传播——在媒体构筑的这个特定话语空间里形成一个"谈话场"——这个"谈话场"透过荧屏传递给观众，它通过视听传播得到强化，通过大众传播得到放大，由此升级为"舆论场"。

## 五、公共话语空间

我们知道在电视评论中由人际传播形成的话语空间影响着整个大众传播。这个话语空间由主持人和嘉宾、记者和访谈对象组成，而这个话语空间往往是由意见领袖来主导的。按照舆论学原理，公众议论演化为社会舆论依靠舆论领袖的引导。舆论领袖也被称为"意见领袖"，在英文中它们使用同一个语词概念——"opinion leaders"[1]。这个概念指的是群体中热衷于传播消息和表达意见的人，他们或是比同伴更多地接触媒介或消息源，或同时是某一方面的专家，他们的意见往往影响周围的人。意见领袖对于舆论的形成起着至关重要的作用。那么，在电视评论节目里的意见领袖是哪些人呢？我们知道，在这个话语空间里每个人都有话语权，但话语权是有级别的。这种级别不仅简单表现为行政级别，还在于其权威性，如谈话人的经历、谈话人身份与谈话内容的贴近性等。比如说，他是一个平民百姓，还是一个专家学者？对象的选择便形成了不同的话语级别。

长期以来，在我国的电视评论节目里，意见领袖都是有较高话语级别的精英人物，换言之就是电视评论的话语空间都是由这些社会精英所主宰的。因此，这种传播是俯视的、单向的、说教式的，带有强烈的官方色彩。然而，现在媒体的情况已有所变化。钱蔚博士认为，我国的电视制度已从一个政治权力领域走向"具有政治功能的公共领域"[2]。这让我们对电视评论的研究又回到新闻学的框架里。近年来西方公共新闻理论开始引入我国，并影响着电视评论的话语

---

① ［美］威尔伯·施拉姆、威廉·波特著，陈亮等译：《传播学概论》，北京：新华出版社 1984 年版，第 134 页。

② 钱蔚：《政治、市场与电视制度——中国电视制度变迁研究》，郑州：河南人民出版社 2002 年版，第 193 页。

空间和电视新闻的舆论场。

2004 年，江苏卫视的《1860 新闻眼》节目，率先打出"公共新闻"的旗号。"绝对关注"是该节目体现媒体与观众互动的一个主要版块，它曾选取了公共生活中这样一件小事情：每个人去看病，医院都会给患者做一个例行的传染病检查，有的检查项目甚至还包括艾滋病，费用却由患者买单。医院这么做的目的是对患者负责，同时也为自己降低医疗风险，可为什么这样一笔开支都要转嫁到患者身上呢？在《检查传染病该由谁买单》一片中，"绝对关注"不仅抓取了这种人们习以为常却并不公平的现象予以报道，而且用短信参与的方式，就费用由谁负担的问题，在节目中征询各方的意见，并展开医患之间的公开讨论。节目播出后引起了社会的高度关注，目前这一现象已被政协委员写入提案、列入议事日程。通过这个例子可以看出，《1860 新闻眼》为老百姓提供了一个公共论坛，并起到了舆论引导者的作用。媒体通过组织观众的讨论，形成舆论，自下而上地构建了有关医疗检查费用这个"公共话题"的议程，从而影响到政府的公共卫生政策。节目发挥双向互动的传播功能，同时，建立在公共新闻理念上的大众话语，比之精英话语更大地拓展了它的评论空间和舆论影响，从而在公众与媒体之间产生一种"共振"现象。如果这个场效应是正向的话，那么这种共振就会促进社会主义和谐社会建设，与和谐社会形成更大的相互作用，形成更大的社会共振圈。反之，如果出现负效应的话，就会削弱这个共振，在和谐社会建设中产生不和谐的声音。

在物理学里，有一个测定电磁场强弱的单位叫"场强"。在电视新闻里有这样一个相互递进关系：公共话语空间决定舆论场的开放度，而舆论场的开放度决定新闻舆论场的场强。"场强"是电视评论的深度、力度和传播效果的测量单位，是电视评论的影响力表现。它具体由收视率、互动性和认知度等参数所决定。需要指出的是，电视舆论场的形成不是孤立的，口头舆论场和网络舆论场也会与它产生交叉重叠的相互影响。手机短信、网络传播等多媒体的出现，一方面，大大拓宽了意见性信息传播的渠道，从而促进电视评论的多样化发展；另一方面，其他舆论场的出现也会影响或者干扰电视舆论场。

## 六、结语

以上我们对电视新闻舆论场的多维解析，从电视评论出发，沿着新闻学—传播学—舆论学—新闻学这样一个否定之否定的思辨过程，重新阐述了电视新闻中无处不在的评论内容：在人际传播与大众传播相结合中传递意见性信息，以此为"经"；在评论要素与视听元素相结合中体现其政论性，以此作"纬"；电视新闻节目就在这经纬交织中构筑起一个舆论场，而其强度由它的话语空间所决定。舆论场应是电视新闻评论的表征。由此我们还推论出：

（1）电视评论存在于各种电视节目形态之中，新闻舆论场的广泛出现标志着中国电视新闻由报道时代走向评论时代。

（2）电视评论的强弱取决于舆论场的开放度，公共新闻拓展了电视评论的话语空间，增加了电视评论的深度和广度。

（3）电视舆论场的形成可以产生一个和谐社会共振圈，它是媒体影响力的重要体现，同时也促进电视评论的多样化发展。

[本文原载于《华南理工大学学报（社会科学版）》，2007年第10期，原文名为"试论电视新闻舆论场"，有改动]

# 电视记者角色的符号解读

南方电视台《今日一线》改版后增加了《记者跑腿》的环节，记者接到群众报料后前去为他们排忧解难，名曰："鞍前马后、服务到家"，强调电视记者对新闻事实的积极干预，记者角色由"代言"变为"代劳"。其实，《记者跑腿》的创新不足为奇，我们可以发现，当今荧屏新闻记者的身影异常活跃：有的在现场直播中滔滔不绝，有的在黑幕调查中乔装打扮，更多的是在舆论监督中"替天行道"。电视记者扮演的这些角色到底意味着什么呢？从符号学角度来看，如果说整个电视新闻是一个符号系统，电视记者就是其中的一个符号。我们试图用符号学的方法来解读，探讨当代电视记者的角色变化与定位，进而正确认识和充分发挥电视记者在新闻报道中的作用。

## 一、电视记者的角色符号

20 世纪 90 年代以前，电视记者承担的是在屏幕上看不见的幕后工作，很少在镜头前出现，更难得与观众见面，这是传统电视新闻报道的分工。然而，近十年来，随着电视新闻业的蓬勃发展，大量被采用的现场报道和现场直播等新形式，要求电视记者从镜头后走出来，不再拘束于常规的电视新闻报道，而是为新闻事件的背景材料、最新动态和未来走势提供更快捷、更直接、更生动的新闻报道，这就是出镜记者。

电视记者出镜源于西方广播记者在新闻现场直接录音报道。第一次世界大战中，美国哥伦比亚广播公司记者爱德华·默罗首创了现场报道《这里是伦敦》，对德军轰炸英国作了生动的描述。电视记者在现场录音的基础上增加了图像信息传播，形成了今天电视新闻报道中记者经常采用的报道形式。1996 年中央电视台《新闻调查》开播，这一具有历史意义的新闻节目催生出了我国第一批真正意义上的出镜记者。2002 年下半年，北京广播学院筹办第一期"出镜记者"班，它的目标直指 6 年后的 2008 年北京奥运会。在当今电视屏幕上，无论是中央电视台还是地方电视台，电视记者出镜已不再是什么稀罕事，而许多电视台在招聘新的电视记者时，也把是否能够出镜作为甄选标准之一。采摄分离成为当代电视新闻报道的专业分工，电视记者就是要出镜、能出镜。

在激烈的电视新闻竞争中，记者不仅从镜头后走到镜头前，而且在镜头前已不满足于简单的播报，纷纷扮演起各种各样的角色来，从"播新闻"到"说新闻"，甚至于"秀新闻"。正如本文开头所提到的，如果说整个电视新闻画面是一个符号系统，它的界面人物——电视记者就是其中的一个符号。瑞士语言学家、现代语言学之父索绪尔将符号的基本构成分为能指和所指，他把符号比作一张白纸，"能指和所指就是纸张的两面"①。能指构成表达面，所指构成内容面，由此可见，出镜记者和他所扮演的角色形成相对应的能指和所指关系。那么目前活跃在屏幕上的电视记者都承担了哪些角色？这些角色又有什么含义呢？

角色一：现场报道的记者——证人。电视新闻报道的精髓在于现场报道，特别是现场直播。对于站在新闻现场的记者来说，他的能指是现场报道记者或叫"前方记者"，而他的所指就隐含着证人的角色，他代替观众的眼睛，充当起新闻事件的现场目击证人。

角色二：主题性新闻的记者——导游。目前，我们的报道中还有许多主题性新闻。出镜记者引领观众将新闻的各个部分串联起来，由现象真实进入本质真实，逐步领会新闻的主题。此时，他的能指是主题性新闻的出镜记者，所指则是"导游"，这个导游的角色使命在于：一方面是引导受众在所述事物间建立起内在联系，降低受众接受难度；另一方面是适时提供新闻背景信息，为受众释疑解惑。例如，2003 年度中国广播电视新闻奖电视专题类获奖作品《云南农村征地调查》，节目可以划分为四个环节：农民土地无偿被征、失地农民生活困难、盲目征地土地荒废、征地矛盾如何解决。记者像一个导游，引导观众从一个环节进入另一个环节，使观众对云南农村地方政府违规征地现象有了清晰完整的认识。

角色三：调查性报道的记者——侦探。调查性报道起源于 20 世纪 70 年代美国的应用新闻学派，该学派认为新闻记者应当直面社会黑幕，勇于深入调查，敢于揭露丑闻背景，闻名于世的"水门事件"报道就是其代表作。新闻调查的选题往往会涉及黑幕，记者要如同警察办案一样，追踪侦查，调查出新闻表层背后的隐情和真相。此时，出镜记者的所指又变成侦探。如 2006 年 6 月《焦点访谈》的《王子鞋城税案调查》，记者如同侦探一样，深入王子鞋城，对整个鞋城的纳税情况进行推理、调查、印证。当记者充当侦探这一角色时，他的调

---

① 李彬：《符号透视：传播内容的本体诠释》，上海：复旦大学出版社 2003 年版，第 53 页。

查活动也变成了新闻事实的一部分。

角色四：隐性采访的记者——演员。在隐性采访中，记者常常根据新闻拍摄的需要假扮其他社会身份，以便深入新闻事实当中，取得大量令人触目惊心的事实信息。在这种隐性采访中，电视记者的所指又变成演员，他像演员一样根据"剧情"需要变换身份。例如2002年度中国广播电视新闻奖新闻专题类获奖作品《鲜火腿遭遇污染》，两名记者假扮成火腿采购商，深入金华市的一家火腿生产厂，为取得对方信任，两名记者甚至准备好了名片、介绍信等。由于有火腿采购商的身份作掩护，他们顺利拍到了工人往火腿浸泡池里添加敌敌畏的关键镜头。

角色五：为民跑腿的记者——公仆。在民生新闻节目中，记者在接到观众投诉后，带着投诉人来往于各个职能部门，帮助其解决一些难题，如消费维权、邻里纠纷等，这里，这一角色的所指又变成公仆。例如，在《记者跑腿》里，记者有时像是民政部门人员，照顾被遗弃在路边的孤儿；有时像是居委会人员，解决邻里纠纷；有时又像是卫生部门人员，将堵在小区门口的垃圾处理掉。我们说的公仆有广义和狭义之分，广义的公仆就是为人民服务，记者无论是代言还是代劳，都是在为公众服务。狭义的公仆是指国家机关工作人员，如果记者过分介入新闻事件中，行使政府职能部门的职责，那就是越俎代庖了。

在电视新闻报道中，记者扮演的角色可能并不是单一的。在各种新闻报道中，记者常常交叉扮演着多个角色，或是把观众带到新闻现场的证人，或是如数家珍的导游，或是演技出色的演员，又或是破解悬案的侦探……当代电视新闻记者已经是一个多元化的角色。那么，在新闻报道中，记者扮演的这些角色合适吗？下面我们再进一步解读。

## 二、角色符号的深层表意

哲学家拉康认为："依据解构主义的看法，意义却是可望而不可即的'海市蜃楼'，因为能指总是流动不居，漂浮无定，在意指过程中能指与其说指向一个所指，不如说是带出另外一个能指。"[①] 这就是符号的浅层表意和深层表意问题。在对电视记者角色的符号解读中，我们也可以构成两个符号系统，如图1所示。

---

① 李彬：《符号透视：传播内容的本体诠释》，上海：复旦大学出版社2003年版，第150页。

| 能指 1 | 所指 1 | |
| --- | --- | --- |
| 符号 1（浅层表意） | | 所指 2 |
| 能指 2 | | |
| 符号 2（深层表意） | | |

**图 1　两个符号系统**

在第一层次（浅层表意）的符号系统中，由"能指 1"和"所指 1"共同构成"符号 1"，由"能指 1"指向"所指 1"的意指作用已经建立，它指向一种知识、一段历史、一个事实、一种理念、一个意象。但当它进入第二层次（深层表意）的符号系统时，"符号 1"便变成了"能指 2"，这时它抛弃了自己内里的知识、历史、事实和意向，除了可见的外壳外，一无所有，并且义无反顾地奔向一个新的能指。"这个过程可以无限进行下去，形成符号在能指和所指方面的延伸和拓展。"① 例如，《新闻联播》的片头画面构成两个符号系统：在第一符号系统里，画面中各种人物与景物是符号的能指，所指代表我国各民族、各地区、各社会阶层，其浅层表意是《新闻联播》的广泛性和代表性；在第二符号系统里，这一全国电视新闻信息总汇（能指），加上含有国家和社会主义意味的五星红旗，所指就是对国家各阶层团结和社会主义性质的强调，其深层表意是《新闻联播》的政治性和权威性。

下面我们再用符号学的双层表意理论来解构电视记者这一角色符号。按符号学理解，浅层表意层次是能指与所指之间，以及符号和它所指涉的外在事物之间的关系，如"玫瑰"意指一种"落叶灌木，刺很密，花多为紫红色，也有白色"及"这种植物的花"。浅层表意层次是符号明显的意义，是大众文化和视觉传播中的一般常识。具体到本文前面所讨论的记者角色上来，对于现场报道的记者来说，他的所指是证人，他代替观众来到新闻现场，见证所发生的新闻事件以及进展状况，见证重大新闻事件发生的历史时刻，满足受众第一时间见证新闻事件发生的心理，此时，浅层表意就是新闻现场的目击者；而对于主题性新闻的记者来说，他扮演的是导游角色，浅层表意就是新闻故事的讲述者；对于调查性报道的记者来说，他扮演的是侦探的角色，浅层表意就是新闻事实的揭秘者；而对于隐性采访的记者来说，他像演员一样根据"剧情"需要变换社会身份，虽然他们尽量不出镜，却能把黑幕掀开，取得铁证，此时其浅层表意是新闻内幕的演示者；对于为民跑腿的记者来说，他扮演的是公仆的角色，

---

① 曾庆香：《新闻叙事学》，北京：中国广播电视出版社 2005 年版，第 160，161 页。

在这类节目中，记者不再只是记录事实的旁观者，而是要参与新闻事件中，此时浅层表意就是新闻事件的参与者，如表1所示。

表1　记者角色符号的浅层表意

|  | 能指1 | 所指1 | 浅层表意 |
|---|---|---|---|
| 角色一 | 现场报道的记者 | 证人 | 新闻现场的目击者 |
| 角色二 | 主题性新闻的记者 | 导游 | 新闻故事的讲述者 |
| 角色三 | 调查性报道的记者 | 侦探 | 新闻事实的揭秘者 |
| 角色四 | 隐性采访的记者 | 演员 | 新闻内幕的演示者 |
| 角色五 | 为民跑腿的记者 | 公仆 | 新闻事件的参与者 |

根据符号的双层表意理论，第一层次即浅层表意系统又为第二层次即深层表意系统提供了新的能指：记者角色符号的浅层表意分别为——新闻现场的目击者、新闻故事的讲述者、新闻事实的揭秘者、新闻内幕的演示者、新闻事件的参与者，均成为第二符号系统即深层表意系统的能指。

那么，在第二个符号系统中，这些新能指和所指及其深层表意又是什么呢？用符号学解释，符号的深层表意是一种文化意义，即符号的意义不再单纯地来自符号本身，有时甚至与符号的第一层意指本身毫无关系，而是源自对符号的一种社会使用与社会评价，即第二次符号化、第二次意指化。如玫瑰第二次所意指的爱情就与它所表示的"落叶灌木，刺很密，花多为紫红色，也有白色"及"这种植物的花"这一物体毫无联系。具体到电视记者角色：

对于角色一——新闻现场的目击者来说，他置身于新闻发生的真实场景中，见证在新闻现场所发生的新闻事件以及事件的最新进展状况，此时，他意指为一种以现场目击的视角，引领观众了解现场实况。同时，记者出现在新闻现场，本身就证明了新闻的真实性，而记者的现场解说与现场画面相配合，也大大提高了电视画面的可视性。这一符号系统的深层表意是充分展示视听传播的特点。

对于角色二——新闻故事的讲述者来说，则通常站在完全知情人的角度、广度上，或纵横天下，或俯仰古今，深入新闻事实本质，甚至巧妙地加入叙述者的主观看法和主观情绪。此时，他意指为一种全知视角的叙事，对于一些具有重大意义和深远影响的事件，他从全知视角进行全方位、全景式的扫描，同时根据受众收视兴趣巧妙地加以编排和发挥，从而激发受众对新闻主题的关注。同时，还可以通过改变播报语态，变严肃庄重的"播新闻"为娓娓道来的"说新闻"。此时，记者，作为新闻故事讲述者的作用是通过故事性，增强受众阅读力，其深层表意是解读电视新闻。

对于角色三——新闻事实的揭秘者来说，他与新闻故事的讲述者不同的是，在节目一开始或记者进行新闻调查前，事实真相和新闻事件的发展走向对他和观众而言都是不可预知的，随着记者采访的深入、事件的进展，新闻真相层层揭开，观众的好奇心理得到极大的满足，这就是限知视角的叙事。这种限知视角的叙事方法增强了节目的悬念感，利用不可预知性来吸引受众注意力，其深层表意是解密电视新闻。

对于角色四——新闻内幕的演示者来说，记者通过暗访，揭开重重黑幕，体现了媒体的舆论监督功能，此时，他指向舆论监督的焦点。同时，由于记者是借助另一社会身份进入新闻现场的，采访对象、采访环境完全真实，记者起到增强舆论监督公信力的作用，其深层表意是行使媒体监督权利。

对于角色五——新闻事件的参与者来说，他的"跑腿"行为，不是一种个人行为，而是代表他所在的媒体和节目。这里回到前面所说的"秀新闻"，什么是"秀新闻"呢？如果说"播新闻"是对新闻事实的报道，那么"秀新闻"就是对新闻事实报道的报道，它展现的是记者活动和报道过程。对"过程"的报道是符合电视传播特性的，由于有记者的参与，形成了记者、观众、节目的三方互动，记者这一行为具有提高服务性、增强互动性的作用，体现了媒体的人文关怀。其深层表意是树立媒体形象，如表2所示。

**表2　记者角色符号的深层表意**

|  | 能指2 | 所指2 | 深层表意 |
|---|---|---|---|
| 角色一 | 新闻现场的目击者 | 真实时空的视点 | 展示电视特点 |
| 角色二 | 新闻故事的讲述者 | 全知视角的叙事 | 解读电视新闻 |
| 角色三 | 新闻事实的揭秘者 | 限知视角的叙事 | 解密电视新闻 |
| 角色四 | 新闻内幕的演示者 | 舆论监督的焦点 | 行使媒体权利 |
| 角色五 | 新闻事件的参与者 | 服务受众的亮点 | 树立媒体形象 |

## 三、电视记者的角色错位

通过对电视记者符号学的深层解读，可以发现，在记者扮演的角色表层背后，透露出完全不同的信息，电视记者角色不仅代表个人，也是媒体的形象符号。然而，在不少电视新闻报道中，由于对符号意义认识上的误区，往往产生各种错位，由此影响了出镜记者作用的发挥，影响了电视新闻的传播效果，甚至会影响电视新闻的舆论导向。因此，电视记者如何正确把握自己的角色就成了一个重要课题。对于电视记者来说，无论扮演哪种角色，都应该把握以下几个原则：

1. 做报道员不做评论员

在电视记者的角色符号中，不论是新闻现场的目击者，还是新闻故事的讲述者，都是电视新闻的报道员，而非评论员。刘其中教授认为："新闻就是新闻，言论就是言论。记者不宜在新闻里发表个人见解；如果真有个人意见发表，请你写在评论、述评或个人署名文章里。"① 那么，这两者有什么区别呢？前者主要是传递事实性信息，后者主要是传递意见性信息。在报道中，这两者往往不好区别，问题就出在全知视角与限知视角的运用上。

根据法国结构主义批评家热奈特的三分法，新闻报道的叙事角度可分为如下三类：①零度焦点叙事又称全知视角，特点是叙述者并无固定视角，像一个全知全能的上帝，洞察一切。②内焦点叙事又称限知视角，采用一个人物的角度表现事件，作品叙述受到叙述者视域的限制。③外焦点叙事。叙述者像摄像机一样只客观记录事情的表象，排除一切人物思想感情的传达。其中，全知视角是目前我国新闻报道常用的叙述方式，但是，全知视角一方面缺乏对新闻来源的交代，会影响读者对新闻材料的判断，模糊事实与评论之间的界限；另一方面会越界演变成"合理想象"，从而出现这种情况：记者看似在叙述事实，实际上是在进行"合理想象"的评论。因此，应慎用全知视角，多用限知视角，这样不仅可以清楚交代新闻来源，同时以"某个人讲的"角度叙事，能有效避免记者直接评论。

2. 做监督员不做审判员

在电视记者的角色符号中，不论是新闻事实的揭秘者，还是新闻内幕的演示者，都可以行使舆论监督的权利，做一个监督员，但绝非审判员。对传播系统而言，它主要是依靠舆论的力量来协调社会关系的，传播的"协调"功能英语原文为 communication management，management 有"管理、支配"的意思。可以这样理解："人类社会正是通过传播系统来管理、统一社会成员的不同意见，形成舆论，达成共识，用舆论引导社会成员，以使其行为趋近协调和平衡。"② 在现代社会中，被大众传播放大了的舆论力量无处不在，这也使传播对社会的

---

① 李希光：《畸变的媒体》，上海：复旦大学出版社 2003 年版，第 38 页。
② 刘兢：《解读新时期的"新闻审判现象"》，《五邑大学学报》2004 年第 2 卷第 6 期。

协调功能表现得空前强大。在这种背景下，电视记者要更加慎用自己的话语权，防止滥用舆论力量，形成社会对该新闻事件的舆论偏见，甚至出现"新闻审判"。早在 1998 年"张金柱案"判决之前，传媒界声势浩大的讨伐已形成了"大众审判"，以至于张金柱在死前哀叹，他是"死于传媒而不是死于法律"。事实上，"新闻审判"不仅限于法制新闻报道中，在其他新闻类型中，记者如妄下断言，也会造成新闻审判。因此，对于电视记者在新闻报道中扮演的角色，无论是证人、演员、导游、侦探还是公仆，他都可以行使舆论监督权利，但是必须站在中立且无主观价值判断的立场上，要牢记自己是记者，而不是法官。

3. 做参与者不做制造者

问题又回到本文开头，即如何解读《记者跑腿》？在电视记者角色符号的浅层表意里，记者可以参与新闻事件中去，扮演公仆角色。但他与政府部门的公务员是不同的，他不是行使行政权力，而是提供资讯服务。在《记者跑腿》里，记者的行为实际上是在"秀新闻"，隐含着新闻策划。新闻策划与策划新闻是两个完全不同的概念，前者是有中生好，后者是无中生有。近年来，电视记者加强新闻策划，关注民生、参与民事，是好事。但"秀新闻"要把握好"度"，不可走得太远，为了吸引眼球、追求戏剧效果，而直接和过分地干预新闻事实。1997 年元旦，湛江市开设了"110"报警服务，承诺接到报案后，警察可在五分钟赶到现场。为了让市民目击这一快速反应的过程，湛江电视台一名记者在新闻节目里做了一个测试，在现场用手机向"110"谎称发生一起绑架案，由于是重大恶性案件，一时间警车呼啸，观众看得十分"过瘾"。但这也把记者推到一个两难的境地，要么告诉观众测试是预先征得公安部门同意的，这样的话，观众可能就会认为这只不过是一场导演好的戏，是假的；要么告诉观众这是真的报警，但那样的话也许就会有人动念头：你记者可以谎报警情，那我也可以。事实上，该节目播出后出现多起"110"骚扰电话，负面效应出来了。这则新闻的制造，显然违背了事实第一性，报道第二性的新闻原则。电视记者可以参与新闻的策划，发挥主观能动性，但是绝不能制造新闻，而应回归到新闻本性上来，依靠新闻自身魅力赢得观众，这样才不会造成电视记者的角色错位。

（本文原载于《广东外语外贸大学学报》，2008 年第 5 期，作者：谭天、叶芳，有改动）

# "寻兵报道"的多重价值解构

2008 年我国南方罕见的雪灾给广东的春运带来了前所未有的困难。由于冰雪袭击使铁路运输严重受阻，广州火车站的滞留旅客有二十几万。广东省紧急启动应急预案，急调军警维持秩序疏散旅客，成功组织了一场惊心动魄的"春运战役"。对此，各大媒体迅速聚焦，新闻大战随之而来。其中，《广州日报》以一张新闻照片引发的"寻兵行动"系列报道最为出彩，且引起了众多媒体的持续跟进和社会各界的热烈反响，奏响了一曲英雄的赞歌和抗灾交响乐。本文将从新闻学、叙事学、符号学等多个视角来解读这一成功报道。

## 一、新闻价值重在"发现"

2008 年 2 月 5 日，《广州日报》于 A5 春运动态版刊登一幅题为"换防下来的部队士兵正靠在广州火车站的一角休息"的照片，在持续半月之久的春运高峰期间，这张照片并未引起特别的关注。2 月 14 日，春运高峰基本过去，抗雪救灾也取得了决定性的胜利。此时，《广州日报》又在 A2 要闻版发出一则特殊的"寻人启事"，题为"最可爱的人你在哪里？"配以 2 月 5 日刊登的站着睡觉的大兵的照片，呼吁广大读者参与"寻兵行动"，为寻找照片中几位不知姓名的大兵提供线索。

一张照片何以值得兴师动众？那要看它蕴藏着怎样的新闻价值。新闻是对新近发生或发现的事实的报道。照片第一次刊发体现的是新闻的"发生价值"，即针对一则新闻的表面事实信息的报道，是对新闻事实进行的一般性动态报道。

而在春运结束后，大兵的照片再次被搬上报纸版面，并以此为"导火线"来大做"寻人启事"的文章，新闻报道开始往纵深方向发展。此时，编辑部不再局限于关注新闻的事实层面，而是透过事实层面，发掘新闻背后的价值。通过后来一系列的追踪报道，我们不难看出，《广州日报》已从最初的关注新闻的"发生价值"，向挖掘新闻的深层价值方向迈进，整个过程即是一个"发现价值"的过程。由此可见，发生和发现构成新闻的"二重价值"，使新闻报道更具深度和厚度，折射出新闻事实更多的意义和价值。

新闻不一定都具有双重价值，基于"发生价值"的新闻我们通常称为事件性新闻，基于"发现价值"的新闻我们通常称为主题性新闻。而有关"大兵"的系列报道则属于两者的综合，即事件性新闻引发的主题性报道。从事件性新闻角度来看，比起那些春运期间惊心动魄的场面来说，这张照片只是记录了战斗的间隙、英雄的剪影。但《广州日报》并没有满足于此，而是将春运报道进行延伸、推向纵深，继续挖掘出其中的新闻价值和社会意义。张征在《新闻发现论纲》一书中指出，新闻发现的任务有三个：事实真相发现、新闻价值发现和新闻表达发现。这些大兵是从哪里来的？"站着就能睡着"，何以累成这样？读者希望了解事实的真相。原来他们是为了人民群众的安危连续工作了数十小时的解放军战士。这些大兵如此忘我、如此奉献，是一种怎样的力量驱使着他们？传媒应该揭示新闻意义层面的价值，这些普通的大兵就在我们身边，但我们并不了解他们。发现新闻的事实和价值，还要找到最佳的新闻表达方式，进行有效的新闻信息传播，才能获得良好的社会效果。对此，《广州日报》胜利地完成了一次"新闻发现之旅"。

## 二、报道价值重在过程

过去，我们讲新闻价值更多的是讲新闻事实的价值，很少讲新闻报道的价值。什么是新闻报道的价值呢？笔者认为，新闻报道的价值就是指新闻报道所展现的表现空间和所能传播的新闻信息，同时也能满足受众的接收心理和认知需求。在这里面，叙事方式和叙事视角十分重要。"独特的新闻表达方式需要独特的新闻发现过程。"[①] 报道价值体现在整个新闻报道的过程之中。

纵观《广州日报》迄今为止有关"站着睡觉的大兵"的报道，可以看出整个报道贯穿在一个完整的新闻故事里，新闻的叙事方式也渐渐显出故事化倾向，自此报道发稿之日起约一个半月时间里，《广州日报》有关大兵的报道总共有20篇之多，体裁更是涵盖消息、图片新闻、通信、连续报道、现场聚焦、幕后故事、新闻评论等。同时，也吸引了其他媒体跟进报道。后期中央电视台也开始高度关注"寻兵行动"，央视五次聚焦此事：2008年2月15日，央视二套节目《第一时间》之《马斌读报》；2月22日，央视新闻频道《新闻社区》之《寻找"站着睡着"的子弟兵》；2月23日，央视新闻频道《新闻周刊》之《特写——寻找最可爱的大兵》；3月2日，央视一、三、四套节目并机直播

---

① 张征：《新闻发现论纲》，北京：中国人民大学出版社2006年版，第162页。

"情满中国—2008 抗击冰雪专题文艺晚会",邀请四位大兵参加;3 月 20 日,央视十套节目《走进科学》之《非常京广线》,四位大兵再次出镜。与此同时,人民网、新华网、搜狐网、新浪网等各大网络媒体也对此事件频繁关注,关于"最可爱大兵"的报道由此演化成一个纵横交错并不断深入发展的新闻系列和立体式报道。

整个新闻报道过程可以概括为:寻人启事—全民寻兵—找到大兵—系列报道—社会反响。这一叙事模式也可以被称为新闻故事化。故事在第一个阶段便设置悬念,以一句"最可爱的大兵你在哪里?"的追问式标题来调动读者的好奇心。同时,在故事讲述中,记者采用限知视角,即由于认识能力、观念上的局限性等客观因素的影响,叙述者只能从某个角度进行叙述。在跟踪报道中,记者以旁观者和侦探的角色与读者一起深入"寻兵行动",将大众传播与人际传播结合起来,拉近了新闻报道与新闻受众之间的距离,大大增强了报道的亲切感、现实感与可信度,降低了读者的接受门槛,让读者产生期待心理。第二个阶段是热火朝天的"全民寻兵",报纸根据读者提供的线索对对象逐一排查,读者的参与兴致也一直高涨。据《广州日报》2008 年 2 月 15 日报道,一天之内提供大兵线索的群众便有 40 余人。故事发生到此,已开始在读者心理上掀起了一次次小高潮,其参与程度之高不难看出读者对报道的接受和认可,在记者和读者的不断互动中,充分展现了《广州日报》娴熟的报道技巧。报纸在"寻兵行动"的报道中,采用有限叙述结构,即根据不断出现的不可靠叙述,层层设置冲突,让读者在心怀期待的同时又不断"遭遇挫折",最终在真相大白时,所有的读者也都随之松了一口气。第三个阶段,即当大兵找到之后,记者开始采用全知视角,对大兵的家庭背景、部队背景、个人背景、就业前景等进行全方位报道,这种报道方式既满足了读者对事件主角的好奇心理,又引发社会各界对大兵更广泛的关注,使整个报道显得更加深入、更有层次。

由上可见,关于大兵的报道,《广州日报》运用了各种表达方式和叙事技巧,同时加强参与性和互动性,使整个报道过程跌宕起伏,有声有色。

## 三、符号价值扩大影响

从最初简单的事实层面报道到最终所引起的强烈社会反响,"寻兵行动"的整个报道过程可概括为:动态报道—追踪报道—系列报道—超越报道。前三个阶段均是对新闻本身所进行的报道,而最后一个阶段即"超越报道"阶段,已经超越了新闻报道的范畴,这主要表现在找到大兵后所引发的一系列社会行为和社会反响。根据《广州日报》相关报道及其他各大媒体的反映，我们了解到，"最可爱的大兵"的照片在 2008 年广州摄影展上荣获金奖；四位大兵到广州购书中心参加《2008：中国惊天大雪灾》新书发布会，受到市民的热烈追捧；四个大兵应邀参加中央电视台"情满中国—2008 抗击冰雪专题文艺晚会"，让全国人民更直观地领略到他们的风采；《广州日报》配发评论《最可爱大兵为"80 后"正名》，把可爱的大兵升华为一代人的精神代表。"四个站着睡觉的大兵"甚至感动了艺术家，激发了雕塑家许鸿飞的创作冲动："事情已经过去一个多月了，但每次提到这个特殊的时期，我们就会想起那些可爱的战士们，没有他们的坚持奋战，就没有旅客回家团聚的幸福，作为一名艺术家，我要用自己的方式记录下这段历史，让人们永远记得那些可爱的人。"① 为此，许鸿飞在很短的时间里把可爱的大兵雕刻成巍然屹立的英雄群像，他希望四个大兵的可爱形象能够永远感动着每一个来往的旅客，感动着每一个广州市民！（见图 1）

**图 1 "站着睡着的士兵"雕塑②**

"在新闻传播活动中，传播主体面对的价值客体主要是现实世界中的新闻事实，而接受主体面对的主要是传播主体建构的新闻文本世界。……新闻文本是认识、反映的结果，是以符号形式存在的新闻事实。"③ 符号的意义由能指和所指构成，就"四个站着睡觉的大兵"而言，能指就是四个站着睡觉的解放军战士，属于基本事实的浅层表意；所指就是这个群像的深层表意——抗雪救灾的英雄典范。而整个报道和传播现象都在表明这个所指具有三层表意：一是四个

---

① 邵权达、张伟清、曹景荣：《四个可爱战士 有望重回广州火车站》，《广州日报》，2008 年 3 月 11 日。

② 抗击雨雪灾害中"站着睡着的士兵"雕塑亮相广州，http://www.chinanews.com/gn/news/2009/05 - 07/1680934.shtml.

③ 杨保军：《新闻价值论》，北京：中国人民大学出版社 2003 年版，第 153 页。

大兵是抗雪救灾的英雄代表；二是四个大兵是新时期人民子弟兵的模范代表；三是四个大兵是"80后"甚至一代青年的先进代表。"四个站着睡觉的大兵"已经升华为一种符号，一种象征质朴正直、无私奉献的时代精神的符号。报道的深度挖掘与最终在精神层面上的升华使报道对象的符号意义彰显出来。这种新闻人物符号化正是众多媒体竞相报道的根本原因，而它所取得的传播效果可以说达到了正面人物宣传的最高境界。

近年来，在新媒体与传统媒体激烈竞争的背景下，网络媒体强大的信息传播能力，使一些不实传闻不时误导、影响着传统媒体。而且，这次寻兵报道让传统媒体着着实实地唱了一回主角。笔者在百度搜索引擎上输入"最可爱的大兵"，搜索到新闻有218篇，相关文章有92 700篇；键入"站着睡着的大兵"，搜索到相关文章有125 000篇。网友纷纷发表评论：

"没想到他们竟累到站着都能够睡着，可想而知他们有多累。"

"广州人民感谢您！全国人民感谢您！你们辛苦了！祝好人一生平安。"

"没有你们就没有社会的稳定和繁荣，向你们致敬！"

…………

为什么一张看似普通的照片能够打动这么多人，为什么因它而起的报道具有那么大的传播力？关键就在于新闻文本的符号价值，"四个大兵"没有以往英雄人物的"高大全"形象，而是兼有正面人物的亲和性和网络媒体的草根性。"亲和性是指新闻文本在符号再现与表达方式上，容易被接受主体所理解，再现的方式正是接受主体喜闻乐见的方式。"[1]

有关"四个站着睡觉的大兵"的新闻报道从最初并未引起多少人关注的图片新闻，到广大市民积极热烈参与的"寻兵行动"，再到众多媒体的追捧及网络媒体的跟风，一直到"大兵精神"的广为传颂和时代感召。《广州日报》对于"最可爱的大兵"的报道无疑取得了巨大的成功，这一成功也使我们再次认识和思考新闻的多重价值以及实现这些新闻价值的有效方法。同时，新闻报道过程化和新闻人物符号化也大大丰富和创新了我们的新闻理念，并且给我们两点启示：正面人物宣传大有可为，党报舆论导向大有可为。

（本文原载于《岭南新闻探索》，2008年第2期，原文名为"《广州日报》'寻兵报道'的多重价值解构"，作者：谭天、刘海霞，有改动）

---

[1]　杨保军：《新闻价值论》，北京：中国人民大学出版社2003年版，第157页。

# 中国电视呼唤新闻评论

人们在批评电视新闻浅层化、简单化的时候，无不对深度报道和新闻评论寄予厚望。然而，从平面媒体搬来的救兵——新闻评论并没有在电视上显示出足够的威力。迄今为止，评论在电视新闻大家族中仍然是弱项，电视新闻评论节目的界定仍然是扯不清楚的问题。评论是媒体的旗帜和灵魂，在引导新闻舆论中举足轻重，难道中国电视能够缺失或弱化自己的新闻评论吗？显然不能，电视新闻评论要在社会发展和新闻改革中发出时代的强音！如何才能发出这一强音？这是本文所要探讨的。

## 一、化整为零，走出误区

新闻报道以传播事实性信息为主，新闻评论以传播意见性信息为主，这在报纸上是泾渭分明，但在电视节目上难以区分清楚。长期以来，我国的电视新闻评论基本上是《焦点访谈》式的，由于《焦点访谈》的舆论监督所产生的巨大影响力，人们早已习惯以这种节目形态来界定电视新闻评论，其实这是一个误区。从节目形态上看，《焦点访谈》其实属于新闻专题，只是由于它的出生地在中央电视台新闻评论部，因此被贴上新闻评论节目的标签。然而，这种单一的述多评少的节目形态严重制约了电视新闻评论的发展。

近年来，人们发现电视上有影响力的新闻评论节目屈指可数，有些甚至淹没在网络舆论的喧闹之中。事实上单独设立的新闻评论节目收视率并不高，传播效果也不好。近年来，我们发现此类评论节目悄悄地"关停并转"，化整为零是电视新闻评论走出误区的开始。一些电视台果断撤并和周密的策划让新闻评论重新焕发青春。江苏电视台《江苏新时空》和深圳电视台《第一现场》都把原来单独设立的评论节目"打包"进节目，实现新闻评论与新闻报道的无缝链接，大大提高了电视新闻评论的传播效果。正如孙玉胜所说："评论应该是一种内容，而不应该是一种形态。"① 电视新闻评论不应拘泥于单一节目形态，从新闻节目中的互动版块到现场直播中的时空连线，评论无处不在，而且从荧屏内延伸到荧屏外。广西电视台《新闻在线》在 60 分钟的直播过程中，辟出四个时段供观众发表见解，名曰"新闻即时评"，观众在收看节目的过程中，可通过短信平台即时对播出的某则新闻发表看法，点评事件。最高峰时，一则新闻有 800 余人参与评论。直播时评最典型的特征就是新闻报道与新闻评论的共生状态，受众在同一时间内接受现场报道与新闻评论，达到感性形象与理性思维的综合调动，对正在发生的新闻事件加深理解。

近年来，民生新闻中的电视新闻评论开始大展拳脚，新闻主播也敢于"指点江山，激扬文字"。中央电视台《社会记录》的主持人阿丘和广州电视台《新闻日日睇》的主持人陈扬，都以睿智与幽默在新闻报道中找到各自的评论天地，他们的点评言简意赅，幽默风趣，受到观众的喜爱。虽然，时下大多数电视新闻评论还只是浅尝辄止，一时难以满足观众解读新闻、评析事实的需求。但从长远来看，从敢于评论到善于评论是中国电视新闻评论发展的必然过程。

要加快这一进程，我们还要重新审视电视新闻评论的传播功能。由于《焦点访谈》强大的舆论监督及影响力，且被贴上新闻评论节目的标签，所以长期以来人们认为舆论监督就是电视新闻评论的主要功能，其实这也是一个误区。对社会弊端和不良现象进行的批评报道主要是传播事实性信息，应该说新闻舆论监督是电视新闻报道的主要传播功能。如果在事实性信息的基础上，再加上意见性信息的传播，对新闻事实加以评论、亮出观点、表明立场，就会加强舆论导向，加强舆论导向才是电视新闻评论的主要传播功能。或许有人会问，对新闻事实的选择和对批评报道的把握难道不是一种舆论导向吗？当然是，但在事实的基础上，意见性信息的传播对舆论导向的影响更大。因此，笔者认为舆论导向才是电视新闻评论的主要传播功能。

那么，如何发挥电视新闻评论的舆论导向作用呢？笔者认为：一要正确地把握舆论导向，二要遵循电视新闻评论的传播规律。电视新闻评论的传播机理是这样的：主持人与嘉宾、记者与采访对象之间的人际传播形成一个吸引受众注意力的"谈话场"，这个"谈话场"在观众中的传播便形成了大众传播。尼古拉斯·阿伯克龙比认为："电视的一个重要特征似乎是它引起交谈、鼓励谈话的功能。实际上，电视似乎常常是关于谈话的。作为一种媒体，它确实是由可

---

① 孙玉胜：《十年——从改变电视的语态开始》，北京：生活·读书·新知三联书店 2003 年版，第 490 页。

视的谈话构成的。"① 谈话节目其实是一种很好的评论节目形态，它以平等对话的双向交流代替宣传教化的单向传播。国外并没有电视新闻评论这一节目形态，但无论是哥伦比亚广播公司的《60 分钟》还是半岛电视台的《针锋相对》，难道会有人说这里面没有评论吗？电视新闻评论的传播特点之一，就是在人际传播与大众传播相结合中传播意见性信息。

## 二、大众话语，多元表达

当今电视，新闻报道与新闻评论、新闻评论与电视评论的界限日趋模糊。在这个模糊中产生了两个显著的变化：一个是话语方式的改变，另一个是表现手段的丰富。长期以来，我国电视新闻评论更多的是传递一种居高临下的国家话语和曲高和寡的精英话语。然而在今天，我们高兴地看到在 2007 年的"两会报道"期间，具有平民色彩的崔永元又来到了中央电视台《新闻会客厅》。《小崔会客》让政府官员和平民百姓相聚一堂，时任江西省委书记孟建柱与江西资溪面包经营户王信文一家共话全民创业，电视评论就在这一对话中实现了精英话语向大众话语的转换。

作为软新闻的评论，它在表现形式上更能推陈出新。山东齐鲁电视台的《拉呱》和广州电视台《时事查笃撑》就在这方面作了积极的探索。《拉呱》创造性地采用老百姓喜闻乐见的曲艺形式进行民生新闻的播报和评说，具有很强的贴近性和娱乐性。或许《拉呱》不是地道的新闻评论，主持人小么哥说的一些事实新闻价值也不大，但在山东省的许多农村地区这是一个收视率很高的节目。广州电视台的《时事查笃撑》是一档以情景短剧形式播出的时评节目，在极具广州地方风味的"TV 茶吧"中"嬉笑怒骂论时事"，节目中还加入了一些动画、漫画、MTV 等形式。《时事查笃撑》选取的题材多为与市民生活息息相关的社会热点，如《公交车乱改道，市民好难受》《如何睇的士拒载》等，这些大众话题反映了市民的社会诉求。但由于节目表演大于评论，收视情况并不理想，这也说明了电视新闻评论还是有自己的边界的。

电视新闻评论的叙事方式也有不少创新。扬州电视台《时评新语》是一档以社会新闻评论为主的节目，这档节目有两大特点，即叙述方式的改变和多媒体的应用。《时评新语》的叙述方式受到了扬州评话的启发，其评论语态的改

---

① ［英］尼古拉斯·阿伯克龙比著，张永喜、鲍贵、陈光明译：《电视与社会》，南京：南京大学出版社 2001 年版，第 174 页。

变是从人称开始的。传统的新闻叙事一般多用第三人称，但在《时评新语》中第一人称和第二人称的使用频率很高。比如在《"圣诞"究竟是个啥?》中，主持人在描述了圣诞节这一天的热闹场景之后说："快乐归快乐，我倒想刨根问底地问一句，在咱们扬州人心目中，'圣诞'究竟是个啥? 要我说呀，圣诞就是'贺卡节'。""评论不仅要亮出矛盾双方的观点，更要旗帜鲜明地亮出媒体的观点，否则，就不能叫作评论，充其量只是深度报道。"① 或许有人担心，这种以"我"为主会带来主观和偏见。其实只要掌握分寸、不偏不倚，"我"的存在就不会影响新闻的客观公正。

如何让电视评论过程化? 戏剧冲突和悬念设置是实现过程化的重要手段。辩论就是一种充满强烈冲突的话语方式。美国电视观念认为："争论"是电视新闻的一种方式、一种语言。电视新闻的话语应该是多元的、形式应该是多样的，观点应该要相互不断地碰撞。凤凰卫视的《一虎一席谈》便是切合了这样一种电视新闻传播观，以辩论的形式评论时事，以思辨的色彩引导观众，其创新之处就在于主持人和现场嘉宾之间那舌剑唇枪、火花四溅的争论。不少辩题为时下的社会热点，如"全国高考分省录取到底公不公平""房价只能由行政手段调控吗""现在进入股市是风险大还是收益大"等。然而，评论尺度难以把握，辩论似乎风险更大，如何拿捏? 这是许多电视人所担心并为此裹足不前的原因。中央电视台前台长杨伟光在接受《南方周末》采访时指出："很多问题不在于能不能讲，而在于你怎样讲。"② 怎样讲? 这取决于电视新闻评论的准确表达。

电视新闻评论要在评论要素与视听元素相结合中发挥其政论性，寓思辨于形象之中是电视新闻评论的另一个传播特点。视觉化、过程化、多元化和碎片化是当今中国电视新闻评论呈现的基本走势。


三、迎接挑战，主导舆论


在急剧变革的转型社会和激烈竞争的媒介环境中，电视新闻评论如何才能发挥其强大的舆论引导作用呢? 零敲碎打是不行的，要打"组合拳"，要形成一个电视新闻舆论场。"场"是一个物理学的概念，是指物质运动相互作用的空间。在电视观众和电视媒体之间也同样存在着这样一个相互作用的空间：电

---

① 周明涛：《叙述方式的改变与多媒体的应用——〈时评新语〉对电视新闻评论节目的创新》，《视听界》2007 年第 4 期，第 59 页。

② 赵华：《前台长杨伟光解密央视幕后"新闻"》，《南方周末》2007 年 11 月 1 日。

视新闻评论是在人际传播与大众传播相结合中传递意见性信息，在评论要素与视听元素相结合中发挥其政论性，并在这两个结合点上构建起一个电视新闻舆论场。然而，电视新闻舆论场并不是孤立存在的，在现实社会中还存在着人际传播的口头舆论场和网络传播的网络舆论场。

当今世界，中国已是手机使用第一大国，网络用户第二大国。手机短信借助传统媒体的平台，点播变广播，个人媒体聚合成大众媒体；以新浪为首的门户网站，在没有新闻采编权的情况下创造了一种"新闻超市"。据 2007 年 6 月的统计，中国网民总人数已经达到 1.62 亿，仅次于美国，这为网络舆论的形成提供了庞大的参与者。中国互联网的舆论平台已经十分发达，几乎每个门户网站都设有 BBS 论坛，中国目前约拥有 130 万个 BBS 论坛，数量为全球第一。博客虽然是小众的网络媒介，但越来越多的博客已经从心绪记录转变为时事评论，经常阅读博客的活跃读者已经超过 5 000 万人。日益强大的网络新闻舆论场正冲击着电视新闻舆论场。

从"最牛钉子户"到"华南虎照"，形形色色的网络事件"爆炒"，传统媒体无不趋之若鹜，都想在这场视觉盛宴中分一杯羹。可问题是，电视新闻就甘心做报纸新闻和网络新闻的"二道贩子"吗？电视新闻如何由跟风变为引导，关键在于有无独家新闻和权威评论。只有让更多的资深记者坐在新闻主播台上，让更多的意见领袖走到镜头前，电视新闻才能在传媒新闻大战中争得第一话语权，比如凤凰卫视的影响力就在于它拥有一支人数不多但素质很高的评论员队伍。其实，近年来中央电视台和地方电视台也出现一些名牌主播和资深记者，完全可以也应该组成一支有影响力的评论员队伍。当然，电视评论员还包括话语级别较高的社会精英。作为网络舆论的制造与传播者，一些资深网友充当了"意见领袖"的角色，在一些复杂的辩论中，他们的观点往往能够左右网民的判断并最终引导网络舆论的走向。电视媒体只有汇集、引导和影响众多意见领袖，才能提高主流新闻的传播力，才能保持对舆论导向的影响力。

在新媒介生态环境下，面对更多的传播渠道，面对更开放的受众参与，严峻的形势和重大的课题摆在电视人面前：电视新闻如何主导新闻舆论的话语权？电视新闻评论如何有效地掌控正确的舆论导向？从电视读报到电视读网，从网络链接到短信互动，电视新闻评论吸纳各方言论，搭建一个数字化多媒体视听传播平台。但是我们也应该看到，电视新闻节目如果过分倚仗读报和读网，必然会造成独家新闻和评论内容的缺失，从而丧失电视媒体自身的传播优势及对新闻舆论的影响力。面对网络这一最大的民意表达平台，电视新闻评论是随波逐流，还是主动出击？

　　我们高兴地看到中央电视台在媒介融合中的步伐加快了。2009 年"两会"期间央视国际开创"名嘴两会博客"，囊括了央视主持人、记者和央视国际网络记者关于"两会"的博文。这一平台既充当了新闻传播渠道，又是影响广泛的意见互动空间，包括征集、评论、预告等，他们以网民留言为素材共推出十期特别策划，涵盖了网友对房价、教育、医疗等热点的建议和意见。央视主持人王小丫在记者招待会结束后，将"网民建言册"递到总理手中。这一传递实现了新闻言论与公共事业的成功对接。

　　中央电视台新闻评论部和《焦点访谈》创始人孙玉胜在《十年——从改变电视的语态开始》一书中写道："还是在《焦点访谈》创办的初期，我就提出要'多报道、少评论'，其实这就是一种选择中的平衡。我一直坚持一个观点：中国电视新闻还只是处于报道阶段。分析与评论的时代还没有完全到来。"[1] 时至今天，中国电视新闻的评论时代还是遥不可及吗？处于转型期的中国社会面临着诸多问题和挑战，胡锦涛同志在党的十七大报告中指出："积极探索用社会主义核心价值体系引领社会思潮的有效途径，主动做好意识形态工作，既尊重差异、包容多样，又有力抵制各种错误和腐朽思想的影响。"[2] 我们的电视宣传工作如何做到"有效"和"主动"？在新旧媒体竞争与融合的今天，电视人要清醒地认识到传统电视新闻已进入转型期，中国电视必须走出认识的误区，充分发挥舆论导向的作用，必须构建一个强大的电视新闻舆论场，电视新闻评论不在媒介大融合之中涅槃重生，就将在媒介大融合之中被湮没！

　　（本文曾获"'宁波广电杯'学习宣传贯彻十七大精神"有奖征文一等奖，原载于《视听界》，2009 年第 1 期，原文名为"电视新闻评论的涅槃之路"，有改动）

---

　　① 孙玉胜：《十年——从改变电视的语态开始》，北京：生活·读书·新知三联书店 2003 年版，第 156 页。

　　② 胡锦涛：《高举中国特色社会主义伟大旗帜　为夺取全面建设小康社会新胜利而奋斗——在中国共产党第十七次全国代表大会上的报告》，《新长征》2007 年第 21 期。

# 中美电视调查性报道比较

调查性报道起源于 20 世纪六七十年代的美国，是一种以调查、揭丑、批判为主要特征的深度新闻报道。它首先产生于平面媒体，美国哥伦比亚广播公司的名牌节目《60 分钟》第一次将调查性报道运用在电视媒体上。《60 分钟》不仅成为美国同类电视节目的佼佼者，其开创的报道风格、节目样式乃至新闻理念，对其他国家的电视调查性报道都产生了重大的影响。中央电视台的《新闻调查》无疑是电视调查性报道在中国特有的社会背景和政治制度下的一种勇敢探索。自 1996 年开播的 10 年里，其制作播出的调查性节目无论数量还是质量都堪称我国电视之最，并带动了一批地方电视台同类节目的出现。

"比较电视批评力图摆脱国别和地区的局限，以更为开阔的审视角度，在比较和观照之中，分析和把握各种电视现象和电视作用，力图全面、准确地评价电视作品的价值，更为深入地认识电视运动与发展的根本规律。"[①] 本文将运用比较研究的方法，通过对《60 分钟》和《新闻调查》这两个中美电视调查性报道的代表节目展开电视批评，进而提出适合我国国情的电视调查新闻理论。

## 一、《60 分钟》与《新闻调查》的对比

比较研究的方法主要有两种：平行比较和影响比较。平行比较研究方法包括两方面的内容：一是探讨节目的类同，即这两个节目在节目形态、节目运作、节目理念上表现出来的类同现象；二是进行节目的对比，找出节目之间的异同点。

1. 节目形态与内容取材

《60 分钟》由片头（节目介绍）、具体报道和评论员评论这几个版块组成，每个版块都有自己相对固定的主持人。第一则报道是当晚的重头戏，一般都是较有时效性的硬新闻故事，仅为 20 分钟左右；第二则报道略短，但仍然较为严肃；第三则报道往往风格轻松，多半是影视或体育明星的访谈；最后还有几分钟的新闻评论。自 1986 年播出以来，《60 分钟》的核心内容集中在对那些有犯

---

① 欧阳宏生：《电视批评学》，成都：四川大学出版社 2006 年版，第 187 页。

罪指控的企业财团、政治人物及其他公共机构高层人士的贿赂犯罪行为的调查上。

《新闻调查》节目时长为每期45分钟，每期一个故事。开始时，演播室中主持人用一分钟的导语或交代播出由头，或简单勾勒背景，或关注人物命运，或预先提出问题，但不作评论；紧接着是出镜记者的现场调查，以悬念重重的结构来引人入胜；结尾时，一般在现场调查内容结束后，主持人作一分钟的总结，或报告事态最新进展，或表明媒体立场，或提醒继续关注，但不下结论。它以记者的调查行为为表现手段，以探寻事实真相为基本内容，以做真正的调查性报道为目标追求，崇尚理性、平衡和深入的精神气质。

"《新闻调查》节目形态定位上借鉴《60分钟》'调查性纪录片'的形态，用纪实的方式拍摄，展现对新闻事件的调查和采访过程，把新闻当成故事来讲，事件中应有悬念和冲突，情节应当跌宕起伏。"① 但与《60分钟》每个故事时长十几分钟不同，《新闻调查》每一期节目时长为45分钟，要在一个相当于电视剧单集长度的时间里把一个非虚构的新闻故事讲得有声有色，不但是对记者编导能力的考验，也给选题带来很大的困难和限制。

2. 调查记者与节目运作

《60分钟》并不称呼那些出镜主持的记者为 anchorman（主播）或是 host（主持人），而是直接叫 correspondent（记者）。《60分钟》没有专门的主持人，每个人讲自己找来的故事并将自己的个人特性表现出来。他们在自己的节目中既是记者又是节目主持人，即中国新闻界所说的"记者型主持人"。《60分钟》的主持人都是资深记者出身，如莫利·塞弗在进入《60分钟》前因为对越战击中要害、激发情绪的出色报道而闻名，丹·拉瑟则是因为当时报道肯尼迪总统被杀，以及在对尼克松总统采访中言辞锋利而全国知名。他们每一位都是美国新闻界的"大腕"，做过16年记者的美国全国广播公司已故著名新闻主播彼得·詹宁斯说："我是主播还是主编都不重要。一旦做过记者，就永远是一名记者。一旦做过记者，你就永远明白新闻时间的最佳途径是告诉人们你碰见的人的生活和态度。"②

中国调查记者吃的是"青春饭"，很难看到40岁以上还在从事调查性报道的一线记者，绝大多数的调查记者都因种种原因，在从业约三年后逐渐淡出。在中国的电视台体制中，多年来节目运作推行的是编导中心制，以编导为中心

---

①　《〈新闻调查〉栏目解析》，http://www.cctv.com/program/xwdc/20050520/102483.shtml，2005年5月20日。

②　钟新：《彼得·詹宁斯与美国电视新闻》，《国际新闻界》2005年第5期，第34页。

来配置资源，编导拥有本节目的人、财、物等支配权力。以央视的《新闻调查》为例，长期以来，以编导作为节目创作的核心，记者围绕着编导转，编导把什么都安排好了；编导找到感兴趣的选题后，看看哪个记者合适，被指定的记者到时候采访就行了。每一个编导都可以轮换使用记者，记者的主动性、创造性及品牌效应被抑制住了。

要真正做成中国的《60分钟》，还要拥有一批莫利·塞弗、丹·拉瑟那样的记者，否则，最多只能成为培养出镜记者的摇篮，而不可能积蓄持续发展的力量，故而也难以打造名牌节目。在美国，优秀的出镜记者就是节目运作的核心，从而形成记者中心制或新闻明星制。一旦出镜记者或主播形成了自己的特点并有了突出表现，电视台就会给予他们充分发挥的空间，整个节目根据出镜记者来配置班子及其他资源。以《60分钟》为例，5位出镜记者都有自己的制作队伍，他们自己找选题然后向执行制片人申报。可以说，没有名记者就没有名牌节目。

3. 新闻理念的差异

中美电视调查性报道最根本的差别还是在新闻理念上。所谓新闻理念，是指对新闻的基本认识和价值取向。这种差异从中美调查性报道的不同定义中可以看出。

密苏里新闻学院《新闻写作教程》的定义是："调查性报道指的是一种更为详尽、更带有分析性、更要花费时间的报道"，"调查性报道目的在于揭露被隐藏起来的情况"。[①]

《美国新闻史：大众传播媒介解释史》对"调查性报道"的解释是："挖掘五角大楼、中央情报局、联邦调查局、卡车司机工会、犯罪集团和腐败活动的，是20世纪60年代和20世纪70年代所谓的调查性新闻记者。调查性报道（Investigative Reporting）是指利用长时间内积累起来的足够的消息来源和文件，向公众提供对某一事件的强有力解释。"[②]

在美国，调查性报道是黑幕揭发报道的延续。1902年至1912年的黑幕揭发报道，集中揭发美国社会腐败现象，被时任美国总统的西奥多·罗斯福称为"扒粪者"。调查性报道的最大成就，是20世纪70年代《华盛顿邮报》对水门事件的揭露。其后，普利策新闻奖自1985年设立调查性报道奖。《60分钟》认为调查性报道是"对某人或某集团力图保密的问题的报道"，"报道的事实必须

---

① 密苏里新闻学院写作组：《新闻写作教程》，北京：新华出版社1986年版，第384页。
② ［美］迈克尔·埃默里、埃德温·埃墨里著，展江、殷文译：《美国新闻史：大众传播媒介解释史》，北京：新华出版社2001年版，第493页。

是你自己发掘出来的"。①

　　以上西方新闻界对于调查性报道比较典型的定义，虽然表述方式各有不同，但归纳起来不外乎三条：第一，它是揭丑质疑性的，一些人或集团企图掩盖真相，调查记者就要将其内幕揭露出来，告知公众并解释事件发生的前因后果。第二，它是由记者通过自己的努力和主动挖掘而独立进行的调查，具有原创性和相对独立性。第三，它所调查的一定是势力集团对公众利益构成了损害的事件，题材是重要的和公众所关心的，调查内容可涉及政治、经济等多个领域。

　　我国电视调查性新闻节目起步较晚，在这些众多的调查性节目中，中央电视台的《新闻调查》被公认是影响力最大、节目水准最高的调查性电视新闻节目。因此我国新闻界在如何定义电视调查性报道时，无一例外地建立在对该节目的研究基础上。《新闻调查》的选题主要分为以下几类：主题性调查、舆情性调查、事件性调查和内幕性调查。在这四种选题中只有内幕性调查才符合西方对调查性报道的定义。其他三种选题的大量存在，让我们质疑《新闻调查》是否属于"调查性报道"。如播出少女怀孕题材的《长大未成人》，反映农村医疗状况的《农民看病现状调查》都是非揭露性报道。于是，有人因此提出了"中性调查性报道""非揭露性调查报道"等概念。而针对在《新闻调查》中出现的《宏志班》《生命的救助》等节目，有人甚至提出了"正面性调查性报道"的概念，认为"西方的调查性报道定义过于严格，限制了调查性报道在题材上的广泛性"②，中国的调查性报道本身"在题材上有更大的包容力和内涵"③。

　　针对这些定义，《新闻调查》制片人张洁并不认同："国内对调查性报道和调查性节目经常混为一谈，我们叫新闻调查，并不意味着我们做的节目都是调查性报道。"④ 他不认为存在"正面调查性报道"这样一个概念。为了厘清这个概念，他提出了"调查式节目"的概念，《新闻调查》中有大量节目使用了调查求证手法。他进一步指出，"正面报道如果用调查的手法来做的话，它可能是调查节目，但它不是调查性报道。而调查性报道，只是调查节目中的一个部分，它就是揭露黑幕和内幕，就是一个独立调查，并且这个调查有一个完整的过程"⑤。

---

　　①　[美] 特德·怀特等著，温国华、于恒申译：《广播电视新闻报道写作与制作》，北京：中国广播电视出版社 1987 年版，第 294 页。

　　②　穆冰：《试论中国特色的调查性报道》，《军事记者》2003 年第 10 期，第 12 页。

　　③　曹培鑫等：《电视新闻调查性报道探析》，《现代传播（中国传媒大学学报）》2000 年第 6 期，第 33 页。

　　④　《〈新闻调查〉制片人张洁访谈》，http://news. sohu. com/2004/06/26/79/news2207679-05. shtml.

　　⑤　张洁：《从调查节目到调查性报道》，《新闻记者》2005 年第 10 期，第 38 页。

中央电视台的孙玉胜则强调揭秘性："调查性报道以展示为主，选题注重事件性、趣味性、揭秘性，主要采用记者亲身调查的方式来完成对新闻事件的叙述。调查性报道更强调记者的主动参与。"① 由此可见，国内新闻界目前对于调查性报道的定义更多的是从报道方式上去界定的，与西方新闻界的调查性报道定义并不是一回事。由于新闻理念的差异，《60分钟》和《新闻调查》的话语空间和传播效果也大不相同。

## 二、《60分钟》对《新闻调查》的影响

影响比较研究方法就是考察事物之间相互联系的方法，影响的对象是影响者和被影响者。对于一个电视节目来说，它可以是影响者也可以是被影响者。

1. 《60分钟》和《新闻调查》的影响

《60分钟》成为美国新闻史上进入尼尔森收视率排行榜前十名的第一个电视新闻节目，并创下了至今无人打破的连续23个年度进入尼尔森收视率前十位的记录，被人称为是尼尔森收视率排行榜的宠儿。《60分钟》不仅成为黄金时间节目网络播出次数最多的电视节目，而且是美国新闻史上最赚钱的新闻节目。《60分钟》在过去的三十多年里，大约为哥伦比亚广播公司赚了20亿美元。

《60分钟》成为美国电视史上存活下来的最长寿、最成功的调查类新闻节目。其影响力主要体现在三个方面：一是《60分钟》代表精品节目，它是美国历年获艾美奖最多的电视节目，截至1998年，《60分钟》荣获时事类艾美奖68次；二是对行业的影响，《60分钟》成为不同电视网的类似节目的模仿对象，世界各国电视台纷纷开发了自己的《60分钟》；三是对社会的影响，在收视率巅峰时期，《60分钟》甚至主导了社交议题。周一上班后，同事之间往往以前一晚的《60分钟》为话题，没有看过节目根本无法与同事交流，因此，下周必须看了节目才敢上班。马里兰州立法机关把星期一早晨收集到的提案叫作"《60分钟》提案"，因为其中的一些提案是某些人看到星期日晚间的《60分钟》节目后，想到了某些问题，进而在星期一早晨提出的。

虽然《新闻调查》在节目形态和新闻理念上都借鉴了《60分钟》，但其影响力还是无法与《60分钟》相比，甚至无法与同台的另一档新闻节目《焦点访

---

① 陈作平：《新闻报道新思路》，北京：中国广播电视出版社2002年版，第148页。

谈》相比。《新闻调查》收视率在 1998 年有了显著提高，平均收视率一直在中央电视台晚间 9 点时段名列前茅，80% 的节目进入当年全台收视率排名的前 15 名。但随着新闻传播渠道的剧增和民生新闻的出现，《新闻调查》的收视率每况愈下。2003 年 5 月 8 日，中央电视台一套节目改版，由于《新闻调查》并不擅长在黄金时段拉动收视率，央视出于经济压力的因素，将《新闻调查》的播出时间从周六的晚间 9∶15 挪到周一的晚间 10∶35。由于播出时间的改变，收视率立刻由 3% 下滑到 1%，造成了《新闻调查》两千多万观众的流失。即使是现在，它的播出时间依然被放在中央电视台一套节目晚间的 10∶39 和中央电视台新闻频道接近午夜的 11∶10。作为一档高品质的新闻节目，《新闻调查》也同样在坚守品位和抓住观众之间挣扎。据 2004 年的统计，《新闻调查》正常的收视率在 0.5%～1%，这样的收视率相对于节目的投入来说，显然是不理想的。

2.《60 分钟》对《新闻调查》的影响

《60 分钟》的影响首先表现在节目运作方面。从 20 个世纪的 90 年代末起，央视开始在编导中心制的框架内培养了一批优秀记者和主持人，如白岩松、水均益、敬一丹、杨澜等。但是我们有了明星，却并没有明星制。拿央视来说，目前的机制有能力迅速培养一个"名嘴"，但是没有能力让他们转化为节目的品牌。从央视到地方台，但凡优秀的记者或主持人成名了，就会转为编导或制片人，尤其是地方台的主持人在成名或得奖后被提拔至管理层而退居幕后，之前在专业上的积累突然间丧失了意义。如央视白岩松在成名后曾经同时担任《央视论坛》《中国周刊》《时空连线》和《新闻会客厅》四个节目的制片人，他常抱怨自己忙碌到只有进了演播室才有时间看稿子并考虑节目的录制问题。主持人中心制变成了"主持人行政中心制"。看来，《新闻调查》要像《60 分钟》那样有影响力，恐怕需要改变其节目运作机制。

《60 分钟》最有影响力的还是它的独立调查和批判精神。多年来《60 分钟》一直致力于报道负面新闻、揭露丑行，通过独立的调查来挖掘故事、伸张正义，从而闻名遐迩。节目的前制片人唐·休伊特说："我们做得最好的事情是用探照灯照亮黑暗的角落。如果躲在黑暗中的人正在做着他们不应该做的事情，我们能做的即将探照灯照过去。"① 近 40 年来，大胆坚定的节目立场以及敢于碰硬的对抗精神使得该节目一度成为正义的化身，赢得了"美国检控官"的称誉。这一点可以从莱内尔·格特（Lenell Geter）的案子得到印证。在《60 分

---

① ［美］唐·休伊特，马诗远、抹洲英译：《60 分钟，黄金档电视栏目的 50 年历程》，北京：清华大学出版社 2004 版。

钟》播出了记者莫利·塞弗的分析和调查后，这个被错判终身监禁的黑人工程师即获自由。在《60分钟》历史上，最具揭露性的节目还包括对抗美国伊利诺伊州电力公司、奥迪汽车、烟草公司、联合化工公司、美国陆军、收养机构以及土地开发公司等。

所有的商业电视机构无一例外都会面对经济利益和独立新闻立场的二元冲突，按理说，《60分钟》在吸引了大量有实力的广告商后，节目的独立性和言论自由相对也会受到压力和限制。但是，让《60分钟》新闻人最为自豪的恰恰是他们对自己节目广告赞助商的揭露报道和向自己的高层"开火"的勇气。用唐·休伊特的话来说，"'60分钟'不怕威胁、不受诱惑；无论这些威胁和诱惑来自报道对象，还是来自我们的雇主"①。为了维护节目独立的价值立场，《60分钟》甚至不惜向哥伦比亚广播公司高层"开火"。

《新闻调查》从1996年创办到定位做"真正的电视调查性报道节目"用了8年时间，其中的艰辛和曲折可以想象。"'探寻事实真相'的道路，并不好走，从节目播出的现实情况来看，只能达到百分之五十的播出率；尤其在2002年，'有真相被隐藏的地方就应该有新闻调查'就变得更为艰难，有十多期节目被毙……竭尽全力调查真相的《新闻调查》发现'一期一个真相'在当时的环境下几乎是一个不可能完成的任务。"② "《新闻调查》每期节目的'内容数量'问题在栏目开播前就已经解决，而选题的方向问题却始终缠绕着《新闻调查》的创作者们，给他们带来了许多烦恼和痛苦，成为这个栏目长期思考难以突破的一个难解的'死扣'。"③

《新闻调查》有着严格的选题标准和报题程序，选题申报所要走的路线很漫长，必须到达央视行政最高层的主管副台长。《新闻调查》严格的审片制度更是导致节目的"腰斩率"和"枪毙率"的提高，在客观上再一次缩窄和限制了节目的话语空间。《60分钟》的选题申报程序相对要简单得多，只需要到达哥伦比亚广播公司新闻部，目的只是确定选题是否与新闻部其他节目冲突。

---

① ［美］唐·休伊特，马诗远、抹洲英译：《60分钟，黄金档电视栏目的50年历程》，北京：清华大学出版社2004版。

② 《〈新闻调查〉栏目解析》，http://www.cctv.com/program/xwdc/20050520/102483.shtml，2005年5月20日。

③ 孙玉胜：《十年——从改变电视的语态开始》，北京：生活·读书·新知三联书店2003年版，第226页。

### 三、电视调查新闻理论

1. 比较的结论

媒介制度的不同导致话语空间的不同。中国媒介"事业性质，企业管理"的双重属性决定了新闻媒介在政治上不具有相对的独立性，而是党政权力的延伸和补充。

媒体的功能不同导致新闻理念的不同。调查性报道从它产生的那天起，就决定了它具有针对势力集团的监督功能，寻找真相以唤起社会疗救的注意。"社会守望"本应为大众传播媒介的首要功能。由于是以揭露性题材为核心，调查报道的记者被称为"扒粪者"，相对于中国现时的"喜鹊"型记者而言，他们是一群"乌鸦"。但正是这些"乌鸦"守望者可以成就调查性报道，从而让"无力者有力，让悲伤者前行"。然而，据统计，即使是以舆论监督为己任的如《焦点访谈》，批评报道的比例也不到其中的两成，其监督性报道从非常态走向常态举步维艰。

一个开放、独立的公共领域并未真正建立。德国哲学家哈贝马斯的"公共领域"概念本质上是一个对话性的概念（dialogical concept），即公共话语空间。公共话语空间里的三个角色——政府、媒体、公众形成了话语权的三权分立。在中国媒体中，"话语权"主要掌握在媒介资源的控制者手中，传媒表达得更多的是经过筛选后的"公共意见"，或者说是与官方一致的主流意见。媒体拥有绝对的话语权，作为媒体所有者的政府也通过媒体间接获得了话语权。

2. 中国特色的电视调查新闻理论

对比是为了构建。那么，我们能否构建一种适合中国国情并与国际对接的电视调查新闻理论呢？张洁将调查性报道分为三种：狭义的调查性报道、广义的调查性报道和所谓高级形态的调查性报道。他认为狭义的调查性报道就是西方定义的揭黑式调查性报道。他还提出了广义的调查性报道，就是对复杂问题的深层次探究、对尘封历史的揭秘和未知世界的探寻。如《新闻调查》于2003年制作的《双城的创伤》，是关于青少年自杀原因的心理问题调查。

在西方，调查性报道已经有一百多年历史，从它的定义、理念到实践、经验，再到职业道德和法律规范，都已经形成了一套比较完整的体系。我们应该接受这一定义，调查性报道就是调查性报道，不应该有广义和狭义之分。但是如何涵盖目前我国各种调查类新闻节目呢？在此，我们提出电视调查新闻这一概念。

电视调查新闻包括三个层面：①调查性报道；②调查性节目（栏目）；③广泛应用于电视新闻中的调查方法。在这三个层面里调查性报道是核心。

第一层面就是调查性报道。中国社会处于转型期，问题和"黑幕"不少，正好给调查性报道提供了源源不断的题材。中共十六大提出的三个文明协调发展的科学发展观，不仅提升了人们对政治文明建设重要意义的认识，而且提高了人们对传媒业在政治文明建设中地位与作用的认识，也提高了人们对新闻舆论监督和调查性报道重要性的认识。当今中国的"电视制度变迁是一个从政治权力领域走向'具有政治功能的公共领域'的过程"①。在我们构建和谐社会的时候，难道不能对一些不和谐的甚至丑恶的现象进行曝光吗？难道不能对这些文明社会的"毒瘤"实施"外科手术"吗？

尽管做"真正的调查性报道"之路艰难而漫长，但《新闻调查》毕竟开始向梦想一点点靠拢。他们认为"我们的使命就是，既要超前，还要保险，既要往前推进，又不能冒进"②。2002年，《新闻调查》一整年只播出了《与神话较量的人》《"东突"揭秘》这两期真正意义上的调查性报道节目，但是到了2003年，舆论监督报道达到16期，超过了五分之一。随着中国的政治文明建设，权利意识和社会公正会显得越来越重要，而这就意味着调查性报道有了更大的生存空间。

第二层面是指调查性节目（栏目）。在我国，调查性报道在节目中还是要有合适的比例，虽然这类报道数量不多，但传播能力极强，同时它会成为电视新闻人的理想追求。新闻的理想主义和传媒的现实主义总是结伴同行的，"揭黑"式调查性报道和揭秘式调查性报道依然会共生并存。调查性节目，就是指所有使用了调查求证方法的深度报道，这类节目往往主题先行，再找素材印证。它包括《新闻调查》等调查性节目中的所有非调查性报道，如主题调查、舆情调查、事件调查、揭秘调查等。目前，调查性节目依然占《新闻调查》中的绝大部分。

第三个层面则是使用了调查方法的各类电视新闻节目。如中央电视台的《焦点访谈》《每周质量报告》，武汉广播电视台的《都市写真》、成都电视台的《今晚8：00》等，这些节目往往将调查方法和新闻评论结合起来使用，以短、平、快的方式实现即时的舆论监督功能。在这些节目中，调查是为评论服务的。

---

① 钱蔚：《政治、市场与电视制度——中国电视制度变迁研究》，郑州：河南人民出版社2002年版，第5页。

② 张志安：《张洁：调查性报道是奢侈品、易碎品》，http://www.oursee.com/html/renwuft/2006_03_12_14_56_164_8.html.

调查只是一种采访取证的方法，也许有"揭黑"性和曝光性，但不一定有完整的调查过程，大多数时候，只选取调查结果作为评论的依据。实际上，调查方法可以广泛应用在各种电视新闻报道里，充分发挥电视传播的实证优势。

（本文原载于《湛江师范学院学报》，2007 年第 8 期，原文名为"中美电视调查性报道比较——以《60 分钟》和《新闻调查》为例"，有改动）

# "新闻立台"：回归与选择

2009 年中央电视台再次明确提出"新闻立台"的办台方针，7 月份央视新闻频道再次"变脸"，推出《大直播时段》，组建"大新闻中心"，《新闻直播间》《环球引擎》《时事解码》等新节目也纷纷上马，同时特邀评论员龙永图、曹景行等人的加入壮大了新闻频道评论员队伍。同年，东方卫视也于 6 月 23 日进行改版，重新确立"新闻立台、文艺兴台、影视强台"的宗旨。截至 2009 年 9 月 27 日，笔者键入"新闻立台"一词，在百度搜索到的网页有 63 700 个，新闻 1 760 篇，在 Google 上搜索到的词条高达 1 740 万条。一个久违的概念——"新闻立台"似乎又回到了人们关注的视线。虽然并非所有电视媒体都喊出"新闻立台"的口号，但"新闻立台"的话题热议和重新回归，让我们不得不对这一概念再现的历史背景和现实意义进行重新审视和深入剖析。

## 一、回溯：从诞生到遗失

"新闻立台"的概念具体是在什么时候、什么文献中提出来的，已无从考证，但它的起源还是清晰的。

1978 年 1 月 1 日，中央电视台开办了《全国电视台新闻联播》节目，简称《新闻联播》，标志着以首都为中心的全国电视新闻网的初步形成。"作为中国广播电视新闻节目的代表的《新闻联播》集中体现着国内新闻的优点和缺点。中国的广播电视新闻倾全力于传达党和政府的方针、政策、指令、号召，反复宣传政治性的内容，参与统一幅员辽阔的中国及其十多亿人民思想的巨大工程。"①

1983 年春，第十一次全国广播电视工作会议明确提出广播电视节目要"以新闻节目为主体、骨干，以新闻改革为突破口，推动广播、电视各类节目的改革"。② 与此同时，随着"四级办广播，四级办电视，四级混合覆盖"方针政策

---

① 郭镇之：《中外广播电视史》，上海：复旦大学出版社 2005 年版，第 273 页。
② 刘习良：《中国电视史》，北京：中国广播电视出版社 2007 年版，第 262 页。

的确定和落实，"新闻立台"的理念就在全国各级电视台的建台过程中逐渐形成，新闻就此成为从中央电视台到地方电视台的立台之本。

进入20世纪90年代，随着邓小平南方讲话的发表、改革开放的推进，在建设中国特色社会主义社会的大环境之下，电视新闻也开始进入深化改革全面发展的新阶段。时任中央电视台台长杨伟光的新闻改革三部曲——《东方时空》《焦点访谈》《新闻调查》，可谓唱响了"新闻立台"的最强音。而与此同时，各种节目类型和各色电视节目如雨后春笋般涌现，我国电视剧产量和播出总量也逐年增加……1997年香港回归直播，让世界看到了中国电视新闻人的身影。

然而，进入世纪之交，随着我国电视市场化进程和电视频道剧增带来日趋激烈的竞争，电视媒体的产业功能得到了凸显和强化。先是湖南卫视借助《快乐大本营》《超级女声》掀起了强劲的娱乐旋风，在其影响下各地电视台纷纷跟风大办娱乐节目，甚至作为国家大台的央视也不能免俗。此时，从中央电视台到地方电视台，均在娱乐节目中尝到了甜头，纷纷投入大量的人力物力。与此同时，不少电视台不断减少甚至放弃新闻节目，电视新闻改革知难而退，国内电视媒体对于重大突发事件的不作为屡见不鲜，"新闻立台"的声音逐渐减弱。

"新闻立台本是媒体的社会功能所决定的一个公理和通则，无须论证。但在中国当下的电视竞争格局中，对收视份额的一纸诉求，却让这个公理轻易地被遮蔽、被忘却。尤其是上星电视频道，新闻节目已经萎缩成了主频道中的'鸡肋'，出于宣传功能的体现，不能没有；但如果由着市场的'性子'，这装点门面的东西，恐怕也会被电视剧、综艺娱乐节目这种收视率'伟哥'所替代。"①在收视率的压迫下，电视剧更是大行其道，全国省级卫视纷纷狂播电视剧抢占收视市场，有的电视台几乎变成了电视剧台。有人发出无奈的叹息：收视率是万恶之源呀！有人认为电视台就是一个娱乐媒体，"新闻立台"的理念渐已被抛诸脑后。

进入21世纪以来，一系列重大新闻事件拷问着中国电视人。2001年"9·11事件"，内地电视集体失语；2003年SARS（非典型肺炎）早期，内地传媒全体失声。与此同时，凤凰卫视高举"新闻立台"的大旗迅速崛起，让内地电视媒体重新审视立台之本。2002年1月1日，江苏广播电视总台城市频道《南京零距离》节目诞生，成为"民生新闻"的发端。2003年5月1日，中央电视台新

---

① 徐立军：《新闻何以立台》，《青年记者》2009年第24期，第13页。

闻频道开播。但在此后相当长的时间里，"新闻立台"还远没有形成整个中国电视界的共识和信念。

## 二、回归：从本性到责任

2008，是中国电视新闻的"大年"。从汶川地震到北京奥运，大悲大喜；从地面直播到太空直播，大开大合，这些中国新闻热点均为世界所瞩目。围绕重大新闻和突发事件的现场直播，从传播观念到新闻改革，从信息公开到新闻法规，对中国电视新闻的改革与发展都产生巨大而深远的影响。"新闻立台"的理念似乎在一夜之间又回来了，其实不然，它是在一连串狙击中的穿越，是在一个时代背景下的必然选择。

进入21世纪，电视媒体的生态环境有了很大的变化。互联网、手机等新媒体的出现加剧了传媒业的竞争，同时也猛烈冲击作为第一大媒体的电视。根据中国互联网络信息中心（CNNIC）第24次《中国互联网络发展状况统计报告》数据显示，截至2009年6月30日，"我国网民规模为3.38亿，我国互联网普及率达到25.5%"，相当于平均每四个中国人中就有一个是网民。而"中国手机网民规模为1.55亿人，占整体网民的45.9%，半年内手机网民增长超过3 700万"，而调查还显示随着3G时代的到来，手机上网人数将会呈现出爆炸式增长。[①] 互联网日益发展成熟，手机媒体3G时代的到来逐渐改变了公众接收信息的消费习惯，从过去单纯依赖报纸、广播和电视等传统媒体转为积极接触新媒体，从而更快地获取最新资讯。网络的交互性最大限度地满足了舆论形成所需要的有充分言论自由和意见交锋的要求。相对于其他媒体，网络带来了极大的自由空间，网络舆论逐渐发展为社会舆论的重要来源，它所占有的信息资源优势正在深刻地影响着主流媒体的传播。2008年6月20日，胡锦涛总书记在《人民日报》创刊60周年之际，到《人民日报》社视察，发表了重要的讲话，对新闻宣传、舆论引导等理论做了最新阐释，着重强调了如何在新的、变化的舆论环境中提升舆论引导水平，增强舆论引导力。

为了应对新形势面临的危机与挑战，我国新闻传媒规制也在改革。2003年起我国各部门的新闻发言人制度逐步完善。2006年1月正式公布了《国家突发公共事件总体应急预案》，其中明确要求"突发公共事件的信息发布应当及时、

---

① 中国互联网络信息中心：http://research.cnnic.cn/html/1247710466d1051.html。

准确、客观、全面。事件发生的第一时间要向社会发布简要信息，随后发布初步核实情况、政府应对措施和公众防范措施等，并根据事件处置情况做好后续发布工作"。这无疑是对新闻媒体报道突发事件大开方便之门。2008年5月1日开始实施的《中华人民共和国政府信息公开条例》也明确要求行政机关应当及时、准确地公开政府信息，并且应当遵循公平、公正、便民的原则。这些文件的出台实施对于保障公众的知情权、监督权有着深刻的影响，政府信息公开、准确、及时是与媒体报道要求相一致的，这不仅保障了媒体获取信息的准确性，还保证了媒体能够第一时间对事件做出相应反应。

20世纪90年代初，美国人约瑟夫·奈提出了"软实力"的概念，认为软实力就是国家的文化力量。现在软实力也已经成为衡量一个国家综合国力的重要指标。我国成为世界第三大经济体，硬实力强势，软实力自然需要相应提升。这对中央电视台的要求更加迫切，"对国际、国内重要新闻的报道能力和报道权从来就是国际一流媒体一分高下的必争之地。在中央电视台建设'技术先进、信息量大、覆盖广泛、影响力强'的国际一流媒体的今天，新闻与新闻节目是中央电视台的立台之本，是中央电视台的核心竞争力"①。

2008年，吹响了新闻回归电视的集结号。汶川地震的及时报道和信息公开，北京奥运的成功转播和巨大影响，让中国电视界重新审视电视的媒体本性和媒体的社会责任，如同"9·11"让严肃新闻在一夜之间又回到了美国电视新闻网。然而，这个新闻学原点的回归，不是简单的重复，而是认识的螺旋式上升，需要我们从理论到实践重新审视"新闻立台"。

## 三、再现：从理论到实践

在当今新的新闻传播秩序和新的传媒生态环境下，"新闻立台"能否真正立得起来？如何才能立得起来？也就是说"新闻立台"的立足点在哪里？我们从理论和实践两个维度来重新审视它。

### （一）理论解读

我们先来弄清楚"新闻立台"的真正含义和价值所在：

---

① 梁建增：《坚定"新闻立台"，提升传播力》，http://ad.cctv.com/special/news/20090918/102456.shtml，2009年9月18日。

"'新闻立台'是一个传统的命题，它起码包括两层含义：一是指电视台的喉舌功能；二是指其节目的构成和节目的重心。"

"所谓'新闻立台'，反映在电视节目构成中，就是电视新闻类节目要在电视台所有节目中，特别是主频道中成为节目骨干并形成强势。"①

以上"新闻立台"的定义主要有两点：一是媒介功能，二是节目构成。喉舌功能和产业功能是我国电视媒体的两大功能，在电视市场化的现实环境下，既要做注意力，更要做影响力。从社会责任和公共利益来看，新闻是根本，是办台的立足点。电视媒体作为大众媒体和主流媒体，"发布信息"始终是其第一职能。用马斯洛需求理论分析受众对于电视媒体的消费可知，人们消费电视媒体最基本追求的也是能够从中获得保障自己生存的最基本的信息，这也就是电视新闻节目对观众的重要职责。同时，在我国作为主流媒体和党的喉舌，传播新闻信息也是其社会责任和宣传任务所在。但从收视市场和媒体利益来看，新闻在节目构成中的比例却不一定会很大。"在新闻立台的战略框架中，首先需要梳理的是全台频道群以突出新闻主线为原则的合理配置。"②

有破才有立，对于"新闻立台"我们还要走出若干误区：第一，认为"新闻立台"单一化，"新闻立台"排斥娱乐节目和产业功能。实则不然。从东方卫视确立的"新闻立台、文艺兴台、影视强台"的办台宗旨来看，可以说很好地理顺了两大传播功能的关系及地位。第二，认为"新闻立台"以量取胜，而非以质取胜。对于这一误读，笔者认为"新闻立台"不要求我们把所有频道都改为新闻频道，也不要求盲目增设新闻节目和增加新闻播出量，而是要求以优质的新闻节目和强势的新闻传播拉动全台频道和节目。第三，"新闻立台"大台宜提，小台不宜提的谬论。对于中央电视台，"国家一流媒体的战略目标是国家战略的需要，国际一流媒体的战略目标需要新闻立台的发展战略来支撑"③；而对于地方电视台，"新闻立台"也是牢牢掌握信息传播话语权和社会舆论引导力的根本保证。例如，市县电视台更应该把有限的节目资源投入新闻节目中，事实上对于许多小台，由于其接近性，地方新闻节目往往是全台收视最高的节目。第四，认为新闻节目投入大、产出小，是赔本赚吆喝的买卖。其实，影响力包括市场影响力和社会影响力。以最近的央视新闻频道改版为例，收视份额

---

① 徐志东：《论"新闻立台"的构成要素》，《江汉大学学报（人文科学版）》2004年第6期。

② 徐立军：《新闻何以立台》，《青年记者》2009年第24期，第13页。

③ 徐立军：《新闻何以立台》，《青年记者》2009年第24期，第13页。

平均增幅达到了40%，而改版后的《新闻联播》就算是在新闻频道的重播，也能给央视带来近一亿元的广告收入。由此可见，"新闻立台"可谓"名利双收"。

### （二）实践建构

在实际操作层面，"新闻立台"还要回答两个现实问题：一是"新闻立台"如何立得起来？二是如何评价它立起来了？这就涉及"新闻立台"的实施路径和评价标准。

对于第一个问题，笔者认为必须通过媒体内部的新闻改革和媒体外部的制度安排来达到。一方面，我们要大力推进电视新闻改革进程，如对时政新闻、公共新闻和新闻评论等方面加大改革力度。另一方面，"新闻立台"需要一个良好的外部环境。对"新闻立台"心存疑虑的人，往往把困难归咎于我们的新闻管制。其实，近年来我国电视新闻报道已经有了一个比较宽松的舆论环境，面对各种危机事件不是能不能说的问题，而是如何说的问题。当然，如何进一步改进新闻管制和适应新的传播制度，还需要政府和媒体的共同努力，而"传媒业的制度创新必须确立一个原则：公共利益至上"[1]。这也是"新闻立台"之本。

对于第二个问题，这需要把电视媒体放在媒介竞争格局下的传播区域中去考察，具体要看这个台在众多媒介竞争的区域里传播力如何？是否形成了强大的传播力？是否成为一个强势媒体？比如说中央电视台，凭借其资源和政策的优势，目前在国内成为一大强势媒体。但在全球化语境下，在国际传播中与CNN、BBC比拼，能否发出中国的强音？这也是一个评价标准。

至此，"新闻立台"可以重新理解如下：

（1）在办台宗旨上，确立按新闻传播规律办事，以新闻媒体的社会责任来统领全台宣传业务；

（2）新闻节目必须奠定其在全台的重要地位并发挥重要作用，形成品牌节目和强势播出；

（3）充分利用各种新闻资源和各种传播渠道，在传播区域内形成强大的传播力和舆论引导力。

---

[1]　李良荣：《论中国新闻改革的优先目标——写在新闻改革30周年前夕》，《现代传播（中国传媒大学学报）》2007年第4期，第3页。

在此，我们重新认识并界定了"新闻立台"的性质、构成、目标和任务。由此可见，"新闻立台"理念的再现不只是一次历史的回响，也不仅是对传媒本性和媒体责任的回归，而是一个时代的呼唤。大国崛起的开放，国际传播的新形势，如何提升电视媒体的传播力和影响力，都对"新闻立台"提出更高的期望和更大的挑战。

（本文原载于《新闻与写作》，2010 年第 2 期，作者：谭天、覃晴，有改动）

# 评论强台：从改变话语方式开始

面对新媒体的一波波冲击，电视媒体不仅要高擎"新闻立台"的大旗，而且要擂响"评论强台"的战鼓。新闻评论是一家媒体的灵魂和影响力所在。电视新闻评论是一种以电视为载体传播意见性信息的话语方式。诚然，话语方式又是与话语主体和话语内容紧密联系的。评论能否强台，如何强台？这要从我国电视新闻评论发展历程中寻找答案，要从电视新闻评论的演进路径中思考其话语构建与传播形态。

## 一、奇特的话语方式

我国电视新闻评论真正的发展不过二十年的时间。早期的电视新闻评论是从转载报刊评论开始的，这是一种文字改换成声画的传播形态与话语方式，其话语主体和内容均来自平面媒体。进入 20 世纪 90 年代，电视开始"走自己的路"，逐步形成具有电视新闻传播特点的报道方式。然而，在很长的一段时间里，人们仍看不到电视新闻评论独立的身影。

1994 年 4 月 1 日，一个被誉为电视新闻评论的标志性节目出现了，它就是产生巨大影响的《焦点访谈》。然而，《焦点访谈》究竟是不是电视新闻评论节目引起了很大的争议。它采用的是一种"用事实说话"的话语方式，这种传播事实性信息的话语方式怎么能算是新闻评论呢？而且，我们仔细分析还是可以发现在事实性信息的传播过程中，隐含着意见和观点，带有确定的立场和明显的倾向，简言之，就是寓观点于新闻事实的报道之中。童兵教授认为："用事实说话"指在忠实地报道事实的基础上，通过对事实的适当选择与表述，让经过精心选择的事实，运用事实的逻辑说服力，充分而含蓄地表现作者的倾向与观点，巧妙地表达传播者的立场与观点的一种报道原则与报道方法，能够潜移默化地影响新闻的收受者，且具有说服力。① 学界对于"用事实说话"是否符合新闻写作规律也展开了争论，陈力丹教授从词义上进行了分析，"用事实说话"是个带有介词的动宾结构短语，核心是"说话"，"用事实"是方法。既然"用事实说话"的核心词是"说话"，那么这是一种典型的宣传行为。因此"'用事实说话'仍然是一种宣传话语"。②

　　新闻也好，宣传也罢，"用事实说话"就是一种把观点隐藏在事实里的话语方式。电视新闻评论为什么要采用这种话语方式呢？这是跟当时的社会发展和舆论环境相适应的。孙玉胜回忆道："还是在《焦点访谈》创办的初期，我就提出要'多报道、少评论'，其实这就是一种选择中的平衡。我一直坚持一个观点：中国电视新闻还只是处于报道阶段。分析与评论的时代还没有完全到来。"由此可见，"用事实说话"实际上是一种为适应现实传播环境的策略选择。

　　然而，"用事实说话"这种话语方式还是有缺陷的，这种"隐性评论"除了隐蔽性，还有隐晦性，有可能会使一些观众错误理解其本意，也有可能由于论证不严密而导致说服力不足。这种话语方式使评论内容和报道内容常常混淆在一起，节目随着制作者的事先议程设置展开，声画的选择和处理都有明确目的性，这对其他不同声音的发出实际上采取了一种隐性的屏蔽。

　　引入人际传播无疑是电视新闻评论话语方式的一大改变，而这种话语方式源自一家电视媒体——凤凰卫视。《时事开讲》是一个时评节目，也是第一个以谈话节目形态出现的电视新闻评论节目。接着，中央电视台创办了论坛式新闻评论节目《央视论坛》，其节目形态是设立一名主持人，每期邀请 2～3 名嘉宾参与评论。后来，央视又创办了《新闻 1＋1》，设立一名主持人和一名评论员，以评论员风格独特的评论为主，而主持人在评论中不时穿插一些意见和质疑，同时掌控节目的进行。此时，隐性评论变成了显性评论，评论员从幕后走到台前，旗帜鲜明地亮出观点。在这个电视谈话场中，主持人和评论员形成一种立体互动的评论形式，人际传播和大众传播形成了良好的结合，从而增强了传播力和影响力，有利于电视新闻舆论场的形成。"演播室或新闻现场里主持人与嘉宾、记者与访谈对象之间形成人际传播—在媒体构筑的这个特定话语方式

---

① 童兵：《理论新闻传播学导论》，北京：中国人民大学出版社 2003 年版，第 49 页。
② 陈力丹：《用事实说话不是新闻写作规律》，《采写编》2002 年第 4 期。

里形成一个'谈话场'—这个谈话透过荧屏传递到观众，它通过视听传播得到强化、通过大众传播得到放大，'谈话场'由此升级为'舆论场'。"①

　　舆论监督和批评报道无疑是《焦点访谈》最出彩、最有影响力的一个表现。因此，《焦点访谈》的影响力和典范作用也产生了一种误导，就是不少人由此把舆论监督等同于新闻评论。其实，舆论监督是新闻报道的主要传播功能，而舆论导向才是新闻评论的主要传播功能。随着谈话节目的出现，尽管电视新闻评论的话语方式有了很大改变，但话语主体和话语内容并无多大变化，主要还是国家意志和精英话语。作为社会精英的嘉宾或者主持人，能更有代表性和更准确地表达出舆论关注点，同时也可用更为理性和权威性的声音通过电视传播辐射到更广泛的观众面前，表达、影响并且引导舆论。"其典型特征是专业人士就具有较高新闻价值的事件发表看法，解释分析，借此反映和引导社会舆论，实行舆论监督，指导生活和工作。"② 然而，目前评论话语内容单一和传播方式单向的缺点也显而易见。

　　以《央视论坛》为例，一方面，"节目的'宗旨要求主持人必须预设各种不同的观点，对特约评论员的表述提出质疑'，但在节目过程中，主持人仅仅是发问，而没有预设与专家不同的观点与之对话"③。这样就导致节目互动性不强。另一方面，由于所请的嘉宾研究领域相近，这样虽然保证了评论的深度和专业，却难以体现评论的全面性和易受性，而时评色彩鲜明的国家话语也未能和观众形成良好互动，评论内容的单一和传播方式的单向导致"谈话场"未能升级为可以穿透电视屏幕影响观众的真正的"舆论场"，导致收视率和影响力不佳，不久即停播。

## 二、话语内容的拓宽

　　评论作为一种话语，成为"制造与再造意义的社会化过程"④ 及社会化、历史化形成的产物，既由社会结构所决定，也构成社会结构的一部分。进入21

---

　　①　谭天：《试论电视新闻舆论场》，《华南理工大学学报（社会科学版）》2007 年第 10 期。

　　②　张阳、王权：《电视新闻评论发展历程概述》，《现代视听（中国传媒大学学报）》2001 年第 11 期。

　　③　赵振宇、王婧：《电视评论该怎样做》，《中国广播电视学刊》2008 年第 3 期。

　　④　［美］约翰·费斯克等编撰，李彬译注：《关键概念：传播与文化研究辞典》，北京：新华出版社 2004 年版。

世纪以来，社会环境的变化迫使电视新闻评论无论从话语方式还是从话语内容都发生了很大的改变。此时，媒介生态也发生了变化，电视新闻评论获得两股外推力，一是读报节目，二是民生新闻。

首先，读报节目大大丰富了电视新闻评论的内容。读报节目源于凤凰卫视的《凤凰早班车》，但真正对电视读报节目发展推波助澜的是凤凰卫视的《有报天天读》，主持人杨锦麟那带着闽南口音的读报语言、幽默尖锐的评述论说，再加以丰富感性的肢体动作，其独特的话语方式让人耳目一新。在《有报天天读》的影响下，内地也纷纷办起了读报读网节目，此类节目借力报刊评论和网络评论，使电视台成为各类媒介新闻评论集成的平台，大大丰富了电视新闻评论的话语内容。电视、报纸、网络媒体的结合起到了取长补短的作用："填补了电视新闻信息量不够丰富的缺陷。同时电视媒体借鉴了报纸和网络新闻评论分析独到犀利的长处，弥补了自身深度和理性不足的缺陷，增加了报道的深度。"① 但是，如果电视媒体过度依赖读报读网，也会让电视新闻评论沦为观点传播的"二道贩子"，也会让电视媒体因缺少灵魂而沦为"二流媒体"。

电视媒体自身话语内容的真正拓展还是源自民生新闻的诞生。2002 年 1 月 1 日，江苏广播电视总台城市频道《南京零距离》亮相，中国电视新闻由此出现了"民生新闻"这一新概念和新节目，同时也给电视新闻评论开辟了一片广阔天地。电视民生新闻不仅使电视新闻评论的话语方式发生了变化，更重要的是拓宽了电视新闻评论的话语内容，从时政新闻到社会新闻，从服务政府到关注民生，从中央电视台到省市地方台都涌现了各式各样的民生新闻节目，呈现了形形色色的评论内容和节目风格。尽管电视民生新闻还存在着浅层化、琐碎化等弊端，但它"以人为本"的话语内容和话语方式深受广大观众喜爱，收视率和影响力不断提升。此时，不少"关停并转"的电视新闻评论节目也"打包"进入民生新闻节目，重新焕发出青春活力。2010 年 9 月 3 日，江苏广播电视总台城市频道《零距离》节目面向全国招聘新闻评论员。这意味着"民生新闻3.0"时代的《零距离》题材范围更广，评论色彩更浓。央视也加强评论力度，组建了一支专职和兼职评论员队伍，每天对 8 到 10 条新闻进行评论。台网互动构建新闻舆论场，同时更期望传统主流媒体发挥主导作用，而掌握强大话语权的中央电视台无疑更值得期待。

---

① 谭天、易胜林：《读报读网增添电视新魅力》，《传媒观察》2006 年第 9 期。

　　与此同时，随着话语内容的拓宽，话语方式和节目形态也更加多样化。如山东齐鲁电视台的《拉呱》、河南都市频道的《打鱼晒网》等，设置两名以上主持人，在播放新闻的过程中穿插主持人的交流和评论，并以邀请观众发送短信的方式参与互动。广西电视台的《新闻在线》，辟出四个时段供观众发表见解，名曰"新闻即时评"，观众在收看节目的过程中，可通过短信平台即时对播出的某则新闻发表看法，点评事件。最高峰时，一则新闻有800余人参与评论，可以看出，与相应话语方式配套的话语主体也在改变。"直播时评最典型的特征就是新闻报道与新闻评论的共生状态，受众在同一时间内接受现场报道与新闻评论，达到感性形象与理性思维的综合调动，加深理解正在发生的新闻事件。"[1] 微博的出现和微直播的运用更是大大丰富了电视新闻评论内容，但相伴而来的虚假新闻和极端言论也会消解和稀释电视新闻评论的权威性和公信力，因此在实际操作中，如何更好地做好各种信息和言论的筛选、把关和引导，是一个亟待研究的课题。

　　近年来，随着网络媒体的迅速发展、媒介生态环境的不断变化，电视新闻评论面临新的挑战：海量信息的碎片化和言论来源的多元化。正如美国批判家尼尔·波兹曼在《娱乐至死·童年的消逝》中所说，"媒介的变化带来了人们思想结构或者认知能力的变化"。有学者认为，"'碎片化'是一个社会由传统向现代过渡时期的基本特征，表现在传播领域，一方面传统媒体市场份额收缩，话语权威和传播效能不断降低；另一方面新兴媒体的崛起，使人们表达意见更多元，生活和思考方式不再单一，价值观念和消费方式多样化"。这就凸显出电视新闻评论对信息碎片化和观点多元化整合的重要性和必要性。广东南方电视台《今日最新闻》在"今日最争议"环节设置了热点话题，例如2009年10月28日对"番禺垃圾焚烧厂选址"这一公共事件的报道，其中有主持人对新闻背景的介绍，出镜记者对新闻事件的采访，并发动观众进行短信投票，结合新闻事实和投票结果后加入主持人的个性评论，这样，节目通过整合多元化话语主体发出的声音，营造出电视新闻评论话语方式的多样性和话语内容的丰富性。此时，我们看到单一的话语主体也悄然发生变化。

---

　　① 谭天：《电视新闻评论的涅槃之路》，《视听界》2009 年第 1 期。

### 三、话语主体多元化

1999 年，基于传播环境的巨大变化，美国传播学者麦克斯威尔·麦库姆斯和唐纳德·肖在提出"议程设置"之后对该理论重新进行了修改，提出了一个源于但又高于"议程设置"的新理论——"议题融合"。新旧理论的最大不同在于，"议题融合"理论研究的出发点是社会大众，着重研究社会大众为何使用各类传播媒介，如何使用传播媒介以及使用传播媒介所达到的社会效果，认为人们在使用和挑选传播媒介及其"议题"时是有意识、有目的的。个人首先有强烈加入团体的愿望，然后通过大众传播媒介和其他媒介，寻求与他们的需求、认知等一致的团体信息，避开与他们的需求、认知不一致的团体。因此，正是个人有强烈的融合于社会、加入团体的愿望，才促使人们使用包括大众传播媒介在内的各种传播媒介。人们选中某一种传播媒介，也是因为这一传播媒介的内容（即"议题"）同他们的志趣相符，可以从中得到自己想得到的信息。[①] 从引入人际传播开始，电视新闻评论话语主体开始趋向多元化。如湖南卫视《岳麓实践论》2011 年 5 月 31 日的《"海归女博士"回家当农民》，围绕"社区支持农业"这一实践；评论的话语主体包括四部分："社区支持农业"实践者石嫣为主讲嘉宾、三位知名专家学者任评论嘉宾、八位研究生组成的亲历调查的"青年实践团"、现场观众。各话语主体背景不同，表达方式也有差异：石嫣介绍自己的实践经验、解答质疑；三位专家学者分别从自己的专业视角进行评论；研究生们利用实地调查的感受和第一手资料，如照片、文件、视频等形式佐证发表评论；现场观众在主持人的引导下用现场发言、举手表决等方式发表评论。我们可以看到，话语主体的多元化导致话语方式呈现的多样化，整个评论由于思想碰撞、个性差异而精彩纷呈。

随着社会进步和媒介融合，电视新闻评论的话语重构有赖于营造一个相对宽松的舆论环境和一个畅所欲言的话语平台，"在多元社会中，人们关于基本价值观的争论，有权者对弱者的所作所为，多数人（政治、社会、道德、民族等）对少数人的所言所行，如果都是致力于建设一个公正的合作性体制的话，

---

① 崔波、范晨虹：《议程设置到议题融合——媒介议题内在运动的图景》，《今传媒》2008 年第 10 期。

那就必须以政治宽容为基础"①，在满足社会公众深层次地理解新闻和发表自己观点需要的同时，有效和谐地完成舆论引导的任务。在这方面，笔者认为辩论型的电视新闻评论节目是一种很好的形式，如凤凰卫视的《一虎一席谈》等。目前，内地虽然还没有如此活灵活现的电视新闻评论节目，但已有一些评论性节目呈现较强的话语张力。如广东卫视 2011 年 5 月 10 日的《财经郎眼》，邀请著名经济学家郎咸平、《新周刊》主编肖锋参与讨论"菜贱伤农，菜贵伤民"这一话题。两名嘉宾行业背景不同，各自从经济、传媒方面进行讨论，产生观点交锋，主持人王牧笛则担任"发球者"的角色，引导话题的深入。郎咸平的犀利、肖锋的睿智、王牧笛的灵活，三个话语主体利用个性鲜明的话语方式，从而形成一档有影响力的时评节目。

当然，电视新闻评论的话语主体还是由主流媒体构筑的。正如米歇尔·福柯所说"你以为自己在说话，其实是话在说你"②。实际上，话语主体的变化并非真正的多元化。一方面，"在任何社会中，话语具有权力机制，话语规则决定了什么样的说话和实践方式是合理的和正当的，而与之唱反调的话语实践则不是被拒绝就是被边缘化"③。另一方面，在媒介融合时代，新闻信息来源多元化也在影响着话语主体和话语内容。话语主体的性质决定话语方式的多样性和话语内容的广泛性，而后两个因素的实践又影响到话语主体的构筑，三者是由话语主体主导的互相联系的整体。一旦话语主体受到影响，话语方式和话语内容都会相应发生改变。由此可见，权力机制和新闻来源决定着电视新闻评论的话语主体，进而影响其话语内容和话语方式。而这些都受制于中国电视的制度安排。

中国电视制度变迁是一个由变迁推动者以"上""下"合作为特点的渐进式推动，是一个从政治权力领域走向"具有政治功能的公共领域"的过程。④我国内地电视新闻评论的演进路径，经历了从"幕后"到"台前"，从一元单向到多元双向的不断开放的变革过程。评论强台，始于话语方式改变，止于话

① 李永刚：《我们的防火墙》，桂林：广西师范大学出版社 2009 年版。

② 转引自李彬：《符号透视：传播内容的本体诠释》，上海：复旦大学出版社 2003 年版，第 18 页。

③ ［法］米歇尔·福柯著，余碧平译：《性经验史》，上海：上海人民出版社 2000 年版，第 14 页。

④ 钱蔚：《政治、市场与电视制度——中国电视制度变迁研究》，郑州：河南人民出版社 2002 年版。

语主体单一。"我国社会发展的目标已经从过去的以解决'吃饭'问题为第一要义转变为今天的以解决'说话'问题为第一要义的基点上，如何通过传播话语的多元参与表达，增进社会成员之间的沟通理解，以最大限度地消除隔阂、减少偏见，进而降解社会冲突发生的可能性。因此，改变既往'舆论一律'的单极化倾向，建立多元和谐、彼此尊重、畅所欲言的舆论氛围就成为新的媒介'语法'规则应当致力于实现的情境和目标之一。"① 在社会发展和媒介融合的背景下，电视新闻评论还会有更大的发展空间，期望它作为一种强势的公共话语，打造出以电视新闻评论为主导的"新闻舆论场"。

（本文原载于《中国电视》，2011 年第 8 期，原文名为"评论强台：从改变话语方式开始——我国电视新闻评论演进路径分析"，作者：谭天、陈识，有改动）

---

① 喻国明：《中国传媒业 30 年：发展逻辑与现实走势》，《青年记者》2008 年第 4 期，第 21 页。

# 拐点透析电视新闻三十年

　　1958 年 5 月 15 日，北京电视台（中央电视台前身）成立，中国电视迄今已经走过了半个世纪。然而，说起中国电视新闻的真正发展，还是始于 1978 年党的十一届三中全会，中国改革开放三十年也是中国电视新闻发展三十年。在这一历史进程中，中国电视新闻取得哪些改革成就？又遇到哪些问题和障碍？这是一个值得认真总结和研究的课题。本文从中国电视新闻三十年的发展中，挑选出若干重大事件，透过这些影响中国电视新闻发展走向的拐点，通过分析影响中国电视新闻发展的各种因素，以便于我们从中思考中国电视新闻未来的改革方向与创新路径。

## 一、聚焦：十大拐点

　　中国电视新闻三十年的发展显然无法在一篇短文中尽墨，于是笔者选择了能够勾勒出其发展轨迹的若干拐点。"拐点"是一个数学术语，引申开来就是指事物发展过程中运行趋势或运行速率变化。这些拐点就是中国电视新闻发展三十年中具有深刻影响的十件大事，它们分别是《新闻联播》开办、第十一次全国广播电视工作会议、《东方时空》诞生、"香港回归"直播、"凤凰"说新闻、"9·11"失语、《南京零距离》亮相、SARS 报道、央视新闻频道改版和汶川地震报道。这些拐点（事件）分布在中国电视新闻发展的三个阶段：起步阶段、发展阶段和转型阶段。诚然，拐点的选取仁者见仁，未必能够涵盖三十年的方方面面，但是，聚焦十大拐点确实可以让我们领悟和反思良多。影响我国电视新闻发展有各种动因，既有外因也有内因。对于电视媒体所处的宏观环境，我们可以采用 PEST 分析法，即分析中国电视新闻发展所处的政治环境、社会环境、经济环境和技术环境。中国电视新闻发展三十年是与中国的改革开放、社会变迁、经济建设、科技进步乃至国际环境变化紧密相关的。

　　同时我们也看到，新闻传播理论的研究、国外电视新闻的实践以及我国新闻规制的变革，则直接影响了中国电视新闻的改革与发展。中国电视新闻发展的三十年，也是传播学发展的三十年。在传播学理论的推动下，电视新闻界积极探讨视听传播规律。新闻传播理论给中国电视新闻展现了一幅理想图景，然而要实现它并不容易。当今世界电视新闻发展很快，从美国的三大电视网、CNN 到 BBC、半岛电视台，都在重大新闻事件中展示了电视新闻报道强大的传播力。受其影响电视新闻报道开始回归新闻主体，在电视观念和传播技术上日趋成熟。中国电视新闻改革开始触及更加广泛的领域：从报道方式、新闻理论到运作机制、新闻管制。与此同时，全球化、数字化的浪潮加快了中国电视新闻改革的步伐。

## 二、改革：与时俱进

我们先来点击中国电视新闻发展前两个阶段的五个拐点。

拐点一：《新闻联播》开办。

1978 年 1 月 1 日，中央电视台开办了《全国电视台新闻联播》节目，简称《新闻联播》，标志着以首都为中心的全国电视广播网的初步形成。"作为中国广播电视新闻节目的代表的《新闻联播》集中体现着国内新闻的优点和缺点。中国的广播电视新闻倾全力于传达党和政府的方针、政策、指令、号召，反复宣传政治性的内容，参与统一幅员辽阔的中国及其十多亿人民思想的巨大工程。"① 同年，党的十一届三中全会召开，预示着中国电视新闻发展与中国的改革开放息息相关。一方面表明《新闻联播》作为党和政府最重要的舆论工具，全国各级电视台必须无条件转播；另一方面《新闻联播》也如实记录了中国的改革开放，成为中国政治生活的一面镜子。时至今天，《新闻联播》几经"变脸"，节目形态与报道风格基本不变，但随着分众时代的到来和网络媒体的出现，其影响力已今非昔比。在 2008 年 6 月 21 日颁布的《中国电视网络影响力报告（2008）》中，一直高居收视率榜首的中央电视台《新闻联播》居然没有入围最具网络影响力的央视十大节目。

拐点二：第十一次全国广播电视工作会议。

1983 年 3 月 31 日至 4 月 10 日，广播电视部召开第十一次全国广播电视工

---

① 郭镇之：《中外广播电视史》，上海：复旦大学出版社 2005 年版，第 273 页。

作会议。这次会议一是提出以新闻改革为突破口，推动整个广播电视宣传的改革。二是确定"四级办广播，四级办电视，四级混合覆盖"的方针政策。前者为电视新闻事业大发展奠定了思想基础。后者在四级办广播电视的方针政策推动下，充分发挥地方办广播电视的积极性，中央、省、市、县四级电视台形成了一个庞大的电视新闻通联网，实现了全国电视新闻资源的共享。"我国电视台确立新闻立台的理念，固然取决于电视人对电视传播规律的认识和探索；同时也有赖于各级政府的高度重视。"① 然而，四级办广播电视也为后来的中国电视的资源整合带来极大的困难，并形成了当今中国电视新闻的基本竞争格局。但是不管怎么样，以新闻为龙头的指导思想和后来的"新闻立台"理念在推动中国电视新闻发展方面起到积极作用。

拐点三：《东方时空》诞生。

1993 年 5 月 1 日，中央电视台将一档 40 分钟的杂志型新闻节目——《东方时空》推到了全国观众面前。《东方时空》不仅改变了中国人的收视习惯，而且成为中国电视改革的"试验田"，先后推出《焦点访谈》《面对面》等优秀电视新闻节目。尤其是 1994 年 4 月开办的《焦点访谈》，其"用事实说话"的新闻舆论监督方式不但深得民心，而且受到三届总理的高度评价，朱镕基总理为《焦点访谈》题词："舆论监督，群众喉舌，政府镜鉴，改革尖兵。"《焦点访谈》的舆论监督标志着中国民主法制的建设迈上了一个新的台阶，其在中国电视新闻发展史上的地位和影响迄今难以超越。《东方时空》的改革不仅体现在新闻理念和节目创新方面，而且在于机制和体制方面的诸多突破，使之成为二十世纪九十年代中国电视新闻改革的中心，尽管这种改革还是有其局限性，但那种激情澎湃的时代精神仍然感召着后人。

拐点四："香港回归"直播。

1997 年 6 月 30 日至 7 月 2 日，中央电视台进行连续 72 小时的"香港回归特别报道"，现场直播香港回归的整个过程。这一年中央电视台共进行了八场重大新闻事件的直播，如香港回归特别报道、"十五大"召开、海尔·波普彗星与日全食、黄河小浪底工程、长江三峡顺利实现大江截流等，这一年由此被称为"中国电视直播年"。尔后，现场直播逐渐成为电视新闻报道的重要方式，电视转播车似乎也成为各电视台报道实力的一个象征。然而，新闻报道在电视

---

① 刘习良：《中国电视史》，北京：中国广播电视出版社 2007 年版，第 262 页。

传播上的优势还没有充分发挥出来。尽管如今电视新闻直播日趋常态化，但仍然是仪式性新闻直播报道较多，事件性新闻直播报道较少。在确保安全播出的新闻管制下，灾害性新闻的直播更是少之又少。

拐点五："凤凰"说新闻。

1998 年 4 月起，陈鲁豫担任凤凰卫视《凤凰早班车》主持人，在温和与轻松的气氛中，将世界最新消息和财经资讯向观众娓娓道来，变"播新闻"为"说新闻"。尔后，凤凰卫视在重大新闻报道中的出色表现及对传统电视新闻理念的颠覆，给内地电视新闻带来极大的冲击和影响。新锐的凤凰卫视，成为中国电视新闻改革与开放的一道亮丽的风景线。中国的对外开放是从沿海到内地，中国电视的对外开放始于毗邻港澳的广东。中国"入世"之后，相继有几个境外频道批准在广东落地，中国电视新闻在竞争与开放中学到不少东西，也增强了深化改革的决心和加大开放的信心。

在改革开放的前二十年里，中国电视新闻的改革可谓与时俱进，服务经济改革和节目观念创新成为其发展的两大主题。尤其在观念创新方面，先后确定了电视纪实观念、电视栏目化观念、电视直播观念等。然而，当电视新闻改革深入攻坚阶段的时候，体制的束缚、管制的落后等深层次的矛盾逐渐显露。为了确保改革开放和经济建设有一个安定团结的社会环境，对于中国电视新闻来说，围绕党的中心工作做好宣传和坚持正确的舆论导向，始终是电视新闻压倒一切的大政方针。然而，进入 21 世纪，电视新闻改革面临前所未有的巨大挑战。

## 三、开放：直面挑战

"进入 21 世纪以后，世界形势变化加剧，国际新闻秩序重新组合，传播手段花样翻新，一系列突发事件、创新思维不断冲击新闻界。在新事物、新问题、新技术的拷问下，理论界汗流浃背。"[①] 我们再来看看中国电视新闻进入转型阶段的那些拐点。

拐点六："9·11"失语。

2001 年 9 月 11 日，美国遭遇了前所未有的恐怖袭击，央视作为我国唯一的国家级电视台，面对正在发生的震惊全球的事件，却表现出让人难以理解的气

---

① 刘东华：《当代电视报道理念与技巧》，北京：新华出版社 2004 年版，第 4 页。

定神闲，一直等到 24 时的整点新闻时，才以一则播音员口播简要新闻的方式报道了撞机事件。然后直到次日早晨，《东方时空》才在早新闻时段第一次做了比较详细的报道。后来业界和学界便把国内电视媒体在"9·11"事件中的不作为戏称为"集体失语"。"整个 9·11 期间，中国的民众们选择了把目光投注到境外媒体，投注到其他信息来源。网络、电话、短信，仅仅借以民间传播的方式，9·11 的消息也瞬间传遍到了各地。政府可以控制媒体却阻隔不了传播，舆论的阵地不会坚贞地等待哪一家媒体，声音缺失的后果直接伤害的是媒体的权威性。"[①]

拐点七：《南京零距离》亮相。

2002 年 1 月 1 日，江苏广播电视总台城市频道《南京零距离》亮相。它以"打造中国电视新闻新模式"为口号，在贴近性上迈出了一大步，中国电视新闻由此出现了"民生新闻"这一新概念，同时也拉开了地方电视台与中央电视台新闻竞争的序幕，这是一种策略的选择。当时政新闻改革遭遇瓶颈的时候，民生新闻的兴起让平民百姓有了更多的声音管道。面对中央电视台的垄断和重压，民生新闻不失为地方电视台突出重围之路。当然，随之而来的琐碎化、娱乐化和低俗化也让人们在思考：民生新闻到底能走多远？

拐点八：SARS 报道。

2003 年 2 月至 4 月，中国遭遇 SARS 疫情。由于开始时媒体的失声而导致各地政府和群众疏于防范，给 SARS 肆虐创造了良好的土壤和时机。4 月中旬，中共中央不惜断然撤掉一批玩忽职守的高官，并于 4 月 20 日公开宣布北京"非典"发展的实际情况。4 月 26 日，央视《新闻调查》播出新闻专题《北京："非典"阻击战》，这是电视媒体第一次在电视屏幕上全面报道 SARS 疫情。此时，以中央电视台为代表的电视媒体迅速找准了媒体应有的角色定位，无论从内容还是形式上都切实地做到了为满足人民知情权而战，成为抗"非典"斗争中的中坚力量。2007 年，中国电视观众总数为 12 亿人，比 20 年前增加了一倍多。由于电视的巨大影响，政府在电视新闻管制方面仍然十分谨慎，面对自然灾害和社会弊端，往往平面媒体可以报道，但电视媒体则受到严格限制。

---

[①] 孙玉胜：《十年——从改变电视的语态开始》，北京：生活·读书·新知三联书店 2003 年版。

拐点九：央视新闻频道改版。

2006年6月5日，中央电视台新闻频道进行了自2003年5月1日开播以来的第四次改版。一批新节目从传统的新闻播报方式到新媒体报道的链接解读，从深入的新闻评论到实时的记者连线报道，大大丰富了报道手段和传播方式。《朝闻天下》整合了早间时段资源，通过长达3个小时的直播，从国际新闻到国内时政、从文化消息到体育报道、从天气讯息到民生新闻，跨度广、时间长决定了信息量的丰富，使新闻的滚动优势得到很好的发挥。面对地方电视台民生新闻的兴起，中央电视台也以加大电视新闻改革力度来应对。随着央视新闻频道舆论引导能力的提高，地方电视新闻也进入了节目品牌和频道建设的全面竞争，中国电视新闻竞争进入了良性的互动。

拐点十：汶川地震报道。

2008年5月12日我国发生了汶川大地震，中国各大媒体均以不同形式，及时、透明、全面、深入地报道了地震所造成的巨大灾难及救灾工作。5月24日，温家宝总理在映秀镇地震废墟上主持记者招待会时强调："我们在处理这些突发事件以及国内其他问题上，坚持以人为本的原则不会改变，坚持对外开放的方针，永远不会改变。"[①]

中国领导人开始意识到："把坚持正确导向和通达社情民意统一起来，尊重人民主体地位，发挥人民首创精神，保证人民的知情权、参与权、表达权、监督权。"[②] 从"9·11"中国媒体的集体失语到SARS公开报道的先抑后扬，再到汶川地震的及时、全面、公开报道，世人终于可以看到中国电视新闻真正承担起大众传媒的社会责任，而这正是建立在对外开放的基础上。

中国电视新闻转型期的变革源自社会变迁与科技进步两大方面。改革开放二十年，党的十六大确定全面建设小康社会的奋斗目标（2002年），而后又提出做出构建社会主义和谐社会重大决定（2006年）。"我国社会发展的目标已经从过去的以解决'吃饭'问题为第一要义转变为今天的以解决'说话'问题为第一要义的基点上，如何通过传播话语的多元参与表达，增进社会成员之间的沟通理解，以最大限度地消除隔阂、减少偏见，进而降解社会冲突发生的可能性。因此，改变既往'舆论一律'的单极化倾向，建立多元和谐、彼此尊重、

---

① 《南方周末》编辑部：《将开放透明进行到底》，《南方周末》2008年5月29日。

② 胡锦涛：《在人民日报社考察工作时的讲话》，http://politics. people. com. cn/GB/1024/7408514. html，2008年6月20日。

畅所欲言的舆论氛围就成为新的媒介'语法'规则应当致力于实现的情境和目标之一。"① 同时，数字技术和网络技术的迅速发展不仅给电视新闻带来业务层面的变革，而且给新闻理论带来颠覆性的革命。网络、手机等新媒体的出现，使我们清醒地认识到掌握传统的舆论工具并不能确保控制新闻舆论。在今天，更多的热点话题发自于互联网，更多的社情民意传递于新媒体，电视新闻如何在当今激烈的媒介竞争中取得主导地位，议程设置能力和舆论场构建至关重要。内外有别、报喜不报忧，在新的媒介技术环境下已经无法做到。

## 四、展望：为公众而开放

在今天，"中国电视从本质上说已经开始走向一个大众做主的时代了"②。但中国电视新闻改革与发展仍将面临诸多问题和困难，如何在新世纪、新形势下前行？笔者认为：必须进一步解放思想，以开放思维和制度创新来推动电视新闻的深化改革和持续发展。如何进行制度创新？李良荣教授认为："传媒业的制度创新必须确立一个原则：公共利益至上。"③ 那么，在电视新闻业务层面我们如何去做呢？胡锦涛总书记在视察《人民日报》社时指出："要认真研究新闻传播的现状和趋势，深入研究各类受众群体的心理特点和接受习惯，加强舆情分析，主动设置议题，善于因势利导。要完善新闻发布制度，健全突发公共事件新闻报道机制，第一时间发布权威信息，提高时效性，增加透明度，牢牢掌握新闻宣传工作的主动权。"④ 显然，以人为本的科学发展观和开放透明的公众立场正成为中国电视新闻服务大众和走向世界的基石。

（本文原载于《声屏世界》，2009 年第 1 期，原文名为"与改革同步，与开放同行——拐点透析中国电视新闻三十年"，有改动）

---

① 喻国明：《中国传媒业 30 年：发展逻辑与现实走势》，《青年记者》2008 年第 4 期，第 21 页。

② 夏骏：《十字路口的中国电视》，北京：清华大学出版社 2006 年，第 229 页。

③ 李良荣：《论中国新闻改革的优先目标——写在新闻改革 30 周年前夕》，《现代传播（中国传媒大学学报）》2007 年第 4 期，第 3 页。

④ 胡锦涛：《在人民日报社考察工作时的讲话》，http://politics. people. com. cn/GB/1024/7408514. html，2008 年 6 月 20 日。

# 终端制胜：广播新闻的形态之变

改革开放以来，我国广播新闻的改革创新是伴随着电视和新媒体的崛起而发展的，从广播新闻三十多年的发展来看，它先后经历播报语态、传播方式和广播终端这三次重大变革。我们应该及时总结、加强研究，以理论创新来迎接广播新闻的新一轮革命。

## 一、变革：从播报语态到传播方式

1986 年 12 月 15 日，广东人民广播电台创办了珠江经济台。珠江经济台以"版块节目"为特点，采用主持人直播和热线电话的方式，实现了听众的直接参与。"珠江模式"在国内外产生了很大的影响。许多地方陆续开办了经济广播，主持人、大版块、直播、热线电话、听众参与等节目形式被广泛采用。在"珠江模式"的推动下，受到电视冲击的我国广播事业重新焕发了生机。

播报语态的改变可以说是中国广播新闻的第一次革命，它由"播新闻"到"说新闻"，在说的过程中突出亲和力和贴近性。这一"革命"甚至影响到电视新闻和电视媒体。1998 年 4 月 1 日，一档名为"凤凰早班车"的电视新闻节目在香港凤凰卫视首播。主持人陈鲁豫开创了一个"说新闻"的时代。新闻节目第一次赋予了播音员"新闻节目主持人"的概念。用听众的话说，"他们是在'告诉'我们而不是'通知'我们"。播报语态的改变，"以人为本，贴近百姓"让广播电视新闻回归新闻本体、媒体本位。

如果说第一次革命还是限于声音传播、节目风格的制作，那么第二次革命则涉及整个广播媒体，从内容生产到传播方式再到媒体运作，表现为媒体运营层面的变革。2004 年 1 月 1 日，中央人民广播电台第一套节目以"中国之声"的呼号全新登场。它以全天 31 次整点新闻、半点快报为发展主线，早中晚三大新闻密集区为重点支撑，清晨、午前、午后、夜间、午夜五大版块为延伸，30档背景式新闻专题和谈话节目为两翼，上下贯通、前后呼应，共同构成立体推进的动态新闻模式，充分彰显"与世界同步，与时代同行"的传播特点。

改版后的《中国之声》新闻性、贴近性、权威性、可听性等核心指标取得长足进步，品位和影响力大幅提升，成为中国广播新闻的第一品牌。2008 年，《中国之声》影响空前，南方遭遇冰雪灾害，《中国之声》是风雪中群众获取信息、寻求帮助的首选媒体，是有关部委发布信息的首选平台；汶川大地震，《中国之声》第一时间从震中区发出报道，是沟通震区内外信息最重要的渠道；全国百余家电台联手、百余日现场直播奥运火炬传递，规模之大、时间之长，史无前例；奥运会持权转播，上百家电台加盟，全方位直播北京奥运盛会，再创广播辉煌；海陆并进，立体报道"神七"飞天盛事。继 2009 年、2010 年的全新改版，《中国之声》成为当今中国最具影响力的广播新闻频率。

传播方式的创新是让广播新闻遵循传播规律的生存之道。21 世纪以来，广播新闻节目创新主要集中在连线报道、行进式报道、直播、谈话节目等几种形式。谈话节目是把人际传播植入大众传播，是最适合广播新闻传播的一种节目形态。连线报道拓展了广播新闻的报道空间，直播则加强了广播新闻的时效性和现场感。

2008 年汶川地震、冰雪灾害，2010 年青海玉树地震和甘肃舟曲特大泥石流灾害发生后，通常由于电视、电信、电力等设施在地震中受损严重，广播就成为灾区军民了解外界情况的唯一途径。在重大灾难面前，广播组织多种方式传播，在发布灾情、协调救灾力量、传播救灾知识、鼓舞士气、抚慰民心等方面发挥了不可替代的作用。有研究学者指出，在自然灾害面前，广播是信息的"传达者"、救灾行动的"参与者"、鼓舞人心的"动员者"，广播在受到新媒体冲击的今天，并没有退出历史舞台，而是继续独领风骚。[①] 特殊时期，广播发挥了不可替代的特殊作用。于是，有人提出广播是"非常时期的非常媒体"的观点，笔者认为这对于突出广播的独特作用没错，但千万不可将其过分强调并把它视为一般属性，因为，一种以特殊方式存在的媒体是没有生命力的，而广播不是。

## 二、媒介融合背景下的终端革命

广播新闻的第三次革命是基于接收终端的改变。这是一次超越了广播媒体

---

① 张连成：《广播在重大事件中的独特作用》，《中国广播影视》2010 年第 19 期。

本身的革命，它已涉及媒介融合的全媒体范畴。新媒体的蓬勃发展，互联网和手机的出现，手机、iPad 等移动终端的大量普及，使得广播的接收方式有了巨大的改变，并已经对传统广播新闻的生产和播出提出了巨大挑战，移动终端的出现改变了整个广播生态。

在媒介融合背景下，传统广播开始寻求与互联网结合，出现了网络广播。网络广播有两种形态：一是广播节目的在线直播和点播，二是专门的网络电台。目前，全国各大电台几乎都建有自己的官方网站，不少电台利用台网一体化，实现了台网间直播报道的融合互动。例如，2011 年西安电台与中国国际广播电台共同推出了"魅力西安，缤纷世园——2011 西安世界园艺博览会开幕式"五种语言的大型直播，并借助国际电台的国际在线等网络媒体实现多平台、跨区域和多媒体的直播，直播实现了频率在北美、澳大利亚六大城市落地；西安电台五套广播节目同步直播，直播节目通过国际电台平台同时覆盖了南美、南亚等地区。① 广播借助网络，发挥了伴随性强、以声动人的特点，也弥补了线性传播、转瞬即逝的劣势，实现了广播新闻传播效果的最大化。

新媒体的蓬勃发展，已经对广播新闻的传统生产和播出方式提出了巨大挑战。新媒体不仅在同广播新闻抢夺"快"，抢夺"随时刷新"，还用链接的方式，把新闻历史、背景和海量的关联信息全部同时呈现给受众，随着技术手段的革新，新媒体还用极容易参与的方式实现了从单向传播到多向互动的转变。新媒体不仅在争夺信息发布时间上具有天然优势，还培养出了主流人群全新的信息接受方式，广播新闻要应对主流人群接受方式的变化，就必须改造传统的生产方式和流程，建立起全新的播出平台。

广播的一个重要特征就是和听众的互动，因此，广播新闻可以充分利用新媒体来弥补自身的不足。如，深圳新闻频率"先锋 898"的新闻节目《读家新闻》开通了官方微博、QQ 群等实现选题征集，促进了听众对选题及节目的跟踪与参与，并及时提供反馈，有效增强了节目对于听众和网民的黏性。② 在微博、博客、论坛大规模充斥网络的时代，以受众为中心的多元化互动评论也在广播谈话节目中有所体现。如《中国之声》的《央广夜新闻》打出了"同步你来说"的口号，在节目中，要求评论员就热点话题与微博网友进行讨论，实现

---

① 李旦：《台网融合：深层推进全媒体化》，《中国广播电视学刊》2012 年第 1 期。
② 李静：《全媒体环境下的广播发展之道》，《中国广播电视学刊》2011 年第 1 期。

了主持人、评论员和听众的实时互动。①

2009 年以来，微博作为一种基于用户关系的信息传播、分享、获取的平台，与广播的直播优势相融合，成为广播新闻改革的又一新突破。微博作为互联网与手机结合的天然产品，打破了移动通信网和互联网的界限，是与广播融合的最佳伴侣。用户通过网页或各种客户端发布微博信息，用文字、音频、视频的多样表现形式弥补了传统广播靠声音传播的缺点，使广播新闻的表现形式更多样，丰富和深化了广播新闻的内容，实现了信息的多平台和多样式传播。而且，微博相对于传统的热线电话和短信互动显得更加方便快捷，费用低廉。

如广东佛山电台就成功利用微博实现广播新闻的互动报道，取得良好的社会效果。2012 年 4 月 4 日，市民莫先生 9 岁的儿子失踪 20 多小时。13 点 20 分，他通过热线电话向佛山电台 924 频率求助。该台从下午一点半开始，每隔半个小时播发一次寻人启事，主持人阿 Ken 除了在自己的微博上发消息，还通过电台官方微博发出寻人启事，一个小时内被转发超过 360 次。不到两小时，莫先生便在微博网友的报料协助下找到儿子。在事件发生的过程中，该台的广播新闻实行了滚动式报道，随时播报事件的进展。通过广播与微博的互动，大众传播结合人际传播达到了几何级数的扩散效果。

同时，一个更为广阔的传播平台在广播与微博的融合中产生。新浪微博在 2011 年 5 月推出了可在微博上收听广播的新应用——微电台。12 月 7 日，微电台改版升级，实现了 PC、Mac、iPad、iPhone，Android 全平台流畅播放。听众在收听微电台的同时，可以在微电台的页面上参与节目互动、浏览其他网页，广播的伴随性特征有了很好的体现。听众可以通过电脑、手机以及其他网络终端在同一个界面上选择上百个电台的节目，打破了广播频率的覆盖限制。而广播电台既宣传了自己，扩大了收听范围，也给听众提供了最及时的信息来源。

微电台将传统广播的内容特点与新媒体的传播特点完美嫁接，在突发事件的报道中优势明显。以 2011 年 "7·23" 甬温线特大动车事故为例，7 月 23 日晚，事故发生后，微电台官方微博第一时间发布："请各位网友注意：@浙江交通之声将会带来最前方的报道，请各位网友关注。如果有前方最新消息，请@微电台，我们将于第一时间将您的消息转发出来，FM93《交通之声》记者蒋捷

---

① 申启武、吕芳敏：《广播新闻：多元化革新与全方位突破》，《中国广播电视学刊》2012 年第 1 期。

将会在前方给出第一时间的详尽报道。"随后，浙江《交通之声》进行特别直播，并不断在微博上发布最新消息，众多网友第一时间通过微电台收听，获得最新资讯。① 微电台官方微博在此次特大事故中，转发或发布多方电台最新消息，呼吁网友收听。微电台突破了地域的界限，通过微博文字、图片，让受众更直接了解新闻事件的进展，还能通过转发微博传递信息、表达心情，打破了传统广播只通过声音传播的弱势。这种与传统广播不同的播出方式和使用体验，让广播新闻有了新的内涵。

## 三、广播新闻研究需与时俱进

广播新闻的三次革命由里到外，从微观操作到宏观战略几乎涉及广播发展的所有领域，这都需要理论研究的有力支持。"新世纪的头十年，是中国广播研究得以繁荣发展的十年。这一时期，得益于中国经济社会快速发展、整体学术研究走向成熟以及广播行业的复苏繁荣的良好势头，中国广播研究较前一时期变得更为成熟，研究的热度也有所提高。这一时期不但涌现出了大量颇有创建的学术论文，研究专著还出现了猛增的发展态势，将广播学及其学科体系建设向前更加推进了一步。"② 但笔者对申启武教授这一基本判断还是有些存疑的。诚然，从历时性维度来看，最近十年的广播研究有了长足的进步。从共时性维度来看，这一时期的广播研究与电视研究相比差距还是很大的，更何况电视的研究水平也不高。

笔者在中国学术期刊全文数据库（CNKI）中选取 2001—2011 年为时限，以"广播新闻"为关键词检索到 1 275 篇论文，其中核心期刊论文 165 篇；以"电视新闻"为关键词检索到 9 581 篇论文，其中核心期刊论文 2 008 篇，广播新闻论文篇数为电视新闻论文的 13.3%，前者的核心期刊论文篇数为后者的 8.1%，说明广播新闻研究约为电视新闻研究的十分之一。不仅研究数量少，而且研究层次也较低，即使在核心期刊发表的广播新闻论文大多数也是经验性描述的业务讨论，学理性较强的论文很少，相比广播其他方面的研究也显得较弱。广播新闻研究中存在的主要问题：一是从广播研究的文章来看，广播研究人员

---

① 赵敏、杜淑霞：《微电台：全媒体时代广播的创新传播》，《中国广播电视学刊》2012 年第 3 期。

② 申启武：《中国广播研究 90 年》，广州：暨南大学出版社 2010 年版，第 185 页。

多以业界管理者和从业人员为主，学界对于广播新闻研究的热情不高；二是广播"研究方法单一化与研究层次浅近化"[1]。广播新闻研究通常是在广播新闻实践发展之后才对某一问题进行描述、归纳，提出意见、建议，很少有研究是对实践具有前瞻性指导意义的。

不过，这一时期的中国广播新闻研究除了延续以前的广播新闻采写、广播新闻形式等，也依据新的技术引进以及媒体竞争格局而在广播新闻的发展与变化方面展开新的研究，在广播新闻基础理论研究上增加了广播新闻频率专业化、广播新闻形式创新、广播新闻的人文性和服务性以及特定广播新闻节目的研究。随着大众传媒的受众意识增强，结合社会功能和媒体责任对广播新闻进行分析的理论研究颇多，特别是针对其人文性和服务性的研究。广播新闻节目既是面向听众提供信息传播的平台，又是决定广播新闻影响力的关键因素。广播新闻节目研究主要聚焦于某类收听率高、影响力大的节目研究上。但针对地方台广播新闻如何在贴近性上做好文章的研究还比较弱。

手机等移动网络终端的出现，让广播新闻生产与播出实现流程再造。但这种基于网络的移动广播也面临了一些困惑："在媒介融合背景下，以音频、视频、图片、文字等多种形式出现的网络广播，模糊了传统广播的媒介特征，很大程度丧失了广播的媒介优势，加上网络广播的节目内容大部分是对传统广播节目的机械复制，外加文字、图片等形式，内容聚合力不够、影响力不强，网络广播受众呈现出碎片化特征，受众力量相当弱化（不能在受众心中建立起强大的网络广播品牌形象）。"[2] 因此，除非把受众行为研究透了，否则广播新闻不可能找到更有效的传播渠道，广播新闻的传播力和影响力也无法增强。

伴随着经济全球化进程，社会生产和消费需求乃至价值观念越来越多元化，社会分工越来越细，这也使分众化的趋势加剧；一个自主性、分群化的社会已现雏形，信息传播也进入了"非群体化传播时代"。在非群体化传播时代，多元化、开放性的信息传播使得受众的选择余地越来越大，公众依据个人的需求和喜好，在选择媒体方面有了更多的空间。在这一大环境下，广播新闻的受众发生了哪些变化？现在是谁在听广播？无论是广播从业者还是学者都在对此进行分析研究。业界人士认为，细分听众市场要做到：一是弄清楚谁在听广播；

---

① 申启武：《中国广播研究 90 年》，广州：暨南大学出版社 2010 年版，第 215 页。

② 申启武、褚俊杰：《媒介融合背景下广播的发展趋势》，《传媒》2011 年第 6 期。

二是必须研究不同时段的收听需求；三是必须弄清楚不同人群的收听需求。①
目前，广播的受众人群出现了新变化，"一是选择性收听。这类听众人群的忠诚
度不高，其获取信息和消费的主要途径也非广播一种，还有其他渠道，只是因
为对某个电台、某个节目或者某个主持人的节目感兴趣而收听。二是伴随式收
听。这类听众把广播作为自己生活的一部分，他们不但从广播获取信息，还从
广播得到娱乐和享受。三是移动收听。这是汽车产业发展给广播带来的新的增
长点"②。还有学者指出广播新闻在重视听众细分后，更要重视"用户体验"。
数字新媒体技术的最大特点就在于传播方式的多样化和传播权利的分散化。广
播媒体在这方面应该大有文章可做，充分利用新媒体技术开展与受众的互动交
流，开发播客式的受众互动传播平台。③ 当今，广播新闻节目一方面朝着"全
球性、大容量、快节奏、立体化"的方向发展，另一方面广播符号的运用由口
播语言向现场音响、音乐方向转化。申启武教授把广播新闻节目形态发展的特
点总结为"三化"：碎片化、互动化、多元化。"广播新闻节目形态的演变与发
展是一个从单一走向多样、从板滞走向灵动的过程，同时也是在适应广播媒介
特性和传播规律以及满足听众的收听需求的基础上有序地进行着。"④

　　三十多年来，我国广播新闻从节目创新、机制创新转向终端制胜，不仅需
要挑战体制束缚的勇气，更需要科学的决策、改革的智慧。在日益激烈的媒体
竞争中，广播新闻面临更严峻的考验。诚然，媒介融合给广播带来的不仅是挑
战，也是机遇。媒介融合带来了媒介从内容到终端的全方位变革，并由此派生
出一系列的广播新理论、新模式、新产品以及全新的营销策略。终端制胜，在
新媒体时代，广播新闻只有谋求融合化生存，改变落后的生产和商业模式，才
能在日益激烈的媒介竞争中占得一席之地。

　　（本文原载于《中国广播》，2012 年第 9 期，原文名为"终端制胜：广播新
闻的形态之变——兼论广播新闻研究的现状"，作者：谭天、陈菲，有改动）

---

① 潘永汉、赵晖：《谁在听　听什么　听下去——新媒介环境中对广播"三要素"的再
认识》，《中国广播》2010 年第 1 期。
② 刘宜民：《全媒体时代传统媒体的核心竞争力》，《中国广播电视学刊》2011 年第 1 期。
③ 秦永志：《多媒体时代的广播受众特点研究》，《新闻传播》2010 年第 5 期。
④ 申启武：《改革开放 30 年广播新闻节目形态的演变与发展》，《现代传播（中国传媒大学学
报）》2008 年第 2 期。

第二编

# 传播学研究

如果说新闻学是文科里的工科，那么，传播学就是文科里的理科，学理性更强。在注重学理性的同时要善于研究新问题、敢于提出新理论，为此笔者提出了传播裂变理论，探讨传播渠道新理论。而互联网时代的到来、传统媒体的衰落和大众传播的失效，让社会化传播理论构建成为一种可能。传播实务主要是传播策略和传播理念的探索，笔者把目光投向此类传播领域，内地电视在香港的传播研究是此类传播中较早的实证研究。同时，笔者也做了一些关于少数民族地区和丝绸之路的传播研究，进入民族学和跨文化的领域。进入互联网时代，我们还要研究新的传播思想，中央领导的网信思想、网络治理的伦理基础也是非常重要的。笔者认为，传播学研究需要更大胆的理论创新和更敏锐的学术洞察。

# 新媒介生态下的传播裂变

电视作为大众媒体，电视传播自然属于大众传播。在传媒走向市场化的情况下，收视率成了衡量电视节目传播效果的重要指标——收视率高似乎说明某个电视节目具有较强的传播力。然而，近年来出现了一些奇怪的传播现象：有些电视节目收视率并不高，却出现不可思议的传播力，甚至产生轰动效应。这是否意味着电视传播发生了某些变化？是否可以这样大胆假设：在特定的环境和条件下，电视以外的传播力可以大于电视本身的传播力？我们不妨求证一下。

## 一、电视传播的裂变现象

通常我们说的电视传播是一个"传播者（电视节目）—信息—接收者（观众）"的传播过程。在这一过程中，除了大众传播之外还存在一种重要的传播方式——人际传播。1955 年美国社会学家伊莱休·卡茨和拉扎斯菲尔德提出的两级传播模式描述了这样一种传播现象。（见图 1）

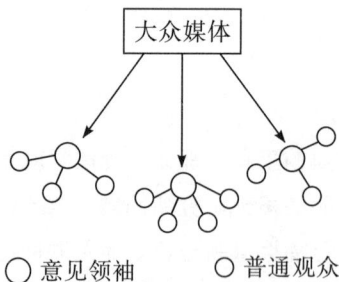

**图 1　两级传播模式**

那么，人际传播的影响有没有可能大于大众媒体的直接影响呢？研究的结果表明："人际影响超过大众媒体影响的看法更加被接受。……这里涉及了两个过程：其一是接收与关注的过程，其二是回应过程（以对影响或信息企图的接受或拒绝之形式而出现）。接收并不等于反应，不接收亦不等于无反应（因为还有在人际接触中的第二次接收）。"①由此可见，电视外的传播力大于电视内的传播力是完全有可能的。同时，在两级传播模式中，意见领袖扮演着重要的角色，起到信息传播中介和传播方式转换的作用。问题是如何能让意见领袖发挥这一作用呢？两级传播模式没有给出答案。

中央电视台《百家讲坛》创办于 2001 年，当时的定位是走"文化品位、科学品质、教育品格"的路子，观众群定位在受教育程度较高的知识阶层，主讲人选圈定一批国内著名的学者、教授，在选题上则是囊括百家，从自然科学、人文科学到饮食起居、养生保健，都在选题之列。然而，节目叫好不叫座，收视率一直居于频道后列。由此可见，尽管传播者名气很大，但传播力不一定很强。

有什么办法可让《百家讲坛》收视率提高、传播力增强呢？1963 年，德国学者马莱茨克提出的大众传播场模式有助于这个问题的解决，他认为对于传播者有两个十分重要的因变量可以构成传播者的传播行为，即传播者对其传递内容的选择以及传播者制作信息的方法。两级传播模式解决了"谁在说"的问题，而大众传播场模式则解决"说什么"和"怎么说"的问题。《百家讲坛》对传播内容进行了筛选，选择大众喜爱的经典作品作为讲坛内容，这些选题更具大众传播价值，解决了"说什么"的问题。同时，《百家讲坛》对"怎么说"动了一番脑筋，节目在转换话语方式上做文章："一是历史故事化，另一是读典私语化。前者以易中天、纪连海为代表，后者以于丹讲《论语》为滥觞。"②《百家讲坛》由此把一个严肃的学术讲坛变成轻松的"故事会"，从而把这个节目从小众传播拓展到大众传播。然而，这只是提高收视率、增强传播力的前提，还不能完全解释《百家讲坛》何以迅速火爆起来。

《百家讲坛》这一改版，不仅收视率得到提升，而且引起了各大媒体的关注，连带那些上了节目的学者也成了明星。截至 2008 年 12 月 26 日，央视国际网站上的访问量达到 1 861 万人次，评论 5 421 篇。论坛方面，在百度贴吧中搜索关键词"百家讲坛"，共有主题 2 万个，帖子 17 万篇。《百家讲坛》在网络媒体、传统媒体上的出色表现也带旺了图书出版市场，集成式的《百家讲坛》系列图书和光盘受到追捧，销量急升。网络上高涨的人气自然而然要影响到传统媒体，报纸、杂志也对《百家讲坛》投以极大的关注。《百家讲坛》被评为

---

①　［英］丹尼斯·麦奎尔、［瑞典］斯文·温德尔著，祝建华译：《大众传播模式论》，上海：上海译文出版社 2008 年版，第 57 页。

②　［英］丹尼斯·麦奎尔、［瑞典］斯文·温德尔著，祝建华译：《大众传播模式论》，上海：上海译文出版社 2008 年版，第 57 页。

2006 年度央视十大优秀栏目之一和最佳人文科教节目，迅速成为街谈巷议、媒体热炒的社会焦点。"信息的运动不像流星一闪而过，而是像原子的裂变反应，由一种信息扩充出许许多多联系；又从许许多多联系中折射出不同形式的结构。信息的力量就产生于整个的裂变过程中。"①《百家讲坛》这种传播能量迅速增强的现象如同核裂变。那么，这种传播的裂变是怎么发生的呢？

## 二、裂变的发生及临界点

裂变源自核裂变（nuclear fission），是指一个原子核分裂成几个原子核的变化形式。原子核在吸收一个中子以后会分裂成两个或更多个质量较小的原子核，同时放出二到三个中子和很大的能量，又能使别的原子核接着发生核裂变，这种持续过程称作链式反应。原子核在发生核裂变时，释放出巨大的能量称为原子核能。在这里面，"中子"和"链式反应"是互成因果关系的两个重要因素。传播的裂变是从单向一级传播变为组合多级传播的链式反应，那么能够令它释放巨大传播能量的"中子"又是什么呢？

在节目改版中，《百家讲坛》先是请来易中天教授，这位中文教授虽然把历史讲得妙趣横生，却引来不少质疑；接着又请来于丹教授，这位传媒专家能把《论语》讲得深入浅出，结果引来了更大的争议。这种争议不仅是指争议性话题，还包括对传播方式和传播行为的争议。"争议"就是传播发生裂变的关键物质——"中子"，《百家讲坛》正是在这种激烈而广泛的争议中实现传播的裂变。这档在 2003 年还濒临绝境的电视文化节目，凭着"去学术化"的创作理念，大胆启用"非专业人士谈历史"的创作模式，在不同的受众——普通观众（公众）和专家学者（精英）之间引起了巨大的差异反应。大多数观众从节目的可观赏性和可理解性出发，认为"《百家讲坛》让严肃的学者专家摇身变为悬疑大师、讲述高手，借他们之口把晦涩难懂的古典学术文化演化得通俗易懂、引人入胜，建起了一座由学者精英通向普通大众的知识桥梁"②。一些相关领域的专家学者则从学术规范、知识场域等角度出发，频频"揪"出"学术超男""学术超女"对专业知识的错误理解或者错误表达，称这种个人化的错误理解通过电视进行大众传播，是对传统文化的践踏。《百家讲坛》正是在普通观众和专家学者各执一词的争论中热播。这种链式反应迅速释放出巨大的传播能量，

①　丁海曼：《电视传播的哲学》，北京：北京广播学院出版社 2001 年版，第 169 页。
②　骆玉安：《精英与大众：当代传媒的文化抉择》，《新闻爱好者》2008 年第 9 期。

从而使《百家讲坛》产生强大的传播力和影响力，这也形成了新的两级传播模式。（见图2）

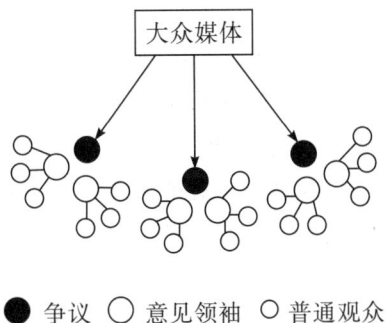

● 争议　○ 意见领袖　○ 普通观众

**图2　传播的裂变**

凤凰卫视《世纪大讲堂》的传播内容就其思想性、学术性来说，比起《百家讲坛》有过之而无不及，但它没有产生传播的裂变，这说明产生"中子"（争议）还需要有一个临界点（critical）。《百家讲坛》产生传播裂变需满足的临界条件有两个，即从知识传播转为观点传播，从观众谈资转为社会议题，这两个条件缺一不可。笔者还发现，在传统媒体时代同时满足这两个临界条件并不容易，然而，在新媒介生态下电视传播发生了很大的变化。

## 三、传播的倍增器：互联网

在核裂变中，中子与链式反应是互为因果关系的两大要素。那么，在传播的裂变中，链式反应又是怎样的呢？笔者认为应该是传播个体之间的相互作用和动态过程。麦克劳德和查菲在1973年提出的"互向模式"，重点研究了人际传播（或群体传播）中双向和互动的作用。该模式指出，任何一个社会问题（指当前有争议的任何公共事务），都会受到精英阶层（意见领袖）、公众和大众媒体三方面的关注。精英阶层、公众和大众媒体互为信息源，也就是说在《百家讲坛》的传播中，电视与观众之间、大众媒体与意见领袖之间可以产生互动。然而，在传统的媒介生态环境中，这些信息源互动的连锁反应不太容易形成。

当以网络、手机为代表的新媒体出现之后，大众传播的媒介生态环境就发生了很大的变化。在这个新媒介生态环境中，一方面加速新旧媒体的融合，平面媒体的新闻报道、电视媒体的视频节目、网络社区的公共言论、手机媒体的短信平台都可以在这一虚拟空间中聚集、链接和交互；另一方面大众媒体、公众和精英阶层（意见领袖）同时置身于互联网中，传受双方身份可以随时转换，都可以形成信息源，而这些信息源的互动又产生新的信息源，从而形成传播的链式反应。

例如于丹的《论语》和《庄子》心得引发的争议。于丹的支持者认为"反对于丹是一种文化保守主义"，"应该允许不同方式的经典解读"。质疑者则认为"于丹心语中的哲理离孔子、庄子思想甚远，要警惕明星炒作进入学术和文化领域"，甚至出现了北大、清华等名校十名博士联名抵制于丹的情况。而这两类截然不同的观点又引发了对"于丹现象"的反思：传统文化将走向何方？在这场声势浩大的讨论中，意见领袖不断地涌现，其他媒体陆续被卷入；由此又引发了新的争议和产生了新的意见领袖，环环相扣，成为一个链条。比如十名博士（意见领袖1）在天涯社区发表了《我们为什么要将反对于丹之流进行到底》的帖子（2007年3月2日）之后，一位名为"西方下4"的网友（意见领袖2）很快地（同年3月7日）在同个社区对该帖提出了异议，接着（同年3月20日）一位名为"杨金溪"的网友（意见领袖3）在新浪网发表文章《为何要将反对于丹之流进行到底》，更多的人（意见领袖$N$）参与对"于丹"及"于丹现象"的讨论中[①]。截至2009年4月28日，谷歌上有182 000项符合"我们为什么要将于丹之流反对到底"的查询结果。一些网站嗅到了争议的火药味，便将这些争议集成，做成专门的"于丹现象启示录""争议于丹：对经典是新解还是亵渎"等网页。这种链式反应迅速释放出巨大的传播能量，从而形成了强大的传播力和影响力。

截至2008年12月26日，百度上搜索到的以"百家讲坛"为标题的新闻有8 050篇，网页则达580多万个。在新浪博客中搜索到的与《百家讲坛》相关的博文有63 132篇。鉴于《百家讲坛》在网络媒体上非凡的影响力，它被评为2007年度中国最具网络影响力的央视十大栏目。可以说，网络媒体成为《百家讲坛》的传播放大器和效果倍增器。网络媒体链接其他传播媒体和传播方式构成了多级传播和组合传播，从而形成了新媒体生态下的电视传播新模式。（见图3）

---

① 张健：《李泽厚：他们是精英和平民之间的桥梁》，http://news. 163. com/07/0324/08/3ABAL5DO000121EP. html，2007年3月22日；解玺璋：《于丹是怎样炼成的》，http://www. bjzqw. com/show. asp?id = 1628；《学者周国平再谈国学与大众文化消费》，http:// china. qianlong. com/4352/2009/04/08/83@4939092. htm。

互联网

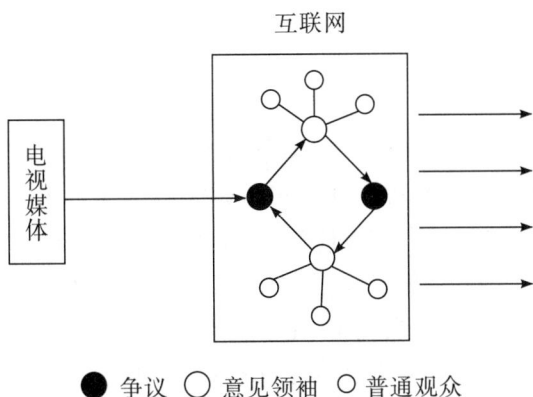

● 争议　○ 意见领袖　○ 普通观众

**图 3　互联网——传播倍增器**

由图 3 可见，互联网不仅提供各种信息内容和媒介产品，而且融合各种传播方式，链接各种传播媒介。在这里面，意见领袖之间的互动、公众之间的互动、意见领袖与公众之间的互动，使得传播信息得到放大、传播能量得到倍增，而且是成几何级数的增加，从而产生传播的裂变，释放出巨大的传播能量，形成强大的传播力。互联网不仅成为《百家讲坛》的传播倍增器，而且对于所有热播的电视节目来说都将如此。

## 四、大众传播的"共振现象"

虽然互联网能够实现传播量的倍增，但是传播并不是无限膨胀的，总有一个饱和的时候。格鲁尼格和亨特的研究显示，使用互向模式后，"最常见的是改善了准确程度，其次是增进了理解程度，最后是提高了同意程度"[①]。当大家的意见在争议过程中逐渐得到较为明确的结论，或者形成比较一致的意见时，传播就达到了饱和，会逐渐回落到正常的水平。这也是这几年来《百家讲坛》热度逐渐衰减的原因之一。

其实，电视传播的裂变也不一定都会产生好的传播效果。当争议产生过大的负面效应或突破社会规范和传媒管制的底线，也会使电视传播亮起红灯，甚至让电视节目停播，如某些传播错误思想的节目或某些不健康的低俗节目，国家广播电影电视总局要求停播的重庆卫视《第一次心动》和广东公共频道的

---

① ［英］丹尼斯·麦奎尔、［瑞典］斯文·温德尔著，祝建华译：《大众传播模式论》，上海：上海译文出版社 2008 年版，第 30 页。

《美丽新约》就是实例。如此一来，裂变产生的破坏力会毁灭传播载体（电视节目）自身，传播活动就会由此戛然而止。

由此可见，电视传播不是一个孤立的系统，它是存在于经济社会这一更大的系统里。当两个系统产生共振时，传播力不仅得到增强，而且可以维系较长的时间。我们把这叫作大众传播的"共振现象"。《百家讲坛》里于丹因讲《论语》、老庄而大红大紫，也与中国社会的"国学热"是遥相呼应的，这一"共振现象"释放出更大的传播能量，反过来也强化电视的传播。这种共振现象不只是产生于《百家讲坛》的传播中，包括电视剧、春晚在内的各类节目都会产生这种传播现象。如2001年对"国际反家庭暴力日（11月25日）"的宣传，与当时播出的电视剧《不要和陌生人说话》相得益彰，形成了一个社会热点。

前面说到，电视传播的裂变需要满足两个临界条件：观点传播和社会议题。裂变本身是一种成效大而时效短的反应，而且往往是不可控的。让我们再引进一个物理学概念——聚变，核聚变时则由较轻的原子核聚合成较重的原子核而释出能量。利用人工核聚变产生的巨大能量为人类服务，就必须使核聚变在人们的控制下进行，这就是受控核聚变。这一概念引入传播学，可以作这样的定义：传播聚变是聚集传播系统内外的各种传播要素，通过人为控制（节目策划或媒介策划），从而激发出巨大的传播能量。传播聚变的产生必须满足一个条件，就是产生共振现象，即电视传播的频率与整个社会的频率相同而形成共振。就是说，电视传播的聚变必然存在于我们构建的和谐社会之中，只有这样才能形成两个系统的互动，从而推动电视发展和社会进步。

任何节目都有一个生命周期，但任何节目制作人都希望延长节目的生命周期，企求电视节目做成品牌并长盛不衰。要让《百家讲坛》可持续发展，就必须不断地给它提供足以引起传播的争议，同时这些争议要与和谐社会形成共振，这样才能产生传播的聚变。处于转型期的中国社会拥有许多可以热议的话题，蕴含许多充满争议的改革与创新。适度的争议可以延长《百家讲坛》乃至各类电视节目的生命周期。继"国学热"之后，《百家讲坛》能否掀起"科学热""经济热""文学热"及至"哲学热"？进而推论，各种热播的电视节目也有可能产生传播的裂变或聚变。我们期望传媒人用更广泛的实践活动来进一步检验传播聚变这一理论假设。

（本文原载于《国际新闻界》，2009年第7期，原文名为"新媒介生态下的电视传播模式——以《百家讲坛》为例"，作者：谭天、郑爽，有改动）

# 互联网语境下的传播渠道

在新的传播环境中，传媒业往往陷入"渠道失灵"的困惑和困境，一方面源自对新的传播渠道的认识和运用不够，"缺乏对于内容分发渠道变迁的关注"[①]；另一方面是由于人们对"传播渠道"这一基本概念认识落后了，没有发现在互联网时代，"传播渠道"的内涵已经发生了很大的变化。

## 一、关于传播渠道的研究

通过梳理已有文献，笔者发现此前学者对传播渠道的研究主要来自三个方面：概念层面的渠道理论研究、传播活动中的渠道应用研究、媒介融合视角下的渠道融合研究。

### 1. 渠道理论研究

首先是"渠道"定义、内涵的研究。拉斯韦尔 1948 年在《传播在社会中的结构与功能》中提出一个完整传播过程的五个基本要素，其中要素"渠道（channel）"是指信息由传者最终到达受众所经过的通道，"渠道"接近于"信道"，研究者们不断加深对"渠道"的认识。有学者认为传播渠道包含三层含义：①传播者发送信息、受传者接受信息的途径和方法；②完成这些传播形式的传播媒介；③受众获取信息的途径和方式。[②] 有学者认为对于大众媒介，一般都是指传播过程中传递信息的机器和对信息进行加工、整理的编辑人员所组成的传播渠道。对于人际传播指的是没有机器和编辑人员参与的交流通道。[③]

与"渠道"相近的一个概念是"媒介"，围绕这两个概念学者们观点不一。一种观点视渠道等同于媒介，如郭庆光认为"媒介又称传播渠道、信道、手段

---

① 瞿旭晟：《移动媒体语境下内容分发变革及其影响——以 Instant Articles 与 AMP 为例的探讨》，《新闻记者》2016 年第 1 期，第 68 – 73 页。

② 张楠：《浅析网络传播渠道新发展》，《新闻世界》2009 年第 12 期，第 149 – 150 页。

③ 赵宁：《传统媒体与新兴媒体传播渠道融合策略探讨》，北京印刷学院硕士学位论文，2015 年。

或工具"①；喻国明、刘旸指出媒介是能使人与人、物与物以及人与物产生联系的物质实体，当讨论媒介与互联网结合的无限可能性时，其实是将媒介视为一种信息传输的渠道。② 也有学者认为渠道与媒介不同：明安香认为媒介和渠道存在差异，传播渠道是传播过程中传播双方与媒介的一次或多次组合。③ 笔者认为"渠道"与"媒介"还是有区别的，媒介是传播渠道的载体。

2. 渠道应用研究

这类研究主要是以某一类传播活动为对象，对新传播渠道的特点进行分析，进而提出如何选择和利用。这些研究主要分析不同传播渠道的传播特征，侧重实务研究。国外对于"渠道"的研究较集中于对相关传播活动的实证研究，如Scott Beth E. 等通过研究加纳的全国洗手运动，指出大众传播媒介无法覆盖整个目标群体，尤其是特定区域和较低社会经济群体，需要利用各种互补渠道进行传播④；Cassell M. M. 认为互联网渠道结合了人际交往的积极属性和大众传播的广泛性，有助于进行健康传播⑤；Tomohiro Fukuhara 等以风险沟通作为研究对象，认为网络社区这一传播渠道可以成为公共意见信道，有助于处理风险⑥。

3. 渠道融合研究

这是当前很热门的研究领域，如张利平提出终端融合和网络应用两种战略⑦；石磊认为渠道融合贯穿于报业生产全过程，主要是网络和终端的融合⑧。更多的研究是探讨如何通过渠道融合实现媒体转型，如严三九认为渠道融合是传统媒体与新兴媒体融合发展的关键点，探讨渠道融合中技术、产业等驱动因

---

① 郭庆光：《传播学教程》，北京：中国人民大学出版社 2007 年版，第 3 页。

② 喻国明、刘旸：《"互联网＋"模式下媒介的融合迭代与效能转换》，《新闻大学》2015 年第 4 期，第 1－6 页。

③ 明安香：《关于传播学几个基本概念的界定》，《新闻界》1994 年第 6 期，第 4－6 页。

④ Scott Beth E. , Schmidt Wolf P. , Aunger Robert, Garbrah-Aidoo Nana, Animashaun Rasaaque. Marketing Hygiene Behaviours:The Impact of Different Communication Channels on Reported Handwashing Behaviour of Women in Ghana. 2007(2):392－401.

⑤ Cassell M. M. Health Communication on the Internet:An Effective Channel for Health Behavior Change. *PubMed Journal*,2000(2):71.

⑥ Tomohiro Fukuhara, Hidekazu Kubota, Masaki Chikama, Toyoaki Nishida. Application of the Public Opinion Channel in Risk Communication. *J-STAGE*,2009(6):59－66.

⑦ 张利平：《新媒体时代传统媒介融合渠道与路径选择——以〈华尔街日报〉为例》，《湖南大学学报（社会科学版）》2013 年第 1 期，第 156－160 页。

⑧ 石磊：《数字报业的内容融合与渠道融合——媒介融合时代的报业发展战略》，《新闻界》2009 年第 2 期，第 14－16 页。

素，最后从遵循关系重建的逻辑延伸渠道等提出渠道融合策略①，其中提出的"关系重建"的逻辑对重新认识渠道有启发意义。

以上可以归纳为渠道是依托媒介形成的信息传播的通道和途径，不同媒介、不同活动，采用不同的传播方式，并由此导致"渠道融合"和"关系重建"。

## 二、传播渠道的演变

毫无疑问，从传统媒体时代到互联网时代，传播渠道已经发生了很大的变化。

### 1. 传统媒体时代的传播渠道

在大众传播视域中，"我们通常所指的传播渠道更为狭义，特指媒介组织传播内容或提供服务的专门通道"②，如报纸、电视、广播等传统媒体建立的传播渠道。

首先，传播渠道是以媒介组织建设的物理渠道或发行方式。实际操作中，信息传输网络是传播渠道搭建的基础，大众传播时代，如电视网、通信网等皆是物理网形态，通过这些固定的物理网，信息实现了从媒介组织到达受众。传统媒体时代，公众要获取新闻资讯，就必须订购报纸、锁定广播频率、调到指定电视频道。

其次，与媒介的关系上，由于传播渠道的"稀缺性"而形成对信息内容的垄断，由此导致渠道两端连接的媒介组织和受众形成不对等的关系：一方面媒介组织掌握传播渠道，享有信息发布权力，在传播中处于优势地位；另一方面受众必须使用媒介组织的渠道才能获取公共信息，这种依赖关系逐渐演变出"渠道即传播"的传播格局。

再次，渠道在传播形式上呈现单向线性传播。由于媒介自身特性，如电视、报纸、广播的单向传播属性，决定了信息一般从传者发出到达受众后即结束，受众无法与传者进行实时互动。

由于传统媒体的传播渠道是一个单向线性传播的信道，因此在传播活动中形成"渠道即传播"的"路径依赖"。同时，在传者与受众之间形成一种不对

---

①　严三九：《中国传统媒体与新兴媒体渠道融合发展研究》，《现代传播（中国传媒大学学报）》2016 年第 7 期，第 1－8 页。

②　谭天：《从渠道争夺到终端制胜，从受众场景到用户场景——传统媒体融合转型的关键》，《新闻记者》2015 年第 4 期，第 15－20 页。

称关系，由此导致"'此路是我修，要从此路过，留下买路钱'的盈利模式"①，传者往往只需考虑传播内容和传播效果，而认为渠道本身不存在任何问题。

2. 互联网中的传播渠道

进入互联网空间，"传播渠道的内涵和外延都发生了新的变化，其功能和作用不仅超出传送内容的范畴，甚至超越了信息通道的概念"②。社会化传播涵盖大众传播，社交媒体替代大众媒体。"根据皮尤研究中心 2015 年 6 月发布的报告显示，以美国为例，对于'千禧一代'受众来说，Facebook 是包括时政新闻在内最为核心的新闻来源，超过 61% 的青年群体是通过 Facebook 获取时政新闻的，而排名第二的 CNN 则只有 44%。"③ 传统媒体的渠道垄断格局已被打破，它会导致什么呢？

首先，传播渠道的"稀缺性"被互联网消解，互联网在虚拟空间里建立起分布式网络结构，网络上每一个节点间相互连接，而这些连接都可以形成传播渠道，所谓"条条大路通罗马"，渠道的稀缺与垄断被稀释了。

其次，在渠道选择和使用上，传者与受众权利趋于对等。互联网的开放性赋予用户（受众）拥有更大的对渠道的自主使用权，特别是社交媒体的兴起，更将用户的权利放大，用户可以跳过传统媒体并通过微博、微信等社交媒体接收和发布（转发）新闻信息，由此建立用户自己的传播渠道。

最后，渠道功能属性超越了内容传播范畴。传统媒体时代，渠道只是内容传播的载体。而互联网语境下，传播渠道不仅接入内容，还接入各种服务，从打车到网购再到支付等，其功能更多。显然，互联网时代的传播不局限于内容，而强调社交和关系，"所有传播都具有内容和关系两个维度，传播的关系层面传递着传播过程中两个或更多的参与者的人际关系"④。如一年一度的春晚，原本电视机前的忠实观众，现在都逐渐将注意力从节目内容转移到手机应用上，抢红包、玩游戏等，这是用户的迁移，也是渠道的切换。在互联网语境下，渠道的内涵也发生变化，它不仅是"信道"，还涉及连接方式与关系传播。

此时，不少学者都关注到传播渠道的内涵发生了变化。彭兰以博客为例分

---

① 喻国明：《媒体内容传播应嵌入社会关系渠道中》，http://www.xinhuanet.com/zgjx/2016 - 06/27/c_135468974. htm。

② 谭天：《从渠道争夺到终端制胜，从受众场景到用户场景——传统媒体融合转型的关键》，《新闻记者》2015 年第 4 期，第 15 - 20 页。

③ 瞿旭晟：《移动媒体语境下内容分发变革及其影响——以 Instant Articles 与 AMP 为例的探讨》，《新闻记者》2016 年第 1 期，第 68 - 73 页。

④ 陈先红：《公共关系学源的传播学分析》，《湖北大学学报（哲学社会科学版）》2007 年第 3 期，第 120 - 124 页。

析"博客不仅是一种传播的渠道，更是一种具有复杂构成的社会"①；严三九指出要遵循关系重建的逻辑延伸渠道②；喻国明、戈利佳、梁霄指出"在互联网改变信息传播格局的今天，渠道的内涵也发生深刻的变化"③。那么，当下传播渠道究竟发生了什么变化？是什么引发了这些变化？

### 三、渠道与用户的关系

互联网时代，传播渠道与其使用者产生了千丝万缕的关系。传受双方与渠道的关系是产生传播变异、传媒变革的根源，这种关系包括传者与渠道的关系、受众与渠道的关系以及渠道之间的关系。而在以用户为中心的互联网中，用户与渠道的关系是核心关系，传者与渠道的关系、渠道之间的关系则建立在用户与渠道的关系基础上。如何认识用户与渠道的关系？我们借用信息生态的相关概念进行解构。

1989 年，德国学者卡普罗提出"信息生态"概念。信息生态涉及的研究内容很丰富，而其中信息生态链理论有助于深入认识互联网环境下的信息生态系统。李美娣于 1998 年提出信息链的概念，认为"信息链是通过信息的流动使无数的信息场连接起来，从而在有机体之间、人与人之间或其与无机体之间形成某种方式的链索"④。娄策群综合各种研究，界定信息生态链是指信息生态系统中，不同种类信息人之间信息流转的链式依存关系。⑤ 应用信息生态理论来解释渠道与用户的关系，其意义有三：

1. 强调不同信息主体关系密切

信息人是信息生态链中最核心的要素，包括信息生产者、信息传递者和信息消费者。其中生产者是信息生态链的起点，传递者是维系信息生态链的中间环节，消费者是终点，但也很可能同时成为另一个信息生态链的起点。在这一理论中，信息人之间相互制约、相互依存，如果某一环节出现异常变动，就会引起整个链条的失调，如果失去一方，则可能使链条处于瘫痪状态甚至解体。

---

① 彭兰：《传播者、受众、渠道：博客传播的深层机制》，《上海师范大学学报（哲学社会科学版）》2007 年第 11 期，第 84 - 90 页。

② 高波：《我国政府传播论》，中央民族大学博士学位论文，2006 年。

③ 喻国明、戈利佳、梁霄：《破解"渠道失灵"的传媒困局："关系法则"详解——兼论传统媒体转型的路径与关键》，《现代传播（中国传媒大学学报）》2015 年第 11 期，第 1 - 4 页。

④ 李美娣：《信息生态系统的剖析》，《情报杂志》1998 年第 4 期，第 3 - 5 页。

⑤ 娄策群：《信息生态系统理论及其应用研究》，北京：中国社会科学出版社 2014 年版，第 92 页。

大众传播视域下，传者与受众地位不平等，掌握渠道的传者往往处于相对优势地位，受众虽有选择和反馈的权利，但由于受制于传者对渠道的垄断，只能被动接受，由此形成了传者与受众之间的权利不平等状态。互联网创造了一种去中心化的、分权的传播环境，传者和受众（用户）的关系趋向平等。因此，信息生态链对信息人的无区别对待契合了当下的网络传播环境，传者与受众（用户）之间的关系空前紧密，而这种紧密的关系是通过渠道维系。

2. 强调信息流动和关系构建

信息人之间的密切关系需要维系，其中起到关键作用的是信息资源的流转。"信息资源流转即信息资源在信息人之间流动和转化，是维系信息人之间联系的纽带"[1]，节点间信息的流动和增值是信息生态链和谐运转的关键。

首先，信息资源的流转处于动态发展变化中。在信息社会，人们的信息需求很大。信息从信息生产者到信息消费者的过程中，除去生产者、传递者主导的正向信息流外，在此过程中信息消费者的反馈信息流也处于同样重要地位，即信息资源的流转是循环、双向的，信息人处于动态互动之中。同时，信息生态链理论认为，"信息消费者并不一定就是信息流转的归宿，也可能同时是另一个信息生态链的起点"[2]。在互联网环境中，传播渠道呈现平民化，社交媒体上的每一条信息，用户（信息消费者）接收到后再度转发，此时用户从信息消费者转变为信息生产者或传递者，进而形成新的信息生态链。

其次，信息资源流转的背后是各种关系的连接和转换。通过这种流转，此前无关的信息人之间能建立联系，而已经有联系的信息人则通过这种行为增强了相互间的关系，因此信息资源流转是信息人相互联系的桥梁和相互作用的纽带。大众传播视域下，由于用户无法利用渠道进行传播，信息往往从传者到达受众后即结束；而互联网时代，用户有了自己的传播渠道，当连接的其他用户数量足够时，也能达到大众传播的效果，由此出现信息反馈和二次传播、多次传播。同时，用户自有的传播渠道更多的是基于社交媒体构建，传播渠道已经超越传播内容的"信道"概念，让我们看到信息传播背后的关系传播，传播渠道的内涵变得更为丰富。

3. 强调信息人的连接方式

信息生态链中的信息人不是孤立存在，而是经由一定方式相互连接，进而

---

① 娄策群：《信息生态系统理论及其应用研究》，北京：中国社会科学出版社 2014 年版，第 92 页。

② 娄策群：《信息生态系统理论及其应用研究》，北京：中国社会科学出版社 2014 年版，第 62 页。

通过这种连接实现信息资源流转。这种信息人之间的连接方式，就是相互间的沟通途径和信息流转渠道，与大众传播的"渠道"不同，信息人能否建立连接取决于连接方式。

与大众传播视域下简单的渠道与传者关系相比，互联网更强调渠道与用户（信息人）之间的密切联系。同时，信息人之间连接渠道的多少，对于信息流转效率也有影响，传统媒体的信息生态链节点之间只能依赖单一渠道进行连接，容易出现信息渠道拥堵或断裂的情况。能否实现更多种渠道和多样方式的连接（信息通路和连接方式）？互联网的分布式网络结构做到了这一点，从而大大提升了信息流动效率。

由此可见，互联网语境下的传播渠道有三个特点：第一，用户与渠道关系密切。第二，渠道与信息流动有关。第三，渠道在互联网时代应是一个组合的概念。在互联网的信息传播中，信息人之间不再是单一的连接方式，而是多种连接方式的组合，即传播渠道不再是大众传播时代的单一、独立的信道，而是不同渠道相互连接形成的集合概念。

## 四、传播渠道与传播路径

如何表述传播渠道中连接与组合的意思呢？或许传播路径可以拓展其内涵与外延。路径在不同的领域有不同的含义。在互联网的信息传播中，路径指的是从起点到终点的全程路段。在人文社科领域，路径的内涵更为丰富，既指涉道路、路线，也比喻办事的门路、办法，还可以指人的行径、世道等。前者可以视为狭义的渠道，也就是信道；后者可以视为广义的路径，它不仅包括信息传播的通道（信道），还包括信息与信息人的连接方式。

信道是信息科学学科的词汇，而传播学起源于信息科学。从香农—韦弗模式、拉斯维尔的"5W"模式到施拉姆的大众传播过程模式等，其本质均是信息从信源到信宿的理论模型，而信道则是信源与信宿的连接者。在信息管理学科视角下，渠道偏向将信息看作一个能留下痕迹的点，而路径就是这个信息点在渠道中流通所留下的痕迹。由此可见信息管理学科研究的是狭义、具体的传播渠道，缺乏传播学的宏观、整体把握；其定义有助于描述具体信息的流通过程，却不易发掘在整个生态系统的信息流通中相关者之间的联系。

在互联网语境下，引起传播渠道变化的最主要原因是媒介技术进步所带来的受众地位的提升，特别是社交媒体的发展，"与其说是技术的发展，不如说是人的解放"①，以"我"为中心的信息传播成为主流趋势，使偏向被动接受的"受众"转为主动选择甚至主导传播的"用户"。基于社会网络和社交媒体的社会化传播把大众传播和人际传播融为一体，使得传播渠道变得更加复杂，不仅关涉信息的传播通道，还涉及信息节点之间的连接方式。

用户连接互联网在拥有自主传播渠道后，信息接收和分享方式变得更为多样，信息发布在各个节点上得以延伸。进而大众传播中信息从传者到受众即完结的状态被改变，信息往往从一个节点出发，用户接收后或者向传者反馈，或者通过自己的传播渠道转发，甚至对信息进行再加工、再发布。信息传播的"最后一公里"已经不再由媒体完成，取而代之的是由用户的网络社会关系所决定。

因此，"关系"对"渠道"产生了深刻的影响。在互联网中形成人际关系网络，在社会学中这种网络叫"社会网络"，是网状的、差序格局的，由此建立于其上的渠道也由大众传播时代的单向线性转变为分布式网状结构，从而形成基于关系之上的"新渠道"。这种"新渠道"用"路径"来表述恐怕更准确一些。

在社会网络中，人们把信息传播看作信息扩散的过程和路径，可以用社会网络分析法来描述它。图1是阿迪达斯在社交网络中的传播，我们看到这些传播路径形成了传播模式——各种传播树。显然，这里路径不仅指节点之间的连接，还呈现相互之间的关系，各种关系便形成各种连接方式。而简单的线性传播变成了复杂的结构分析。

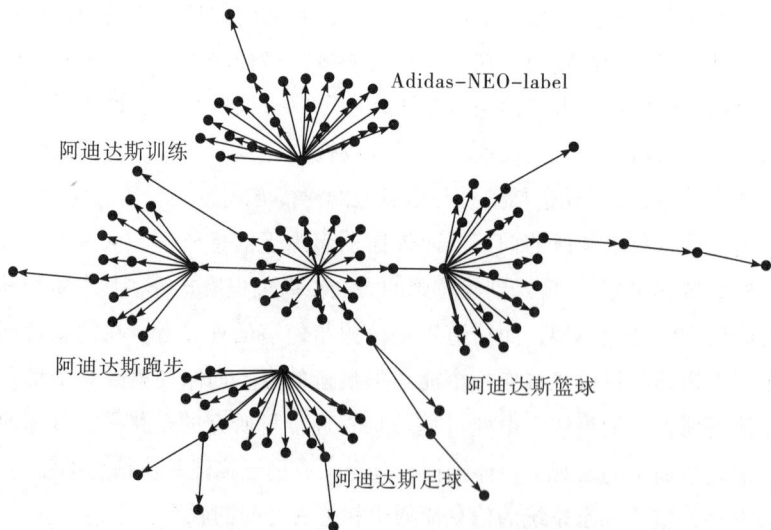

图1　阿迪达斯在社交网络中的传播

---

① 谭天、张子俊：《我国社交媒体的现状、发展与趋势》，《编辑之友》2017 年第 1 期，第 20 - 25 页。

　　由此可见，经典传播学中的渠道是孤立、静态的，甚至是具体的媒介形态，如把微信看作一个渠道，是基于互联网（媒介）的一种具体媒介形态。但本文所说的"路径"是指与用户紧密联系的、多样多变的传播渠道的集合，是一种动态、组合、连接的状态。

　　因此，在特定的传播语境下，首先，强调渠道与用户密切联系，传播路径更能彰显传播中的关系，包括传者与受众的关系、受众与渠道的关系以及受众与受众的关系。其次，强调信息的流动，从信息流动的角度考察整个传播过程。最后，强调传播路径由不同渠道组合，形成立体的、非线性的传播网络。

　　综上所述，有必要重新认识传播渠道，对此，笔者提出用"传播路径"这一概念解释互联网语境下的信息传播的过程、现象以及各种活动。这里所说的"路径"是广义的路径，它包括两部分：信息通道和连接方式。信道即狭义的路径，连接方式则体现渠道与用户的关系。因此，我们可以这样表述互联网语境下的传播渠道，它就是由各节点的连接和连接方式构成的传播路径，强调渠道与各相关者之间的关系以及这些关系的构成。只有认识这样的传播路径，才能更好地解释各种传播现象、做好各种传播活动，才能更好地解构信息生态的各种传播模式。

# 传统媒体失效及社会化传播兴起

2016 年 12 月美国大选落下帷幕，有人称这次大选不仅是希拉里的失败，也是传统媒体的失败；不仅是特朗普的胜利，也是新媒体的胜利。是什么原因导致了如此胜负局面？这既源于深刻的社会原因，也与新的传播环境、互联网的兴起密不可分。本文将从传播学视角分析从美国大选透视出的一种新型传播方式——社会化传播。

## 一、美国大选中传统媒体的失效

一个毫无从政经验的美国人、一个看似"满嘴跑火车"的商人居然当上了美国总统！真让支持希拉里的美国精英阶层大跌眼镜，尤其是从始至终一边倒支持希拉里的美国主流传统媒体集体性的预测和传播失效更是前所未有的现象。主流传统媒体没有给予支持的特朗普是否就没有打出"宣传牌"？作为个人传播体的特朗普或许已不需要传统的大众传媒来为其宣传和包装，因为他的过往经历已自成一个品牌，而其丰富的人生经历和多年从商经验又让其了解草根大众的需求和胃口，也深谙获取他们支持的传播策略。因此，即使大众媒体几乎一边倒地为希拉里发声和赢取支持者，特朗普已经能靠广为人知的个人品牌进入草根的话语体系，尤其是通过运用娴熟的社交媒体传播技巧最大限度地形成自身影响力并赢得支持。可以说，社交媒体在特朗普的总统之路上有不可磨灭的功劳。

如果说奥巴马是第一位互联网总统，那么，特朗普则是第一位深度互联网总统。在传统主流媒体一边倒支持希拉里的情况下，特朗普则选择了通过 YouTube、Facebook、Twitter 这些互联网渠道进行传播，特朗普的支持者们通过互联网对特朗普进行了更为全面的了解。如果只看电视，你一定会觉得特朗普是个非常"不靠谱"的人，然而，YouTube 上特朗普的每一个视频都轻松达到上千万的浏览量。此外，特朗普的支持者在 YouTube、Facebook 的网络论坛上针锋相对地跟希拉里的支持者做斗争，一个视频的评论数往往能达到五六位数。此外，特朗普的粉丝们还利用互联网自发传播自己为特朗普写的文章，甚至让许多民主党的老选民都投奔过来。

当然，特朗普的个人品牌塑造和熟练的社交媒体传播技巧并不是一蹴而就的。早在 2004 年 1 月 8 日，美国全国广播公司推出一档职场创业型真人秀节目——《学徒》(*The Apprentice*)，主演就是唐纳德·特朗普！该节目的第一季一播出就风靡了全美国，连续四个月获得收视冠军宝座，平均家庭收视数达 2 070 万，最高家庭收视数达 4 010 万，成为五年来针对 18 ~ 49 岁成年人收视率最高的节目。《学徒》也成了一部真人秀的教科书，从"学徒"到总统就是一场完美的真人秀。

这次大选不仅在全球范围内引发了对整个世界正在发生变革的重新思考，也在传媒领域引发了广泛的讨论。无疑，这次选举表现出了电视、报纸等传统媒体和新媒体间的巨大差异。经历此次大选，一直鼓吹希拉里胜出的传统媒体将加快淡出市场，新媒体将逐渐接管媒体世界。很多美国人发帖说，CNN、ABC（美国广播公司）如此歪曲事实，以后不再收看它们了。

其实，电视也有过辉煌的年代，那时它作为"新媒体"在 1960 年总统大选中悄然崛起。当时肯尼迪是一张几乎没有什么人认识的年轻面孔，只做过几年参议员，而他的对手尼克松则是副总统，有丰富的从政经验。但那一届大选的一个重要特点是在历史上第一次进行了电视直播辩论，因为当时正是电视在美国家庭迅速普及的年代。在电视上，肯尼迪潇洒自信的风格给美国人留下了深刻的印象，而尼克松则满头冒汗，显得尴尬不自在。几次辩论之后，守在收音机前的人都以为尼克松能够获胜，而看了电视的人则知道肯尼迪已经势不可挡。有调查显示，在 400 万原本举棋不定的选民中，有 300 万人在看了电视辩论以后选择支持肯尼迪。最后的投票结果，肯尼迪以 0.2 百分点的微弱优势，成为美国历史上最年轻的总统。从某种意义上来说，是电视帮助肯尼迪获得了胜利，如果电视的普及晚来几年，那历史也许就会被彻底改写。

历史时常重演，只是电视换成了新媒体。就在竞选的紧要关头，Facebook 的创始人马克·扎克伯格居然第一个跳出来说不同意希拉里的很多意见，直接反水支持特朗普了。Facebook 之前也是民主党的拥护者，有段时间还因删除特朗普的帖子而引起争议。但 Facebook 态度突然完全变了，马克·扎克伯格亲自带队给特朗普"铺红地毯"，Facebook 还专门给特朗普开通了一个高清电视台，在 Facebook 页面上实时播放特朗普的各种集会视频，特朗普的 Facebook 粉丝数暴涨。

为什么 Facebook 会突然转向特朗普呢？据说马克·扎克伯格通过分析 Facebook 的数据，发现已经有 90% 以上的人支持特朗普，所以立刻转变航向，转而跳到特朗普那一边了。这样的大数据和实际民意获取，传统媒体是做不到的。这是因为 Facebook 这种社交媒体和传统媒体有一个本质的区别。传统报纸和电视媒体都是单向传播，缺乏交互性和有效的反馈机制。虽然也可以用抽样问答的形式来统计，但因为是小样本，存在采样者因个人的主观意愿很容易对采样人群进行偏向性选择，以及对各类变量精准把控具有一定难度，所以造成结果偏离真实意向。

怎样才能更准确地预测谁是下一位总统呢？最理想的方式当然是全样本的收集。诸如 Facebook、Twitter 这类的社交媒体往往是典型的双向传播，这些平台上存储了大量网民发表和转发的关于总统选举的文章、评论、照片和视频。较之于传统的民意调查，这些数据往往能更为真实和全面地反映选民的想法。

有人评论这次美国大选："特朗普赢了，输的可不只是希拉里，还有传统媒体！"特朗普胜选的意义堪称划时代，标志着传统媒体的崩溃。选前主流报纸评论和电视民调全部失灵，抛开党政因素，这在美国大选的历史上罕见。资本主义寡头经济和中产阶级精英政治所依赖的传播手段，正面临这个时代的严峻挑战，社交媒体无论在议题、民意、社群和动员能力上都在颠覆西方百年的游戏规则。传统主流媒体不再是引导公众的瞭望塔，而成了误导国家的哈哈镜。

从传播学视角来看，整个美国大选过程，不仅再一次重创了传统上的媒体"皮下注射"效果学说，更为重要的是连传播学界奉为经典的"议程设置"理论也被颠覆。始于 20 世纪 60 年代美国总统大选的"议程设置"理论最终在 50 年后的美国大选中被历史改写，究其原因，莫过于基于传统媒体的大众传播的失效以及基于互联网和社交媒体的社会化传播方式的兴起。

## 二、社交媒体发展历程的回顾

"互联网技术先是将全球'认知时钟'整齐划一，'草根'先是'捣毁'了权威的象牙塔，而后交互技术的飞跃式发展（Web2.0）更以前所未见的高效能建立起新型的信赖关系。"[①] 目前在互联网上，社交媒体已经超越搜索引擎，成为第一大流量来源，二者的占比分别为 46% 和 40%。今天，社交媒体几乎成为新媒体的代名词。那么明天，社交媒体会成就一个什么样的网络社会呢？在对社交媒体及其传播方式进行前瞻性预测前，需要对其发展历程进行梳理。

"Social Media"，有人译为社交媒体，有人译为社会化媒体。笔者倾向于前者，如若使用后者，可把社交媒体看作狭义的社会化媒体。对于社交媒体的定

---

① 《我合之众——社会化传播大变革》，《安家》2015 年第 5 期。

义虽然表述不一，但有着共同的内涵。百度百科中的定义为：社交媒体（Social Media）是指允许人们撰写、分享、评价、讨论、相互沟通的网站和技术，是彼此之间用来分享意见、见解、经验和观点的工具和平台。人数众多和自发传播是构成社交媒体的两大要素。社交媒体这一概念最先出现在 2007 年的一本叫作"什么是社会化媒体"（What Is Social Media）的电子书中。作者安东尼·梅菲尔德将社交媒体定义为一种给予用户极大参与空间的新型在线媒体，具有以下几个特征：参与、公开、交流、对话、社区化、连通性。其实，社交媒体的最显著特点，就是其定义的模糊性、快速的创新性和各种技术的"融合"。

社交媒体的发展历史可以追溯到 20 世纪 70 年代产生的 Usenet、ARPANET 和 BBS 系统，甚至可以追溯到电脑时代来临之前的电话时代。随后，具有代表性的社交媒体相继诞生。（见表 1）

表 1　代表性社交媒体诞生时间

| 诞生时间 | 社交媒体 |
| --- | --- |
| 20 世纪末 21 世纪初 | 博客（Blog）① |
| 1999 年 | QQ |
| 2001 年 | 维基百科（Wikipedia） |
| 2004 年 | 脸书（Facebook） |
| 2006 年 | 推特（Twitter） |
| 2009 年 | 新浪微博 |
| 2011 年 | 微信 |

有人把社交媒体的发展分为三个阶段：社交媒体 1.0：个人社交时代——内容互通；社交媒体 2.0：全民社交时代——关系互动；社交媒体 3.0：移动社交时代——物物互联。近年来，互联网技术的飞速发展，移动互联网、智能手机、大数据和物联网让社交媒体插上了翱翔的翅膀。

随着社交媒体的发展和社会网络的构建，信息传播进入了关系传播，一些社交媒体成为基于用户社会关系的内容生产与交换平台，从而把新媒体经济导

---

① 一般认为博客先驱可追溯到 1994 年贾斯廷·霍尔用 HTML 语言手动编码网页"Justin Hall's Link"（www.link.net）；1999 年，Peter Merholz 以缩略词"blog"来命名博客，成为今天最常用的术语，并开始小范围流行；2000 年，博客开始在美国流行；2001 年"9·11"事件后，博客开始进入美国主流社会视野；2002 年，两位中国互联网专家王俊秀和方兴东推出"博客中国"，并将"blog"称为"博客"。

向关系经济。如果说互联网的发展促使传播赋权，那么社交媒体则促进关系赋权。喻国明教授认为，互联网的发展使社会对个体的赋权模式发生了范式转变，关系赋权作为一种全新的赋权机制，最大限度地激活了个体及其他关系资源网络，从根本上改变了权力格局与游戏规则。

目前社交媒体已形成多种传播形态和运营模式，有基于强关系的社交媒体，如微信；有基于弱关系的社交媒体，如微博；有基于位置服务的社交媒体，如滴滴出行；粉丝和"网红"打造了一个个社交入口，而直播和平台则把社交推向每一个角落。在今天，无社交不传播，媒介化与社会化已融为一体，社交媒体已经从内容为王发展到连接一切！

然而，2016 年为一些严重依赖社交媒体的运营者敲响了警钟。随着社交平台上运营者数量不断增多，流量已呈现分散趋势，平台外的营收似乎亦达到顶峰。此外，社交媒体也给本已严峻的局面带来了新焦虑。尤其是 Facebook，如今人们发现它构成的威胁竟和机遇等量。随着大数据的应用，信息泄露、数据安全、社交过度等问题也在困扰着社交媒体。当微信面对人际过载、内容过载等社会化挑战时，腾讯创始人之一张志东对微信团队说，微信达到 8 亿用户之后，其社会复杂度已达无前人经验可借鉴的深水区，除了上面说的场景之外，还必然会有更多更深远的数字化社会难题接连浮现，微信团队面对社会化的挑战，会比 2011 年从零开始创业的挑战更大，责任也更大。

许多运营者不仅希望能够将发布在社交平台上的内容变现，而且渴望发掘社交媒体的连接能力。由于担心社交平台运营对于直接关系的稀释，运营者已不只满足于以点赞和转发为基础的虚荣指标，他们开始专注内容与服务、线上与线下的连接。在社交媒体的关系传播中，关系转换和关系重构最为重要。笔者认为，对于社交平台，研究关系转换比研究关系本身更重要。张洪忠教授认为，社交媒体的价值观传播正在重构我们的社会关系，不但打破了传统媒体的"面"上传播关系，更是打破了我们社会一直以来"差序格局"的社会关系建构方式。

新媒体研究者魏武挥曾说："大体上，大众媒体和大众传播是紧密不可分的：能够由大众媒体传播出来的内容就是大众传播。在信息匮乏的几个世纪里，这样的说法是成立的。但互联网的诞生伴随而来的信息爆炸，让大量的媒体已经沦为小众的媒体，道理很简单，它们已经失去了足以引发大众层级传播的话语权，或者说影响力。"媒介生态和传播环境的改变，让我们理应更多地审视社交媒体和社会化传播。

## 三、社会化传播时代的到来

展望未来，社交媒体的发展方向是各个社交媒体之间将会呈现出更多的关联性，它与现实的连接将更紧密，人类会成为虚拟世界的一部分。亦有国外学者预测社交网站的十大趋势：着眼于人；创造意义和价值；聚合平台；提供一种真正的跨平台体验；建立相关的社交网络；在广告中创新；帮助人们组织"旧"的社交媒体生态系统；取消地域限制；为社交媒体准备新的岗位；赚钱。彭兰教授认为，在物联网、人工智能、云技术等新技术的推动下，一个万物皆媒的泛媒时代即将到来。

然而，社交媒体的明天并不是一片光明的。在人们纷纷表示对社交媒体的热忱与关注时，也有人在反思着这种趋势的另一面。社交媒体传播的自由交互性容易消解舆论的社会整合功能，使网络传播的自由空间处于无政府、无秩序的状态。传播规范的缺失、信息传播的失控，致使网络社交媒体的传播极易出现各种负面功能。"网络串联示威"的出现对国家安全产生危害，但同时也有学者如马尔科姆认为，社交媒体被大众所高估了，数字化的狂热拥趸将新媒体看成无所不能的组织工具。

总之，社交媒体在未来不会离我们的现实生活越来越远，而是越来越近。令人憧憬的是，如果当下仍然处于社交媒体发展的初级阶段，那么社交媒体的高级版会是怎样的存在？社交媒体的未来会朝着什么方向发展呢？社交媒体专家阿耶莱特·诺夫认为，社交媒体将来最显著的特征是信息不请自来。将来，适当的信息会在适当的时候被传递给适当的人，为我们节省大量的时间和精力。这实际上是一个智能社交的概念，人工智能将会让社交媒体变得更聪明、更善解人意。更加智能化和人性化将是未来社会化媒体的特征。与此同时，社交媒体也将改变媒介生态和社会形态，并且需要在伦理的基础上加以治理。

大众传媒的失效以及失效的原因，恐怕需要从传播学近年的发展上来寻找。笔者试图从大众传播（mass communication）、公共传播（public communication）、社会化传播（social communication）这三个概念入手分析大众传媒失效的原因。大众传播强调"受众"被动性，公共传播强调传播的公共性，社会传播强调大众参与和水平传播。

　　大众传播主要是机构性的，以五种大众媒介为传播介质和不确定数量的"受众"为传播对象的单向无反馈传播。公共传播是一个近年来使用频繁的新概念，尽管讨论较多，却至今没有一个公认的定义。胡百精、杨奕在《公共传播研究的基本问题与传播学范式创新》一文中指出："公共传播定义为多元主体基于公共性展开的沟通过程、活动与现象，旨在促进社会认同与公共之善。"① 吴飞在《公共传播研究的社会价值与学术意义探析》一文中指出："公共传播学是基于公共社会发展的需要，积极参与各种社群实践活动，为人类的权利的平等、社会公正和民主参与社会治理提供理论支持和策略支持。"② 社会化传播不强调传播主体而强调传播方式，认为传播方式是弥漫的，对象是多样的、广泛渗透的。公共传播可以通过大众传播的方式进行，也可以通过社会性媒体进行社会化传播。可见，在当前的传播环境下，无论是大众传播方式还是公共传播理念，都可以借助于社会化传播的方式进行。

　　社会化传播偏重于运用社交媒体，一般是指一种传播方式或营销策略。但是，社会化传播并不仅限于社交媒体，还包括每个互联网上的人，他们都在传播的节点上，正如克莱·舍基所言，是无组织的组织力量。有学者指出，传播的"5W"中主体会消失。如果从传播战略（为获得某种效果所进行的传播）角度看，社会化传播可能就主要偏向于一种客观的或者事后的描述，而很难事先策划和掌控。那么，社会化传播这个概念对实践的指导意义也不强了。当然，也许正因为如此，社会化传播概念的提出才具有新意。

　　然而，一个新概念的提出必须说清它是什么和它不是什么，如果一个概念太无边界、太模糊、太没有抓手，就容易让人觉得它可有可无，也不利于它得到承认和推广。社会化传播看似无远弗届，但我们认为就现在而言其既有边界，也有传播主体。社会化传播还是有主体的，或者说是多主体的，传播也更加多样化、更加复杂化。互联网时代，"去中心化"和"再中心化"并存，传播理论需要重构。

　　"传播领域正呈现出一些新的趋势：传播者从专业媒体机构扩展到非媒体机构和个人；内容生产模式从组织化到社会化；传播模式从单向大众传播到以社

---

　　① 胡百精、杨奕：《公共传播研究的基本问题与传播学范式创新》，《国际新闻界》2016年第3期，第61－80页。

　　② 吴飞：《公共传播研究的社会价值与学术意义探析》，《南京社会科学》2012年第5期，第102－111页。

交关系为纽带的互动式群体传播；传播渠道从互相分隔到跨界融合；传播对象从被动接受到参与信息生产；传播范围从地方化到全球化；传播效果从传者基本可控到传受双方共同发挥作用。"① 最近，可口可乐成立了北美社交中心，这是一个实时新闻编辑室，用来管理所有可口可乐商标品牌的社交媒体营销事务。可见，互联网世界里政府、企业、个人都可以成为传播的主体，互联网时代即社会化传播时代。

其实在这些年，随着移动互联网、物联网和社交媒体的迅速发展，传播形态已经有了很大改变，社会化传播生态已经形成。问题是我们对此的研究还不够，社会化传播的理论尚未构建起来，因此未能用来解释和指导传媒变革，但一场前所未有的传播革命之火已经燃起。

（本文原载于《新闻爱好者》，2017 年第 1 期，原文名为"传统媒体的失效及社会化传播的兴起——基于美国大选的观察"，作者：谭天、李玲，有改动）

---

① 李凌凌：《社会化传播背景下舆论场的重构》，《中州学刊》2016 年第 9 期。

# 试论社会化传播理论的构建

随着互联网的兴起，传播也发生了巨大的变化，与之相关的传播学研究面临着极大的挑战，以大众传播为主导的经典传播理论在解释复杂多变的网络传播和现实社会时，显得越来越吃力。那么，能不能提出一种全新的理论来替代、修正和涵盖大众传播理论呢？本文为此做了一点构建社会化传播理论的思考。

## 一、传播学的困境与机遇

传播学是一门非常年轻的新兴学科，当它还立足未稳时就不幸面临着巨大的冲击和挑战。冲击来自物联网、移动互联网和社交媒体的兴起，以及随之而来的传播形态和传媒生态的变化，传统媒体土崩瓦解，大众传播也在部分失效。理论的危机出来了，在大众传媒发展基础上构建的大众传播理论已经难以解释基于互联网的传播活动和传媒现实，理论严重滞后于实际，部分理论已过时。在这样的理论与实践的双重困境下，学术界陷入了一种集体焦虑：一方面重新检讨和反思现有的理论框架，虽然发现了一些问题但无力解决；另一方面由于传播学年轻且内卷化严重，自身无法创新理论，虽然有学者提出学科支援和跨学科研究的思路，但由于学科对话尚未形成，也只能望梅止渴，远水救不了近火。

众所周知，传播学最主要的理论是大众传播学。但在进入互联网时代之后，大众传播学面临着极大的挑战。《麦奎尔大众传播模式论》的译者、清华大学崔保国教授在他的文章《大众传播学的终结者：致敬一代宗师丹尼斯·麦奎尔》中写道："如果说拉斯韦尔教授是大众传播学的奠基者，施拉姆教授是大众传播学的集大成者，那么，麦奎尔教授可以说是大众传播学体系的建构者。从施拉姆到麦奎尔，大众传播学的理论体系基本上建构完整了；更重要的是，丹尼斯·麦奎尔教授是大众传播学的终结者。之所以这样说，是因为大众传播时代伴随着二十世纪已经翻过了历史的一页，随着互联网的崛起和网络空间的出现，人类开始进入一个传播的新时代，传播学不再只是以探讨大众传播为核心议题，而是在更宽广的领域中展开。"①

我国著名数学家吴文俊院士曾说过这样一段话：在数学上，所谓难的、美的，不见得是好的；所谓好的，也不见得就一定是重要的。数学大师华罗庚也说过类似的话，说要研究有生命力的数学。用这些观点观照我们这个学科，就是要研究有生命力的新闻传播学。从施拉姆到麦奎尔，尽管传播学理论日趋学科化、精细化，但并不代表它足够成熟，更不能说明它足以解释当今的传播与传媒。香港城市大学李金铨教授在《传播研究的时空脉络》一文中警示道："谨防落入过度专业化而划地自限的陷阱，以致异化为技术化、碎片化、孤岛化的窠臼。"

我们不妨重新审视一下大众传播理论，它包括理论、结构、组织、内容、受众和效果等内容。先说基本理论，大众传播是建立在传统媒体的信息传播基础上的，正如麦克卢汉所说，媒介即信息。但是面对互联网和新媒介，这种认识已经显得不够，我们还需要研究信息背后极为复杂的关系。关于媒介和传播对社会结构的影响已有不少研究，但随着媒介及传播主体的变化，这些研究也远远不够。尤其对于媒介组织及组织形态的研究更为薄弱，以致不少人一直不知道传统媒体与新兴媒体的根本区别在哪里，只是一直纠缠在信息与技术的二元讨论之中，殊不知在其中还隔着其他更重要的东西，例如笔者在《基于关系视角的媒介平台》一文中讨论的媒介组织形态。受众研究是大众传播理论中十分重要的一环，然而在互联网时代，当受众变成了用户，受众理论是不是需要重新诠释？

诚然，最近三十年来我国传播学研究有了长足的进步，首先是吸收消化国外传播学研究成果，然后在此基础上做得更加规范、更趋精细，但仅此而已。问题是新的研究方向在哪里？理论创新的切入点在哪里？能不能构建一种全新的传播理论？科技发展和社会变革所带来的传播巨变或许会给研究者带来契机和灵感。智能手机与社交网络的结合催生了传统媒体的"掘墓人"——社交媒体以及新的传播方式。在美国大选中，社交媒体又向传统媒体吹起冲锋号。有人称这次大选不仅是希拉里的失败，也是传统媒体的失败；不仅是特朗普的胜

---

① 崔保国：《大众传播学的终结者：致敬一代宗师丹尼斯·麦奎尔》，https://mp.weixin.qq.com/s/alEMo_DePo15YE_5veYyRA，2017 年 7 月 1 日。

利，也是社交媒体的胜利。特朗普竞选团队充分利用社会化传播手段，一方面利用社交媒体吸粉造势，宣传自己的治国理念；另一方面遵循社会化传播规律，对希拉里发起多点攻击，包括借助黑客、揭露丑闻等来打击竞选对手。在这场大选的背后我们看到社会化传播的兴起。

这样的社会化传播案例越来越多。从我国近年来网络舆情研究的理论和实践来看，在大众传播理论的框架内，已难以解释此起彼伏的危机传播，更无力应对并进行危机管理。但是，我们不妨大胆设想一下，社交媒体的兴起不是给社会化传播研究带来了一个很好的契机吗？诸多社会化传播实践不是给我们的理论研究提供了广阔的现实土壤吗？

彭兰教授在其《社会化媒体：理论与实践解析》一书中写道："当内容生产和消费与人们的社交活动关联越来越密切，当内容越来越多地依赖人们的社会关系渠道流动时，传统的点对面的大众传播日益演化为'社交化'大众传播。"① 彭兰教授所说的社交化大众传播实际上就是社会化传播，只是我们还没有意识到要形成一套新的传播理论。

## 二、社会化传播的定义

社会化传播的兴起是基于人类所在的社会形态发生了变化，人类活动进入了网络社会。"网络社会被界定为在媒介网络中加速组织它的关系的一种社会形式。"② 简·梵·迪克在他的《网络社会——新媒体的社会层面》一书中对网络社会进行了深入研究，并得出三个结论：①当代社会正从大众社会向网络社会转变；②网络社会结构是双重结构，既连接又分离；③这个网络结构既是界定的，又是能动的。③ 社会化传播的兴起与形成都是基于这样的网络社会，而社会化传播的研究也应在这样的社会形态中展开。

其实在这些年，随着移动互联网、物联网和社交媒体的迅速发展，传播形态已经有了很大改变，社会化媒体生态已经形成。问题是我们对此的研究还不

---

① 彭兰：《社会化媒体：理论与实践解析》，北京：中国人民大学出版社 2015 年版，第 37 页。

② ［荷］简·梵·迪克著，蔡静译：《网络社会——新媒体的社会层面》（第二版），北京：清华大学出版社 2014 年版，第 259－260 页。

③ ［荷］简·梵·迪克著，蔡静译：《网络社会——新媒体的社会层面》（第二版），北京：清华大学出版社 2014 年版，第 260－261 页。

够，由于社会化传播的理论尚未构建起来，故而未能用来解释和指导传媒变革，但一场前所未有的传播革命之火已经燃起。"传播领域正呈现出一些新的趋势：传播者从专业媒体机构扩展到非媒体机构和个人；内容生产模式从组织化到社会化；传播模式从单向大众传播到以社交关系为纽带的互动式群体传播；传播渠道从互相分隔到跨界融合；传播对象从被动接受到参与信息生产；传播范围从地方化到全球化；传播效果从传者基本可控到传受双方共同发挥作用。"① 显然，在互联网世界里政府、企业、个人都可以成为传播的主体，互联网时代即社会化传播时代。

社会化传播研究更多的是在社会学视域展开："学界关于社会化传播的研究，在现有文献中最近似的解释是从社会学和文化学的角度对参与传播活动的各要素关系的模式化说明，社会化传播的结构指向两个基本的功能：群体生存与个体生存的协调；社会既定形态对每一社会成员的塑造。区别于上述定义中个体的人受制于社会存在、历史文化存在的一般性界定，社会化媒体时代里个人与社会之间的关系更错综复杂，如同当下的传播层级已很难区分大众传播、人际传播和组织传播一样。"② 因此，对社会化传播很难作一个完整的定义。李夏薇认为："社会化传播是一个宽泛的概念，强调的是一种弥漫式、辐射式的传播方式，强调每个互联网用户都是传播的一个节点，是一种基于社会化媒体平台，在信源、希望获取信息的受众和信宿之间进行沟通并且实现信息和内容分享的行为。"③ 社会化传播需要更为准确的定义，或许我们还可以从另一个维度来思考。

重要的传播学研究或许不在传播学科内，而是在其他学科。例如著名社会学家曼纽尔·卡斯特对网络社会及其传播进行的研究，当传播学者把信息传播推进到关系转换时，曼纽尔·卡斯特却把"传播"纳入"连接"这一学术范畴，"要以共享的、重构的认同为核心，追寻新的连接姿态"④。"连接"可以看作一种强关系，它往往通过媒介来实现连接。"媒介即连接"的本质就在于接入、挖掘和处理传播过程中的各种关系，并提供与之适配的内容和服务，进而

---

① 李凌凌：《社会化传播背景下舆论场的重构》，《中州学刊》2016 年第 9 期。
② 李夏薇：《社会化传播初探》，《青年记者》2017 年第 20 期，第 12 页。
③ 李夏薇：《社会化传播初探》，《青年记者》2017 年第 20 期，第 12 – 13 页。
④ ［美］曼纽尔·卡斯特著，夏铸九、王志弘等译：《网络社会的崛起》，北京：社会科学文献出版社 2001 年版，第 28 页。

通过新媒体打通人与人、人与物之间的关系，为新媒体将社会资本转换成运营资本奠定基础。在此，笔者试图这样定义：社会化传播是指在互联网连接的虚拟与现实的空间里，任何个体和组织都会形成传播行为，通过各种媒介平台和传播工具的关系转换，进而引发社会资本流动和各种传播活动。

基于社会化传播的界定，我们可以讨论社会化传播研究的对象。就当前而言，数据、平台和生态以及它们之间的关系，应该成为主要的研究对象。从微观层面来看，信息不仅数字化，而且已经数据化，随之而来的是数据挖掘与分析，数据成为社会化传播的"血液"。从中观层面来看，媒体作为一种传统媒介组织形态终将灭亡，取而代之的是集聚合资源、响应需求和创造价值为三大构成要素的媒介平台。宏观层面是生态，这个生态既包括媒介生态，也涉及社会生态，由此形成各种共生互联互通的形态。在这三个层级形成的传播系统里，社交化、智能化以及开放性是它的三大特征，并由此形成权力博弈、制度创新、资本流动、伦理心理等错综复杂的新关系，从而造就形态各异的新媒体和新业态，进而对社会形态起到一定的结构作用。基于社会化传播的定义，我们还可以构建整个理论体系，而在这个构建过程中首先会遇到一个范式转换的问题。

综上所述，经过从内容到关系，再从传播到连接的转换，关系、连接、平台等成为传播形态的新节点，基于大数据的交往理性、跨学科的协同创新等都会推动人类社会的空间转向与文化转向，并进一步促进社会资本的流动。在此转变和转换中，社会化传播研究开始形成与大众传播截然不同的范式，然而它并没有完全固化下来。

## 三、理论研究的范式转移

托马斯·库恩在其《科学革命的结构》中提出范式理论，他认为科学革命的本质就是范式转换。范式是指从事某一类科学活动所必须遵循的公认的模式，它包括共有的世界观、基本理论、价值取向、方法与工具等与科学研究有关的所有东西。刘海龙在其《大众传播理论：范式与流派》一书中提出大众传播研究可以分为三种范式：客观经验主义范式、诠释经验主义范式、批判理论范式。这三种研究范式其实也是传统新闻传播学的研究范式。

从大众传播学到社会化传播理论，是不是一场科学革命现在还不好说，但至少是一次重大的理论创新，也会面临着原有范式是否适用，甚至范式转换的问题。在这个改变和转换过程中，人们对传播的认识出现了两个大飞跃：第一个飞跃是从内容到关系，第二个飞跃是从传播到连接。G. 贝特森认为："传播具有两个层面，即内容层面与关系层面，在传播的关系层面上，它传递的是传播过程中两个或更多的参与者的人际关系，因此，一个讯息的关系深度可以对于讯息的内容进行分类或予以构造。"① 之后，保罗·瓦茨莱维奇等人指出："人际关系是通过交流和互动建立起来的，两个人之间的交流行为定义了关系。"② 周翔、李镓在讨论网络社会中的媒介化问题时指出："未来研究应聚焦媒介化社会的空间转向以及如何联结网络空间中的互动关系。"③

移动互联网、物联网、大数据、人工智能等新科技的发展给社会化传播更多的赋能，也让人们对传播的认识产生了第二次飞跃：从传播到连接。社会化传播不仅是人与人之间的连接，还有人与物、物与物之间的连接；不仅有个体之间的连接（社群），还有个体与社会的连接（嵌入）。如果说传播是一种宽泛的相互关系，那么，连接就是一种实实在在的相互作用。在这种新的传播形态和连接方式中，新兴的媒介组织形态出现了，那就是媒介平台。所有的传播都通过接入媒介平台实现关系转换，进而释放出巨大的传播能量。中国最大社交媒体腾讯 CEO 马化腾提出的"连接一切"的口号，是互联网业界对传播更直观的认知和直接的理解。如果说大众传播关注媒介技术变迁引发的权力博弈，那么社会化传播可能更加关注社会结构和媒介形态变化引发的社会资本流动。

社会化传播研究还会促进跨学科融合，计算传播学、认知传播学等新兴交叉学科进入传播学者的视野，也吸引包括自然科学在内的其他学科进入传播学研究的知识场域。但是问题也因此而来，例如算法推荐，会让人们陷入工具理性与价值理性的二元对立困境中，对此陈昌凤、石泽在哈贝马斯的交往理论启示下，提出了交往理性的观点："交往理性是从社会系统的角度去看待科技的行动和功能的。能自觉地在社会系统中确定自己的定位和行为，可以有效地克服科技理性的问题，提升科技的合理性。"④ 与此同时，跨学科研究和互联网思维

① 韩亚：《关系传播：WEB2.0 时代的传播偏向》，华中科技大学硕士学位论文，2008 年。

② 王怡红：《关系传播理论的逻辑解释——兼论人际交流研究的主要对象问题》，《新闻与传播研究》2006 年第 2 期，第 24 页。

③ 周翔、李镓：《网络社会中的"媒介化"问题：理论、实践与展望》，《国际新闻界》2017 年第 4 期。

④ 陈昌凤、石泽：《技术与价值的理性交往：人工智能时代信息传播——算法推荐中工具理性与价值理性的思考》，《新闻战线》2017 年第 9 期，第 74 页。

也会构成社会化传播研究的方法论。诚然，我们并不能完全抛弃大众传播理论，而应该吸纳、涵盖并超越它。这既是对麦奎尔等传播学前辈研究的尊重，也是传播学发展进入升级换代阶段的必然选择。

那么，社会化传播的研究除了刘海龙所说的三种范式之外，有没有可能产生新的范式呢？或者说会不会发生范式转移？香港中文大学陈韬文教授在武汉大学做的题为"传播学范式的转移？对数字化和全球化影响的反省"的演讲中指出，"传播学范式是否发生转移"的关键在于，分析既有的传播理论能否解释新的社会技术现实，这包括四个关键问题：传播作为社会过程发生改变了吗？传播中的权力关系发生改变了吗？出现了新的根本问题吗？出现了新的研究工具吗？陈韬文教授认为，传播学研究涉及的基本社会类别和整体社会关系仍然保持原状，但社会类别之间的特定关系正在改变。传统科学研究和范式转移在同时发生，后者更值得学界关注，传播学者要以数字化和全球化视野更新传播理论。笔者认为，社会化传播具有跨学科研究的特点，至少有一种研究范式是值得重视的，那就是基于大数据和人工智能的数理研究范式。换言之，就是社会化传播需要借助社会科学和自然科学的更多新的研究方法和工具。

## 四、社会化传播理论构想

笔者相信社会化传播理论必将替代和涵盖大众传播理论，理由是大众传播理论是在现实空间里构建的，而社会化传播理论则把研究的视域拓展到虚拟空间。诚然，社会化传播理论是建立在对麦奎尔大众传播理论的继承和扬弃上，我们需要继承大众传播学优良的学术传统。但我们更需要颠覆性的理论创新，社会化传播理论研究需要新的范式、新的视角、新的方法。当然，如同大众传播理论一样，在新闻传播学科的大家族中社会化传播也不是唯一的，它与公共传播、知识传播等一样，只是一种理论假说。个人认为社会化传播理论可以部分涵盖公共传播和知识传播，这些传播理论之间是有交集的。在互联网时代，无论是大众传播方式还是公共传播理念，都可以内嵌在内涵更为丰富的社会化传播之中。

近年来，传播学研究有一种回归到社会学的趋势。大数据、虚拟现实（VR）、人工智能、物联网等新技术正在重构新的媒介关系与社会关系，将形成新的社会场域和传播空间，媒介即关系，传播即社会，这能否成为我们新的研究视角呢？目前涉及社会化传播研究的论文很少，在 CNKI 上检索到的仅有 171 篇，而且大多是泛泛而谈，并没有对社会化传播进行严格的定义，指涉的传播主体、路径和模式也比较模糊。关于社会化传播的研究更多出现在社交媒体（19 255 篇）和网络传播（19 821 篇）的论文中，论文数量均为社会化传播论文的 100 多倍。但这两个领域的研究都存在问题，社交媒体研究侧重实务，学理性不足；网络传播研究则仅限于网上传播，有一定局限性，而社会化传播是贯穿于线上线下全域时空的传播活动。

当下社会化传播研究侧重于社交媒体应用，一般是讨论这种传播方式或营销策略。但是，社会化传播并不只限于社交媒体，它包括每个互联网节点上的传播者，可以是机构也可以是个体。大众传播忽略个体存在，麦奎尔认为"大众"，"代表了一种无组织的、缺乏个人色彩的个体集合"①。但在社会化传播理论中，个体的存在得到充分的体现，甚至可以形成如克莱·舍基所说的"无组织的组织力量"。显然，社会化传播模式远比拉斯韦尔的 5W 模式要复杂得多。或许有人会说，社会化传播无远弗届，没有一个抓手怎么研究呀？但笔者认为它还是有边界的，也是有传播主体的，只是说它的边界相对模糊，传播主体多元化，传播也更加多样化和复杂化。

那么，能否构建一个社会化传播的理论体系呢？麦奎尔的大众传播理论体系分为六部分：理论、结构、组织、内容、受众和效果。参照麦奎尔的理论体系架构，笔者提出社会化传播理论体系的构想，也分为六部分：基本理论、媒介形态、内容与服务、关系与连接、用户与互动、效果与效用。这一理论体系还涉及社会学、管理学、政治学、文化和信息科学等领域。此外，系统研究、社会网络分析等方法将成为重要的分析工具。这些只是初步设想，更为完善的理论体系还有待于这一理论研究的全面展开。

（本文原载于《浙江传媒学报》，2018 年第 2 期，有改动）

---

① ［荷］丹尼斯·麦奎尔著，崔保国、李琨译：《麦奎尔大众传播理论》（第五版），北京：清华大学出版社 2010 年版，第 44 页。

# 内地电视在香港传播初探

## 一、研究起因及方法

对外传播是国际竞争中继政治、军事、经济之后的"第四战场"。在全球化背景下，对外传播力已成为一个国家"软实力"的重要体现。改革开放三十多年，中国成为世界上举足轻重的政治强国和经济大国，但文化影响力方面却没有得到相应的提升。因此，研究对外传播策略、增强文化传播效力已成为目前国家精神文明建设、构建积极正面的国家形象以及进一步提升国际地位的当务之急。

中国对外传播研究是在引进西方传播理论的基础上迅速发展起来的，与之相关的两个领域，即跨文化传播和国际传播，都出现了大量的论著。电视作为大众传媒，是中国对外传播过程中最有效的传播工具，在传播国家政策、经济发展、社会状况、文化传统等方面承担主要责任。"电视对外宣传的理论探索这十多年来也有发展。20 世纪 90 年代前半期，理论界在电视对外宣传方面讨论较多的是宏观问题，诸如：开展电视对外宣传的必要性、重要性；对外宣传的功能作用；对外宣传的基本原则、基本内容等战略性问题。到了 90 年代后半期，理论界的研究逐步从宏观转向微观，开始重视操作层面的问题，如电视对外宣传具体应该怎么做，应该注意哪些问题，语言画面应该怎么处理，主持人的风格应该如何把握等战术性问题。"[1] 近年来也有一些新的研究，如阎立峰在《对外华语电视节目的文本、受众和机构》一文中提出对外华语电视在节目内容、目标和制播机构等方面应处理好的几对关系；张长明的《全面构筑电视外宣新格局》则从宏观战略层面提出电视外宣的新任务、新构想；张建敏和邹定宾的《中国电视对外传播的现状、问题及应对策略》在分析现状和问题的基础上提

---

[1]  刘习良：《中国电视史》，北京：中国广播电视出版社 2007 年版，第 390 页。

出应对策略；陈燕如的《运用跨文化传播原理增强电视外宣效果》则从跨文化传播视角来进行讨论。

但是，总观目前研究现状，不难发现：①研究方法较单一，思辨方法占多数，基本是由问题、论证和结论三部分组成的思辨型，而缺乏适当的切入点；②研究的现实针对性较弱，多停留在概念、策略、问题、建议上的泛泛而谈，缺少定量和定性的实证分析。这种困境的出现既有客观限制，如地理距离遥远，也有中国传媒机构发展尚未成熟等主观因素，可以说，基于受众调查的传播效果研究是目前中国对外传播研究的关键瓶颈。

本文之所以关注香港地区的境内电视传播研究，原因不言而喻。香港作为毗邻内地的国际化大都市，可以说是内地电视向海外发展的一个重要跳板。目前，中国内地、中国台湾及海外国家和地区的电视均以平等条件进入香港付费电视网（包括有线电视、网络电视和卫星直播电视）。可以说，无论在技术层面还是在市场方面，香港都为内地电视对外传播提供了一个与国际竞争的平台。同时，基于香港与内地在社会制度和文化差异上的考量，选取香港作为研究对象对于中国电视对外传播研究具有现实意义和理论价值。对内地电视在香港的传播情况进行实地调查和深入研究，一方面可以了解中国电视对外传播的实际效果和影响力，进而有针对性地提出建议和对策；另一方面也填补我国对外传播实证研究的空白，提高对外传播和跨文化传播的学术水平。

本次问卷调查主要由暨南大学新闻专业香港籍学生在香港实地开展。问卷共计514份，时间从2007年11月1日到2008年3月30日，调查对象是收看过内地电视的香港市民。问卷的具体内容设置主要包括三个方面：收看电视人群的数据、收看内地电视的现状以及对内地电视的态度。鉴于调查地区和人群的特殊性，以及资金和人力资源等限制，本次调查未能对受众进行概率抽样，而是采用在公屋（租政府的屋）、居屋（分期买政府的屋）、私人楼（私人买下商家的楼，与政府无关）等差异化市民居住地附近进行访问的形式展开，力求覆盖全港不同阶层。

内地电视在香港传播是一个复杂的系统，问卷无法调查到深层次的问题，因此深度访问同样重要。我们还对一些香港市民、学者以及电视机构负责人进行访谈，深入了解传播现象背后存在的问题。

## 二、香港的电视传播

香港虽然是弹丸之地，但是作为一个国际化大都会，独特的多元文化相互交融。香港免费电视的四家持牌机构均为香港媒体，即香港"无线"（TVB）和亚视（ATV）两个台共四个频道，只有收费电视市场向香港本土以外媒体开放。截至 2006 年 8 月底，香港本地收费电视节目服务中，只有 29.7%（71 条频道）属于本地制作，另外 70.2%（168 条频道）则是购自中国香港以外的地方，包括美国 29.3%（70 条频道）、中国内地 8.4%（20 条频道）、中国台湾5.4%（13 条频道）、日本 5.4%（13 条频道）、欧洲国家 7.1%（17 条频道）及其他国家和地区 14.6%（35 条频道）。由图 1 可见，在中国香港收费电视市场中形成两大收视集团，中国香港和美国为第一集团，各占近三分之一的市场份额，中国内地及其他国家和地区为第二集团，分割 40% 左右的市场份额。

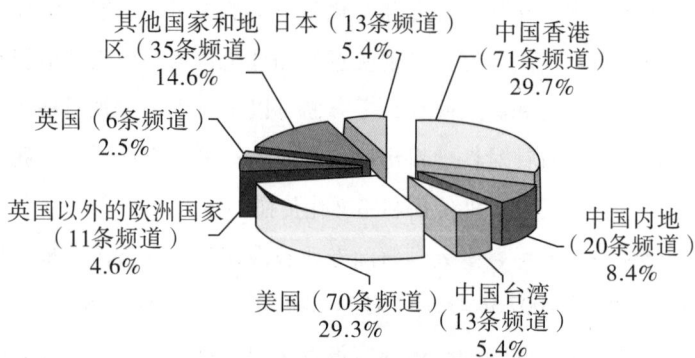

**图 1　香港本地收费电视节目服务的节目来源**[①]

20 世纪 80 年代，香港电视工业正和香港的经济一样处于黄金时期。两大商业电视台"亚视"和"无线"为了提高收视率均各出法宝，而电视剧便成为争夺观众的最大砝码，也为内地电视剧打入香港提供了机会。内地电视开始通过购片方式进入香港，主要是深受观众喜爱的电视剧。此外，制作精良的纪录片也逐渐获得香港人的青睐。

进入 21 世纪，特别是中国"入世"之后，随着内地电视制作水平不断提

---

① 《广播事务管理局年报 2006—2007》：http://sc. info. gov. hk/gb/www. hkba. hk/cn/annual2007/scene7. htm。

高，内地电视进入香港呈现多样化、多形式、多层次等，两地媒体的互动也与时俱进。我国加入WTO之后，根据对等落地的原则，一方面是"请进来"，香港电视频道在珠三角地区合法落地，进入广东有线电视网；另一方面是"走出去"，内地电视频道通过直接落地和间接落地两种方式纷纷进入香港。CCTV-1、CCTV-4和CCTV-9部分节目通过香港两个免费电视台英文频道进行转播或直播，凭借主流媒体的知名度和影响力，让市民渐渐加大对内地电视的直观认识。同时，中央电视台和部分省市电视台整频道进入香港有线电视网、宽频电视、卫星电视等平台，使部分香港市民能更及时、更完整地收看内地的电视节目，全面了解内地资讯和风土人情。

目前香港受众主要通过电视、网络和影视录像了解内地电视，其中通过电视收看内地节目的人最多（83.8%），具体而言包括免费电视、卫星电视及收费电视等平台。由于网络的普及和应用，通过网络收看的人也占36%。新媒体特别是网络的应用在电视对外传播中的作用不容忽视。而购买影视录像等文化产品也成为市民收看内地电视节目的途径之一。（见表1）

表1　收看内地电视节目的途径（多选）

| 途径 | 占调查总人数百分比（%） |
| --- | --- |
| 电视 | 83.8 |
| 影视录像 | 13.6 |
| 网络 | 36.0 |
| 其他 | 0.7 |

各类电视节目在香港都拥有广泛而忠实的受众群。相关调查显示，香港市民包括学童在内，平均每天花费2~4小时收看电视。而在我们调查收看内地电视节目的香港受众中，平均每星期花1~2小时以内的有64.8%，2~3小时及以上的人只有35.1%，更有18%的受众一星期收看内地节目的时间只有15分钟。由此可以看出，内地电视在香港还没有形成一个收视定式。（见表2）

表2　平均每星期收看内地电视节目的时长

| 时长 | 百分比（%） | 累计百分比（%） |
| --- | --- | --- |
| 15分钟 | 18.0 | 18.0 |
| 30分钟 | 17.1 | 35.1 |

（续上表）

| 时长 | 百分比（%） | 累计百分比（%） |
|------|------------|----------------|
| 1 小时 | 14.8 | 49.8 |
| 1~2 小时 | 15.0 | 64.8 |
| 2~3 小时 | 13.4 | 78.1 |
| 3~4 小时 | 6.1 | 84.2 |
| 4~5 小时 | 4.8 | 89.0 |
| 5~10 小时 | 5.7 | 94.6 |
| 11 小时以上 | 5.1 | 100 |
| 合计 | 100 | |

多元共存的电视生态环境使得香港以外地区媒体在香港的竞争越演越烈。因此，考察香港受众对收看内地电视频道的态度，有利于客观评价内地电视在香港的传播效果。

## 三、香港受众对内地电视的态度

香港受众对内地电视节目的基本态度如何呢？调查结果显示，选择"喜欢"和"非常喜欢"内地电视节目的受众共有 32.7%，表明虽然内地电视进入香港时间不长，但是已经取得了不俗的收视成绩；选择"一般"的有 58.4%；而选择"不喜欢"和"非常不喜欢"的共有 8.9%。可见，受众对内地电视持中立态度居多，而这些游离人群对于内地电视来说是十分重要的待开发受众资源。（见表 3）

表 3　受众对内地电视节目的态度

| 态度 | 百分比（%） | 累计百分比（%） |
|------|------------|----------------|
| 非常不喜欢 | 2.6 | 2.6 |
| 不喜欢 | 6.3 | 8.9 |
| 一般 | 58.4 | 67.3 |
| 喜欢 | 30.3 | 97.6 |
| 非常喜欢 | 2.4 | 100 |

那么，香港受众最经常收看的内地电视节目有哪些类型呢？调查发现：新闻（52.6%）、电视剧（46.4%）、综艺娱乐（41.1%）位列前三，收看体育、电影、资讯和纪录片的人也不少。这一收视特征与香港受众收看本地电视节目的情况有较大差别，相关调查显示，香港市民包括学童在内，收看电视剧的比例远远超出其他电视节目。这一方面表明香港及境外的娱乐节目做得更好，另一方面也反映香港市民对内地资讯有很大的需求。（见表4）

表4　最经常看的内地电视节目类型

| 节目类型 | 占调查总人数百分比（%） |
|---|---|
| 新闻节目 | 52.6 |
| 财经节目 | 6.7 |
| 综艺娱乐节目 | 41.1 |
| 体育节目 | 25.8 |
| 资讯节目 | 23.6 |
| 电影 | 24.9 |
| 音乐节目 | 15.8 |
| 卡通节目 | 5.4 |
| 纪录片 | 20.6 |
| 电视剧 | 46.4 |
| 其他 | 1.8 |

过去，中国在对外传播的定位上以文化艺术为主，但在当今这个资讯全球化时代，境外面对一个和平崛起的中国必定有更多的资讯需求。"突出时效新闻应该成为现阶段对外华语电视的主攻方向和舆论引导的重点。具体实施上，对外华语新闻应致力于拓展资讯题材的范围，在信息的实用、准确、时效和趣味等方面下功夫，并注意使传播方式和节目形态适合海外观众的思维、语言习惯。"[1] 因此，内地电视在香港的传播内容需作调整，适度增加时效资讯的播出。

――――――――――

① 阎立峰：《对外华语电视节目的文本、受众和机构》，《现代传播（中国传媒大学学报）》2007年第2期，第50页。

迄今内地电视在香港落地的电视频道多达20个，调查发现香港受众认知度比较高的内地电视频道依次有：CCTV－4、CCTV－9、CCTV－新闻、湖南卫视、广东电视台珠江频道、广东体育台、CCTV－5、东方卫视、广东卫视、北京电视台等。（见表5）

表5 香港受众收看过的内地电视频道（多选）

| 电视台名称 | 所占总人数百分比（%） |
| --- | --- |
| CCTV－4（中国中央电视台中文国际频道） | 48.5 |
| CCTV－9（中国中央电视台英语国际频道） | 27.3 |
| CCTV－11（中国中央电视台戏曲频道） | 12.0 |
| CCTV－新闻（中国中央电视台新闻频道） | 27.0 |
| 东方卫视 | 13.5 |
| 广东电视台珠江频道 | 15.4 |
| 深圳电视台新闻综合频道 | 11.1 |
| 神州新闻台 | 4.1 |
| 南方卫视 | 9.7 |
| 中国电影频道 | 8.7 |
| 云南卫视（华语频道） | 4.1 |
| 陕西卫视 | 2.8 |
| 重庆电视台 | 1.7 |
| 新疆电视台 | 2.2 |
| 广东卫视 | 12.7 |
| 湖南卫视 | 21.5 |
| 北京电视台 | 12.2 |
| 东南卫视 | 6.5 |
| 点心卫视 | 2.8 |
| CCTV－5（中国中央电视台中文体育频道） | 13.6 |
| 广东体育台 | 14.6 |
| 其他 | 10.0 |

虽然CCTV－4在2007年底才正式落地香港，可是由于部分节目在香港免费电视台播放，所以受众对CCTV－4的认知度比较高。此外，CCTV－9、CCTV－新

闻、湖南卫视、广东电视台珠江频道等均以各自的特色占有特定的受众群，这说明了分众传播的需求。

除了频道的选择之外，受众的节目偏好又如何呢？调查发现，促成香港受众收看内地电视节目的原因虽然多种多样，但是相对而言主要集中在对某些节目的偏好、有兴趣（46.9%），节目题材吸引人（33.8%），热门话题（24.9%），演员/主持人有魅力、吸引人（24.2%），节目质量高、制作认真（14.5%）等几个方面。（见表6）而另一方面，对于那些不选择收看内地电视节目的市民来说，题材不吸引人、没兴趣（44.8%），频道选择多、不是首选频道（42.3%），节目内容古板或不够深度（21.3%）是他们放弃收看的关键因素。（见表7）

表6　收看内地电视节目的主要原因（多选）

| 收看原因 | 占调查总人数百分比（%） |
|---|---|
| 报刊或电视台等媒体的节目预告 | 11.7 |
| 媒体点评过 | 7.2 |
| 大家都认为好 | 8.7 |
| 演员/主持人有魅力、吸引人 | 24.2 |
| 对某些节目的偏好、有兴趣 | 46.9 |
| 热门话题 | 24.9 |
| 节目题材吸引人 | 33.8 |
| 节目质量高、制作认真 | 14.5 |
| 其他 | 10.2 |

表7　放弃收看内地电视节目的主要原因（多选）

| 放弃收看原因 | 占调查总人数百分比（%） |
|---|---|
| 题材不吸引人、没兴趣 | 44.8 |
| 节目内容古板或不够深度 | 21.3 |
| 看不懂，主要是语言问题 | 13.2 |
| 看不懂，主要是文化问题 | 10.5 |
| 频道选择多、不是首选频道 | 42.3 |
| 安装费和月费贵 | 9.6 |
| 其他 | 3.8 |

两相对比不难发现，可谓成也萧何败也萧何，节目题材成为能否吸引香港市民收看的关键之处。香港是一个现代化的商业社会，生活于其中的香港市民普遍面临着生活节奏快、工作繁忙、压力大的困扰，电视节目可以帮助人们"逃避"现实生活的压力和负担，带来情绪上的放松舒缓。把看电视当作娱乐消遣已成为香港人强大的思维定式。正因如此，题材选择能否满足市民休闲娱乐的文化需求成为提高内地电视收视率的重要突破口。这也可以表明为什么多年来内地历史剧一直赢得香港观众的热捧。脱离现实的情景容易让香港人产生遐想，追寻梦想，从而得以休闲娱乐。此外，随着中国在国际上的地位迅速上升，内地经济的发展、文化的魅力都能引起境外受众的好奇和兴趣。以《故宫》为代表的大型纪录片在香港获得很大的反响也是一个题材选择成功的范例。

## 四、问题讨论及对策

内地电视在香港的传播从无到有，经历了发展的起步阶段。但在实地调查过程中，笔者发现很多的香港人并没有收看过内地节目，大约六个人中只有一个人看过内地电视。即使在这一部分收看内地电视的观众中，收视时长等各方面指标也不甚理想。这说明目前内地电视在香港还是一个相对小众的传播，只有落地没有观众成为内地电视对外传播困境的突出表现。

尽管香港与内地同宗同文，但由于历史的原因，香港文化形成一个岭南文化与外来文化的结合体，它与传统的中原文化还是有较大差异的。香港回归已逾十年，仍有不少香港人因语言和文化问题看不懂内地电视。香港中文大学陈滔文教授认为，内地电视在文化上脱离香港现实及审美标准。以电视剧为例，革命战争和现实生活的题材完全不符合香港人的口味，因此他们一般会选择内地历史剧或文学作品。香港浸会大学传理学院传播系主任马成龙特别提到了北方的一些电视节目，如电视剧《马大帅》和赵本山的小品，香港人看不懂，更理解不了其中的语言幽默。目前，由于语言文化的不同，香港人收看内地电视节目的不多，主要为听得懂普通话的新旧"移民"。

"对外华语传播某些意义上是跨越多种生活方式、社会制度以及价值观的传播，因此报道方式、切入视角、观点阐述、语言风格等应符合海外华语受众的接受习惯。"① 不可否认，近年来确有一些内地优秀电视节目受到香港受众的好评，但从总体上来看，无论专家学者、业界人士，还是普通香港市民，在深度访谈中几乎无一例外地谈到了内地电视节目内容针对性差这一缺点。解决这一症结需要我们在传播观念、传播路径和组织模式上均有所创新。

1. 传播观念创新

一直以来，中国电视的对外传播被称为对外宣传。然而，这种以传者为中心的外宣模式还是在很大程度上忽略了受众的体会与感受，因此造成虽然目前中央电视台覆盖136个国家和地区，但"从总体来看，我们在国际舆论角逐中的议程设置和话语权相对较弱，我国文化信息在各国媒体中传播量较小，国际影响力不够"②。

在全球化背景下，我们应该变对外宣传为对外传播，在一个开放和平等的国际社会里，"一个真诚而又自信的时代中国形象才更有亲和力，更易吸引和说服海外的主流群体，以中国当代文化作为主要传播内容的电视节目也更具普适性和国际竞争力"③。

2. 传播路径创新

"经过十几年来的电视外宣实践和探索，我国电视对外宣传的主要渠道和形式发展为四种：本土发射、'借船出海'、借助外力和商业销售。"④ 内地电视也通过多种形式进入香港。以进入香港付费电视中的内地频道为例，大致可分为三类：一是中央电视台系列频道，二是部分省市电视频道，三是香港与内地合作打造的播出平台，如神州新闻台、点心卫视等。前两类，内地电视内容供应商（电视台）向香港运营商提供内容产品（频道），后一类则是内地电视媒体与香港传媒更紧密合作，即合资合营媒体（频道），如广东电视台与香港传媒机构合办的"点心卫视"，只是目前这种合作还处于初级阶段。

随着电视全球化的发展，内地电视应优化传播渠道，创新传播路径，加快走向世界的步伐。除了积极扩大在香港收费网络覆盖范围外，还应加强与香港

① 阎立峰：《对外华语电视节目的文本、受众和机构》，《现代传播（中国传媒大学学报）》2007年第2期，第51页。

② 赵化勇：《充分发挥电视在提高国家文化软实力中的作用》，《人民日报》，2008年3月26日。

③ 阎立峰：《对外华语电视节目的文本、受众和机构》，《现代传播（中国传媒大学学报）》2007年第2期，第50页。

④ 刘习良：《中国电视史》，北京：中国广播电视出版社2007年版，第388页。

电视媒体间的合作，特别是与两个免费台的合作，借助香港电视台的知名度和覆盖面培育受众市场。

展望未来，数字内容产业必将成为广电产业集群中的核心产业。内地电视应以前瞻性的眼光抓住这一重要发展机遇，充分利用新媒体优势突破传播渠道的局限，扩大受众接触面。如香港的网络电视发展迅速，而且拥有大量的年轻受众，内地电视应该积极争取这一部分受众，因为他们是香港的未来。

3. 组织模式创新

对外传播的路径虽然很多，但是如何进一步发挥效用，还取决于传播和运营的组织模式。中国对外电视机构基本沿袭着计划经济下"大外宣"的组织模式，资金来源主要是政府和"以内养外"并举，以致中国对外传播在资金投入上一直面临捉襟见肘的窘迫。广东电视台珠江频道境外业务负责人坦承：虽然我们已经落地香港，目前基本上还是处于"放水养鱼"的赔钱阶段。

"市场是检验产品的风向标和重要标准，只有受到国外观众的欢迎才能证明你不仅'走出去'而且'走进去'了，只有取得海外市场的收益才能证明你的产品出口是成功的，中国广播影视企业和产品只有变'以内养外'为'以外养外'才能说它真正在海外市场站稳了脚跟，才能说它拥有广泛而忠实的国外消费群，才能实现我国广播影视'走出去工程'的可持续发展。"① 以市场为导向的对外传播拥有多种运营模式：版权输出、版权合作、资本运营、海外上市等。通过这些新的模式，既可以建立利益共同体，又可以更好地实现本土化传播。目前受政策和体制所限，内地传媒与外资合作有一定的难度，但完全可以把这种合资合营移到境外去办。只有进入传媒市场和实现资本运营，对外传播事业才能形成可持续发展的文化产业。

[本文原载于《华南理工大学学报（社会科学版）》，2009年第12期，原文名为"内地电视在香港传播初探——以落地香港的内地电视频道受众为研究对象"，作者：谭天、张蕾、陈秀文，有改动]

---

① 谭天：《走出去，更要走进去——从广东电视台'走出去'战略说起》，《青年记者》2008年第10期，第26页。

# 从"走出去"到"走进去"

当今世界，国际竞争日趋激烈。要在竞争中赢得主动，不仅需要强大的硬实力作基础，而且需要强大的软实力作保证。电视媒体作为信息发布、文化传播的重要载体，在提高国家文化软实力中发挥着越来越重要的作用。2001 年 12 月 24 日，国家广播电影电视总局开始实施广播影视"走出去工程"，大力推动影视文化企业和产品走出去。在短短的几年里，中央电视台、中国国际广播电台加强了全球覆盖，中国电视节目通过各种渠道进军海外市场，不少优秀作品频频在国际电影节获奖。然而，我们不得不正视这样的现实——当今国际传播仍然为西方媒体所主导，西方主流社会仍然很少能从我们的影像中了解今天的中国，这就需要我们实事求是地审视当下的中国电视对外传播并找出改进的办法。

## 一、现实解读：从对外宣传到对外传播

当今中国电视对外传播处于一个什么样的态势呢？早在 20 世纪 90 年代，中央电视台就开始与海外电视媒体开展各种业务合作并开办了英语频道。目前，中央电视台有中文、英语、法语、西班牙语四个国际频道和一个长城平台，节目覆盖 136 个国家和地区，其中中文国际频道实现了亚洲、欧洲、美洲分版播出，英语国际频道在 42 个国家和地区入户总数达 5 000 万，中文国际频道在海外入户超过 1 500 万。长城美国平台用户数 5.7 万，成为北美最大、成长性最好的中文平台。此外，一些地方电视台也陆续建立自己的对外窗口，如中国黄河电视台、中华卫视神州台等先后在境外落地。同时，我国的影视产品也通过各种管道销往海外市场。那么，整个传播效果如何呢？我们一直缺乏我国电视对外传播效果的定量分析，最近暨南大学新闻与传播学院开展的研究项目"内地电视在香港传播研究"，率先采用问卷调查和定量分析的方法，对内地电视在境外传播进行了研究，调查的结果并不令人乐观，平均六个香港市民中仅有一人

看内地电视，且收看的时间都不长。① 对其他国家和地区，我们的传播力更弱。对此，中央电视台台长赵化勇认为："这一现实，迫切需要我们创新对外宣传方式方法，积极有效地影响国际舆论，变相对被动为相对主动。"② 如何变被动为主动呢？观念创新恐怕是最为关键的。

从传播学的角度来看，传者和受众是"走出去工程"的出发点和落脚点。我们先来看一下传者及其传播观，即我们的外宣工作及指导思想。长期以来，对外宣传一直是我国广播影视工作、新闻报道和文化交流中的一项重要工作。然而，"宣传"在英语里是一个贬义词，外国人对其是十分反感的。BBC 中国及北亚区总监李文认为：中国对外宣传是报喜不报忧，这样一来就会有两种效果：要么觉得你是假的，因为没有哪一个国家好得没有任何问题；要么就是觉得中国实在是太强大了，如此就为"中国威胁论"提供了口实。在全球化背景下，国际传播和跨文化传播已成为一个国家"软实力"的重要体现。为此，我们应该变对外宣传为对外传播，引进现代传播理论来指导我国广播影视"走出去工程"。

那么，什么是对外传播呢？"对外传播是指一个国家或文化体系针对另一个国家或文化体系所开展的信息交流活动，其目标是要信息接收国了解信息输出国，培养其友善态度和合作愿望，并创造一个有利于信息输出国的国际环境，取得最高程度的国际支持和合作。"③ 与西方国家相比，我国在对外传播中除了资金、技术、人才等方面存在明显的差距之外，还存在着一些障碍，主要在两方面：一是文化差异方面的障碍，对外传播实际上是一种跨文化传播，你认为是好的节目，人家不一定喜欢看，甚至看不懂。有些节目在国内热播，在国外却反应冷淡。比如有一部中国纪录片《一个人和一座城市》，在国内评价很高并获大奖，但外国人就是看不懂。所以说我们要学会用世界的语言来讲述中国的故事，这样才能让国外观众看得懂、喜欢它。二是意识形态方面的障碍，以美国为主导的西方话语霸权给我们的国际传播设置种种障碍，让我们遭遇文化贸易壁垒，这是一场政治与文化的博弈，这需要策略。如中央电视台与美国国家地理频道合作的纪录片《故宫》，中央电视台制作一个 12 集的国内播出版，

---

① 谭天：广东省广播电影电视局 2007 年度重点课题"内地电视在香港传播研究"。

② 赵化勇：《充分发挥电视在提高国家文化软实力中的作用》，《人民日报》，2008 年 3 月 26 日。

③ 廖声武：《全球化时代我国的对外传播策略》，《湖北大学学报》2005 年第 4 期。

同时美国国家地理频道剪辑成一个符合外国人观看习惯的上下两集的海外播出版。

　　"走出去"是从传者角度说的，是指传播区域由内向外；"走进去"则是从受众角度来看，是指传播的目标和到达的效果。中央电视台频道在海外落地，进入当地有线电视网，这叫"走出去"，但还要人家选择你这个频道，并且能看懂它、喜欢看它，这才叫"走进去"。那么，中国电视对外传播的受众群是哪些人呢？我国对外传播的目标受众可分为三大人群：外国人、海外华人、港澳台同胞。目前我们的影视节目在西方国家影响还很小，像张艺谋、贾樟柯等人在国际获奖的影视作品还是凤毛麟角。现今中国内地电视节目大多只能进入海外华语电视台和港台地区，小部分进入包括日本、韩国在内的亚洲国家。显然，中国电视走出国门后，能够走进去的只是目标国的少数族群——当地的华侨和华裔。目前我国内地广播影视"走出去"的对象主要是海外华人（华侨、华裔）与港澳台同胞，据不完全统计，这个受众群超过6 500万。但即使面对这样一个人群，在传播中还存在不少问题：一是力量分散，目前中国内地电视台和频道进入美国有线电视网络的有30多家，主要的传播对象都瞄准了人口不到300万的华侨、华裔人群；二是语言单一，我们面对的主要是深受中国文化影响的第一代移民，而对于第二代、第三代华人（华裔）影响则要小多了。融入所在国社会的华裔已成为不会说中文、不熟悉中国文化的"香蕉人"（黄皮白心），而这些华裔在海外华人社会中将逐渐成为主体，他们将成为我们对外传播的主体。当然，更大的受众群还是具有多种语言多元文化的世界各国人民，尤其是英语国家的民众，目前我们在这方面的影响力更弱。

　　诚然，中国电视要进军强势的英语世界和西方社会谈何容易，但是并非没有可能，半岛电视台已经给我们树立了榜样。世界需要多种声音，一个更加开放的媒体是进入国际传播的前提，中国电视经过半个世纪的发展和三十年的改革开放，是否具备进入全球传播的条件和契机呢？说到条件，我们应该清醒地看到：中国电视走出国门尚在起步，要实现全球传播和走进西方社会还有相当长的路要走。这需要我们从传播观念和传播机制上审视我们的对外传播，同时我们应该积极进行传播策略上的创新，探索中国电视对外传播的最佳路径和新的模式。

## 二、路径创新：从自建管道到"借船出海"

研究对外传播，不仅是传播学范畴的问题，还需要解决媒介管理方面的问题。2006 年，中共中央办公厅、国务院办公厅发布《国家"十一五"时期文化发展规划纲要》，提出加快实施广播影视"走出去工程"。概括起来为三大任务：增强广播影视有效覆盖、扩大广播影视产品发行和建立广播影视交流平台。那么，中国电视如何去完成这些任务呢？

目前中国电视"走出去"的传播路径主要有两种：第一条路径是自建渠道，即通过中国电视频道在海外的落地或影视节目自办发行，直接掌控平台和收益。我国广播影视"走出去工程"自启动以来在这方面取得了一定的成绩。然而，正如支庭荣博士所说："世界是平的，传媒是凹的。"[①] 要越过对外传播的鸿沟，要突破传媒市场的壁垒，单凭本国自身的力量是不够的。第二条路径是"借船出海"，通过对外交流与合作传播本国文化，已经成为很多发达国家输出价值观和意识形态的重要手段。"借船出海"在媒体运作上可以从三个方面去拓展：

1. 业务合作与内容提供

我们通过和国外媒体的合作，积极向海外主流媒体供片，让我国的影视节目逐渐进入海外市场，其盈利模式主要是出售节目的海外播映权。目前，中央电视台与 200 多个媒体机构建立了合作关系，与美、法、德、日等 20 多家媒体机构签订了框架性的合作协议；建立了遍布亚洲、大洋洲、北美洲、南美洲、非洲的国际营销网络，每年向海外媒体机构销售近 10 000 部/集电视剧、纪录片、专题片等各类节目。如中央电视台与美国国家地理频道合作的《故宫》，借用地理频道的品牌和管道把这部中国纪录片销到世界 140 多个国家和地区。"借船出海"具有丰富的内涵，既可以借助国外的传播管道和传播模式，也可以借助我们丰富的节目资源和市场换取国外的资金，还可以借鉴、学习和交流国际先进的制作和营销理念。我国电视对外交流合作机制还可以更加灵活开放，还应更加积极与国外媒体开展多层次、多形式的节目合作，开展双边或多边新

---

① 支庭荣：《世界是平的，传媒是凹的——对传媒经济特性和规律的一种诠释》，《现代传播（中国传媒大学学报）》2007 年第 3 期，第 93 页。

闻素材和节目交换，组织国际合拍节目，互办电视节等。

2. 合资合营传媒和频道

我们与境外媒体合办公司和频道，把中国电视对外传播的运作机构前插进目标国家和地区。广东电视台在这方面率先迈出了第一步。广东电视台的"走出去工程"包括两种模式：一方面广东电视台积极做好广东卫视、广东电视台珠江频道在中国香港、中国澳门乃至美洲、欧洲、大洋洲、东南亚等地的落地工作；另一方面就是广东电视台主动与海外投资机构和资本合作开办境外电视台，组建"海外兵团"，探索广东乃至中国电视产业与境外资源优化和整合的联合发展、互利双赢的新的发展模式。目前，广东电视台已经组建了两个境外电视频道：马来西亚"家娱频道"和香港"点心卫视"。

"家娱频道"是总部设在马来西亚吉隆坡的中文卫星电视频道，是广东电视台与境外媒体合办的第一个电视频道。经过一段时间的接触、谈判，在2005年6月，由广东电视台和马来西亚的一家电视制作机构合作开办。"家娱频道"目前主要是面向东南亚的华人，经过一年半的发展，现在已经进入了马来西亚、印度尼西亚、菲律宾、越南、老挝等国家的一些有线电视网，并且还进入了马来西亚的手机电视网。

经过充分调研论证，广东电视台利用自身所拥有的节目资源优势，支持、配合香港爱国爱港资本机构新开办一家粤语电视媒体，借此扩大电视外宣阵地，加大对粤港澳大湾区的宣传力度，扩大广东乃至中国内地对港澳地区的文化影响力及文化凝聚力。通过几年的前期谈判，2005年6月1日，经过与香港合作方的协商，签订了合作框架协议。2007年4月"点心卫视"通过亚太6号卫星发送上星，同时在香港Now宽带网播出。

3. 借助新媒体开拓新领域

"借船出海"中还有一条重要的"船"就是新媒体。新媒体给传统电视和对外传播展现了一个更加广阔的空间。广东电视台把他们的"走出去战略"与"新媒体战略"组合成产业化发展的"蓝海战略"，他们进一步解放思想，在拓展境外市场的时候不失时机地抢占新媒体市场。在对外传播中，良好的平台通道是关键。因此，广电系统的新媒体布局最终必然要考虑的是如何与电信运营商合作，这才是新媒体战略是否能够真正实施的关键所在。新的媒介技术给电视带来更多的传播管道，同时在内容供应上产生了巨大的需求，广东电视台瞅准这一机遇，利用多渠道、多方式在对外传播中寻找合作机会，探索新的合作模式。广东电视台在进军境外有线电视的同时还进入宽带网，而且大胆地引进风险投资，毅然收购香港3G手机，进军境外手机电视，开拓多媒体对外传播的空间。

在中国电视对外传播的策略选择上，"借船出海"无疑是最佳的进路，因为它有两大优势：一是节省运营资金，二是有利于本土化传播。问题是如何更好地实现本土化传播？这就需要对中国电视对外传播的组织模式进行创新。

## 三、模式创新：从"放水养鱼"到"市场导向"

中国广播电视拥有一个庞大的外宣体系，中央电视台及各省级电视台都设有司职"外宣"的海外中心或国际部，负责制作供海外播出的电视节目。我国电视外宣从邮寄磁带到卫星直传，从模拟电视到数字电视，从传统媒体到网络媒体，从单向传播到双向互动，在"硬件"上发展较快；但我们在创作理念、内容生产和节目运营等"软件"上变化不大，存在宣传味浓、形式呆板、运营不佳等问题。而市场拓展不足和产业功能欠缺则让中国电视在对外传播方面陷入投入不足、资金捉襟见肘的窘迫。如广东电视台珠江频道，每天都制作三个不同的播出版：一是在省内播出的版本；二是面对海外粤籍华人的珠江频道海外版；三是香港版，进入香港有线电视网播出。目前基本上还是"赔钱赚吆喝"，又叫"放水养鱼"，就是用电视台其他项目经营的收入来补贴外宣节目的亏损，即重在培育观众，不求经济收益。长期以来，我国外宣节目由于重生产轻经营、重政治轻市场，采取的是"以内养外"的经营方针，即以国内经营收益来补贴海外运营的亏损，节目出口只求社会效益不讲经济效益。这在短期内不失为一种策略，但长此下去就会陷入节目制作资金短缺、自身"造血"功能不强的困境，节目生产更多的是为了获奖而不是为了受众需求，势必影响节目整体质量和对外传播的可持续发展。

从传播主体来看，目前我国的对外传播基本上由国家唱主角，以政府为主导，民间传媒和民营企业的比重还很低。如何让民营影视和资本市场在对外传播中扮演更加积极的角色，是我们必须认真研究的重要课题。近年来，中国民营影视产业有了一定的发展，尤其在北京和广东，前者地处国家政治文化中心，有着十分丰厚的人文资源和制作资源；后者地处改革开放前沿，经济发展领先全国，市场体系比较完善，民间资本实力雄厚。这些地方都为民营影视产业的发展提供了良好的环境和土壤，中国电视"走出去工程"应充分利用民营影视制作这股力量，为此，一方面我们要推进制播分离，充分利用社会力量办电视；另一方面要整合中央与地方各种资源，组建进军海外市场的"联合舰队"。

　　海外很多观众对中国的了解往往来自影视剧，文化的传播是通过作品潜移默化来实现的。近些年国产电视剧的海外销售在走下坡路，这是让我们不得不面对的事实。笔者认为主要原因有二：一是由我国传统的影视生产体系所决定的，重创作轻市场、先生产后发行，而当今好莱坞电影公司都是发行公司，面向全球，以销定产。二是我国影视制作业总是认为国内市场很大，能在这块大蛋糕中切一点就可以了。从创作源头就没有考虑过海外市场，节目怎么可能卖得出去？那么，如何更好地了解和把握海外市场？与境外广播影视制作业同行展开更密切的合作是关键的一环。合拍的着眼点，应该放在海外市场。中国电视剧制作中心副主任张子扬则明确地提出："中国内地（大陆）与港澳台合作，现在是一个非常好的机会。大家应该强强联合，即整合各自最优秀的那部分资源，创作出能够传递'大中华文化'的作品，以此开拓亚洲市场，与日韩展开争夺。"① 促进中国内地（大陆）与港澳台电视媒体的合作，是实现华语电视全球传播的第一步。

　　面对全球传播的国际竞争，中国电视对外传播的内容生产还缺乏竞争力：一是题材单一，创新不足。目前许多国内影视公司热衷于古装剧和历史题材的节目制作，其实当今世界更关注当下的中国，外国观众更希望了解现实的中国社会。当然，还有一个问题就是这类影视节目由谁拍更好？外国人不了解中国的国情，中国人也不了解外国人的欣赏习惯。最好的办法就是联合制作合作经营，如中央电视台与美国国家地理频道、英国的 BBC、日本的 NHK 及"Discovery 中国新锐导演计划"等都是跨国合作。为此，我们还要建立和完善各种合作机构和交易平台，如中国国际电视总公司、中国（广州）国际纪录片节等。二是"走出去工程"既要有质量还要有数量，单凭一两个电视台自身的力量是无法生产出足够的优质内容的，各自为政的国内电视台和民营影视企业必须组织起来形成合力，中国电视的对外传播不仅需要内容生产商，更需要内容集成商和内容运营商。这里也有一个观念更新问题，就是我们不仅把电视节目看成宣传品和作品，看成一种打入国际市场的内容产品和文化产品。我们希

---

① 宋文娟：《2007 年电视剧市场：引进来　走出去》，《中国广播影视》2007 年 3 月。

望出现更多从事中国电视产品国际贸易的专业公司、中介代理和媒介运营商，不管是民营的还是国外的。

当今对外传播是在市场经济的基础上实施的，因此研究对外传播，不能离开传媒经济的范畴，不能离开全球经济一体化的现实背景。市场是检验产品的风向标和重要标准，只有受到国外观众的欢迎才能证明你的产品（节目）不仅"走出去"而且"走进去"了，中国电视只有取得海外市场的收益才能证明你的产品出口是成功的。中国电视媒体只有变"以内养外"为"以外养外"，即指中国电视对外传播直接在海外市场运营中取得收益，只有这样才能说明中国电视拥有了广泛而忠实的海外受众，只有这样才能实现我国广播影视"走出去工程"的可持续发展。对外传播活动既是一种传播行为，也是一种经济行为，以市场为导向的对外传播还有多种运营模式：版权输出、版权合作、资本运营、海外上市等，通过这些新的模式，既可以建立利益共同体，又可以更好地实现本土化传播。至此，中国电视要创建对外传播新的运营模式：应该充分利用传媒市场的杠杆作用，以市场为导向推动电视节目运营产业化，政府积极引导和大力鼓励民营影视企业走出去，而且加强和扩大与国外媒体的合作，做到国有、民营和外资"三驾马车"并驾齐驱，实现"以外养外"的良性循环，同时不失时机地进入新媒体领域，建立一个跨国界、跨体制、跨行业的国际传媒产业。

"在注意力发挥作用的领域，经济学规律无处不在；在影响力发挥作用的领域，文化的、符号的力量举足轻重。"① 中国电视作为一种文化产品，真正的"走出去"，不仅是节目卖出去，而且是文化输出去。我们的文化为对方所接受，才能真正做到"走进去"，走进西方主流社会中去。因此，我们要发展的不仅是注意力经济，而且是影响力经济。"走进去"的关键就是如何把文化资源转化为文化资本，令人遗憾的是一些优秀的中国传统文化没有为我所用，如美国人制作的《花木兰》和《功夫熊猫》。"如果中国文化创意不能借助市场力量，将自己的文化资源转化为文化资本，中国文化在全球的话语权将面临越来越大的威胁。"② 从落地到入户，从认知到认同，由局部进入到全面渗透，由"走出去"到"走进去"，我们的目标越来越清晰：市场化的目标是实现中国电

---

① 支庭荣：《世界是平的，传媒是凹的——对传媒经济特性和规律的一种诠释》，《现代传播（中国传媒大学学报）》2007 年第 3 期，第 95 页。

② 尹鸿：《〈功夫熊猫〉：我们只有文化却不能转化为文化资本》，http://blog.sina.com.cn/s/blog_ 482580270100axul. html。

视"走出去工程"的可持续发展，本土化的目标是实现中国文化的全球化传播。

（本文原载于《中国电视》，2009 年第 8 期，原文名为"'走出去'到'走进去'——论中国电视对外传播的策略创新"，作者：谭天、于凡奇，有改动）

# 社交媒体给少数民族带来的发展机遇

近年来，随着互联网技术飞速发展，社交媒体进入了人们生活和生产的各个领域，移动互联网、智能手机、大数据和物联网也让社交媒体插上了翱翔的翅膀。社交媒体不仅给崛起的中华民族创造了发展良机，也给欠发达的少数民族地区带来了很好的发展机遇，凭借极为广泛的社会化传播推动了这些地区的政治、经济、文化、教育等各个方面的发展。

## 一、少数民族地区传播的大好机遇

### 1. "一带一路"带来的发展契机

继国家提出西部大开发战略之后，我国又提出"一带一路"倡议。这一顶层设计由内到外，不仅充分依靠中国与有关国家既有的双多边机制，借助既有的、行之有效的区域合作平台，还借用古代丝绸之路的历史符号，高举和平发展的旗帜，积极发展与沿线国家的经济合作伙伴关系，共同打造政治互信、经济融合、文化包容的利益共同体、命运共同体和责任共同体。同时也惠及我国的少数民族地区，借此可以发掘少数民族地区的各种社会文化资源，使得这些地区在国家战略的推动下，成为连通世界各民族的桥梁与纽带。而少数民族地区独特的文化资源也为"一带一路"增添了多元文化的底色。

例如在藏区，社交媒体已几乎要取代专业媒体。苹果手机加装了藏语字库，所以藏民都喜欢使用苹果手机，我们可以把它看作西方先进科技挟带进来的文化入侵，但我们也可以利用它进行文化输出，把少数民族的文化传播出去。双向互动的社交媒体就是最重要的文化阵地，我们必须争夺这块重要的文化和舆论阵地。因此，在"一带一路"的背景下，互联网传播和社交媒体应用理应成为少数民族地区最重要的一项文化传播工程和社会发展战略。

### 2. 社交媒体带来的传播赋权

2000 年 4 月，国家实施西部大开发战略，笔者作为电视台的记者随广东省经贸代表团赴西安参加"第四届丝绸之路国际博览会暨中国东西部合作与投资贸易洽谈会"。当时处于中国互联网起步阶段，纸媒的记者可以通过互联网回传新闻稿件和图片。但电视新闻的视频信号还无法通过互联网传送，只好回来之后再发稿。2016 年 5 月，笔者再赴西安参加"融汇与承继：丝绸之路文化研究国际论坛"，此时笔者已不是记者，只是一名学者和游客。在大唐芙蓉园里笔者用手机拍下了"盛唐歌舞"，并把这段视频放到笔者的公众号上，得到很好的传播。这说明互联网和新媒体的赋权，使得少数民族地区每一个人都能够成为传播者，传播变得更为便捷和更加广泛。

社交媒体具有区别于传统媒体的新特征，无论在内容与形式上都对民族文化的传播产生巨大作用。它改变了受众的被动地位，调节失衡的传播生态，转变话语权，传播民族文化品牌，为少数民族经济文化的发展带来了新的机遇。可以说，社交媒体将有可能改善少数民族地区现状，或许它能为我国少数民族打开一个更大的通向外部世界、通往现代文明的窗口。

3. 社交媒体的社会结构作用

社交媒体具有很强的社会结构作用，不仅会形成新的传播形态，而且会形成新的社会发展推动力量。对于少数民族地区社会发展，社交媒体可以成为一种强大的社会结构力量，用得好，它会改变少数民族地区经济欠发达、地理位置偏僻、信息不对称和社会资源不足等劣势，给少数民族地区发展创造更好的条件，带来更多的机会。但前提是要高度重视少数民族地区社交媒体的开发利用，在国家战略和传播赋权的双轮驱动下，整合区域内外的力量，以社会化传播带动整个少数民族社会经济的发展，缩短与发达地区的差距，大力推动少数民族文化传播与文明建设。"一场前所未有的传播革命之火已经燃起，社交媒体正在改变着人类的交往方式和社会活动。"[1] 这对于少数民族地区社会发展也是前所未有的大好机遇，问题就在于我们能否抓住它。

## 二、社交媒体的高维传播与多重嵌入

依托社交媒体的社会化传播是一种高维传播，根据社会学的关系嵌入理论，少数民族文化及其他信息可以实现"多重嵌入"：一是嵌入互联网世界的社会

---

① 谭天、张子俊：《我国社交媒体的现状、发展与趋势》，《编辑之友》2017 年第 1 期。

网络，二是嵌入人际交往的关系网络，三是嵌入并利用宗教传播。

1. 民族文化在社会网络中的嵌入

在传统媒体时代，少数民族地区的媒介资源相对比较匮乏，虽然国家给予扶持和投入，但在对外传播和连通外部上仍然比较困难。微博、微信等社交媒体的出现，智能手机的普及应用，使得少数民族地区的信息传播变得更加容易，成本更低，传播范围更广，而且传受双方还可以实现互动。可以说，只要充分利用社交媒体，这些地区的文化可以更广泛、更深入地嵌入社会网络，从而借助互联网把这些地区的各种信息带到世界每一个角落。

2. 多元文化在个人关系中的嵌入

我国少数民族都有各自非常鲜明的文化特色，而这种独特性无疑更能满足互联网用户的个体需求和个性偏爱。如藏族悠扬的歌声、维吾尔族奔放的舞蹈、内蒙古草原的风光、回族独特的风俗，都能引起人们的好奇与好感，加上少数民族源远流长、丰富多彩的历史文化，都能引发外部的关注与兴趣。有些少数民族文化一旦形成品牌，会有更加强大的传播力。而双重叠加的传播力还会产生更大的影响力，把少数民族文化及其他信息推到世界的前台。我国少数民族文化也极为多样，有相对单一的民族地区，也有多民族混杂的地区，有较为强势的文化，也有相对弱势的文化。但这些文化都可以通过社交媒体联通与融合，如藏族三区卫藏、安多、康巴的人可能口语不通，但通过手机等社交媒体则可以联成一体。"只有民族的，才是世界的"，这句话在社交媒体上才能够更好实现。

3. 宗教传播的嵌入与利用

"随着现代化、全球化、媒介化进程的推进，宗教日益成为影响世界和平、国家统一、社会稳定、民族关系和谐的重要力量。"[①] 随着"一带一路"倡议的实施，宗教起着联系不同文化圈的作用，中国与沿线各国友好交往将会更加频繁，海内外宗教界的交流联谊将会更加紧密，宗教将成为国家软实力的名片和开展公共外交的重要资源。过去我们对宗教的认知存在不足，毛泽东同志曾对我国宗教研究的落后提出批评。2016 年 4 月 22 日至 23 日，全国宗教工作会议在北京举行，习近平主席出席会议并发表重要讲话。笔者认为，不研究宗教是

---

① 袁爱中、王阳：《少数民族宗教传播的价值、问题及对策分析》，《新闻论坛》2015 年第 12 期，第 100 页。

不能真正了解世界的，只有宗教的，才是世界的。爱国爱教也应该嵌入少数民族文化传播中，为我所用。甘肃天祝藏族自治县朵什寺第六世寺主多识活佛，另一位深孚众望的学者、藏汉翻译家和教育工作者，还是西北民族大学教授、博士生导师。他的微信公众号也做得很出色，不仅以现代语言诠释博大精深的藏传佛教文化，还在甘肃省民政厅的支持下建立多识爱心基金会，旨在通过社交媒体的传播力和文化的影响力，推动社区在教育、扶贫、健康、生态等相关领域的可持续发展工作。诚然，社交媒体的安全使用也值得注意，我们要防范境外宗教极端势力借助社交媒体入侵。

## 三、少数民族地区社交媒体面临的挑战

少数民族文化是在特定历史文化和地域生态中生长起来的，其文化特质拥有极高的价值，但远远没有得到很好的开发。目前我国的民族文化传播现状不容乐观，信息传播不对称，媒介生态失衡，种种因素都制约着少数民族地区的文化传播和经济发展。具体来看，目前社交媒体在少数民族地区的应用和推广主要存在以下困难和挑战：

### 1. 基础建设亟待加强

由于我国少数民族多居住在较为偏远落后的地区，基础的通信设施还不够完善。2014 年，笔者在新疆旅行时，在美丽的喀纳斯景区，由于无法使用网上支付而差点无法购票进入。所幸的是国家已经意识到并十分重视，正在加强 4G 网络在广大农村和偏远地区的覆盖，少数民族地区通信基础设施的改善只是时间问题。多年来，国家在少数民族地区通信基础设施建设方面已经有了很大的投资，基站布局日趋完整，网速带宽不断提高。硬件建设固然重要，但软件应用更加重要。尽管智能手机已经普及，移动社交唾手可得，但并不等于谁都会用，谁都能用好。笔者的研究生李玲等同学在云南省普洱市墨江哈尼族自治县所做的田野调查发现，使用社交媒体的大多是年轻人，许多老年人不愿意或不太会用，有的甚至认为手机上网是一件十分危险的事情。因此，在少数民族地区如何提高媒介素养和网络知识是一个亟待解决的问题。[①]

---

[①] 谭天、王颖、李玲：《农村移动互联网的应用、动因与发展——以中西部农村扩散调研为例》，《新闻与写作》2015 年第 10 期。

2. 观念素养有待提高

就用户而言，少数民族处于"弱势阶层"，他们的媒介接触条件与接触能力都相对较低，地位被动，难以发出群体的声音去主动传播本民族的文化。如何改变这一落后局面？我们可以采用"请进来"和"走出去"并举的办法：一方面，通过外来的帮扶人员和回乡归城青年，注入社会化传播的新生力量；另一方面，派出少数民族青年骨干到外面学习取经，培养自己民族的新媒体人才。

随着人类社会信息化发展的进程，社交媒体已成为大学生群体获取信息的重要源头。牛丽红和孙卉对少数民族大学生所做的调查发现，69.66%的学生经常使用社交媒体。但他们也发现一个不容忽视的现象，即社交媒体在大学生舆论形成过程中也产生着一定的负面影响。目前我国的社交媒体发展迅速，各种各样的社交软件层出不穷，往往因其匿名性和虚拟性等特点，让虚假信息到处滋生，加之大学生这样一个群体中的大部分和社会接触较少，不容易对虚假信息进行分辨，还有他们自身所固有的稚嫩和从众的心理，导致有些不法分子稍加引导，就会形成不利于社会发展、不利于社会稳定的舆论。因此，少数民族大学生的社交媒介素养亟待提高。[1]

社交媒体的迅速发展，使之成为政府在社交媒体上了解民情与民众意见的交流平台。它在一定程度上吸引着那些思想比较活跃，容易接受新事物和新观点的少数民族大学生。因为他们比其他群体更加关注国家动态和未来以及日常播报的新闻、突发事件、社会热点，同时也积极主动地发表自己的见解和意见。但是，由于目前政府部门对社交媒体舆论的引导经验不足，在某些社交媒体舆论危机产生的时候未能及时、主动地利用社交媒介与大众进行有效沟通，应对处理危机事件的能力还有提升的空间。由此可见，无论是受众还是传者，都需要加强观念素养培养。

3. 变数字鸿沟为数字机遇

目前少数民族文化在传播方面仍存在着信息不对称的实际困难。我国的少数民族居住范围广，主要散居于全国各地的一些偏远山区及边疆地区，大部分地区受地理因素制约，交通不便，经济发展滞后，信息相对闭塞。此外，少数民族的信息获取与信息接受能力较弱，民族文化的传播较多依赖民间的人际传

---

① 牛丽红、孙卉：《社交媒体背景下少数民族大学生舆论引导现状——以西北民族大学和甘肃民族师范学院为例》，《新闻论坛》2015年第12期。

播及村寨间的组织传播和群体传播，社会化传播在少数民族文化日常生活中的优势还不突出。因此，随着数字化浪潮的到来，数字鸿沟也有拉大的可能。这些地区与我国农村地区情况大致相似，虽然有智能手机，但许多人仍然把它当作功能手机使用。据调查，联系家人朋友，寻求、了解最新消息，解决疑难问题是当地群众使用社交媒体的主要目的。"新媒体发展水平的不平衡和文化传播主体的传播水平差异，是导致少数民族文化与主流文化之间差距进一步扩大的原因，但新媒体倡导的交互、平等、开放的传播方式，以及在此基础上营造出的传播网络，却在客观上为少数民族文化传播提供了更为广阔、平等的传播空间。"① 如何从解决少数民族地区网民亟待解决的困难入手，由"看"到"用"，从满足少数民族群众急迫需求切入，是变数字鸿沟为数字机遇的有效途径。

## 四、少数民族地区社交媒体的打开方式

那么，如何运用新媒体进行有效传播呢？针对少数民族传播中存在的信息形式陈旧、传播范围有限、传播影响力不足、传播业人才匮乏等问题，张芝明和张雷提出从四个方面来改进：一是创新传播文本；二是加强跨文化传播力度；三是增强媒介互动；四是打造核心团队。说得很有道理，具体到社交媒体的正确打开上，我们还要从基础设施、互动体验、深度融合、品牌管理四个方面发力。

1. "两微一端"成为标配

移动互联网时代的社交媒体就是移动社交，目前的主要应用是微博、微信和客户端（"两微一端"），这应该成为少数民族地区网络传播的标配。相对而言，微博和微信运营成本较小，应该大力推广；而微视频制作和 App 运营相对投入较大，需要政府大力扶持和对口单位支援。我们鼓励各大互联网平台接入这些拥有独特资源的少数民族地区，为他们打开通往世界的"窗口"。

然而，仅开通"两微一端"是远远不够的，还要提高服务水平和应用能力。社交媒体应用的"三驾马车"分别是政府、个人和互联网企业。首先，政

---

① 沈广彩：《数字鸿沟还是数字机遇——试论新媒体时代少数民族文化传播面临的机遇和挑战》，《新闻研究导刊》2016 年第 3 期，第 140 页。

府的引导和推动很重要，政府的网络传播要从宣教转向服务；其次，群众个人的力量不可忽视，所谓智慧在民间，要充分发挥自媒体的作用；最后，要连通少数民族区域内外的互联网企业，为社交媒体发展和应用提供更好更多的平台。

2. 互动体验秀出精彩

在过去的少数民族传播中，传统媒体信息传播形式陈旧，导致少数民族文化整体形象创造能力不足。对少数民族地区的自然景观、民族风情、风俗习惯的传播只是简单陈述事实，信息流于表面，未对背景信息进行深入挖掘，难以在信息传播过程中让受众留下深刻印象。这些传播使少数民族文化呈现表面化、浅层化，丰富性创新力较差，不利于少数民族文化整体形象的创建。作为全球化的社交媒体平台总是免不了被"本土化"，使用者总设法将自身的社会关系与日常生活嵌入其中，将其变成一种"地方化""情境化"的社交工具。但问题是如何实现由内向外的空间转向和文化转向？

符号互动学派的奠基人之一库利认为，自我是社会互动的产物。我们只有在与他人的互动中才能确定自我，我们总是试图塑造一个自我形象，以及观察判断别人对于这个形象的解读和态度，在综合比较"创造的自我"与"他人接受的自我"中来认识自我。而这些过程都需要"互动符号"的参与作为中介，例如社交媒体的表情符号。我们自身呈现的衣着是一种符号，别人对你衣着的反应所产生的表情亦是另一种符号。人们既需要符号去呈现自我，又需要符号来理解他人的反应，以此反过来确立自我。随着少数民族语音文字软件以及符号元素的开发应用，时尚的交互界面会让传播更易接受，良好的用户体验会让连接更为畅通。

3. 连接聚合深度融合

少数民族地区拥有着十分丰厚的历史传统，有着极其独特的人文价值，借助社交媒体可以聚合海内外力量来共同开发。当今社交媒体是一个很好的聚合平台，它具有聚合资源、响应需求、创造价值三大功能，考古发掘、景观展现、文化传达、保护传承以及各种深度发掘，都可以为少数民族地区提供有形和无形的帮助。笔者认为，社交媒体在少数民族地区的传播应该是双向的，只停留在单向传播和简单展示是远远不够的，还需要通过连接一切来聚合资源，通过实时交互来响应需求，通过深度挖掘来创造新的价值。

当今社交媒体应用已不能单打独斗，需要整合成新媒体矩阵，在互联网上形成少数民族文化传播的合力。一方面，需要整合少数民族地区的社交媒体，不只是官网、官微，还要聚合各类自媒体，形成少数民族文化传播的统一战线。另一方面，要对接各大互联网平台，"借船出海"。而少数民族文化的独特魅力也是吸引各大平台的一大亮点，但需要整合起来才能实现其传播价值和商业价值。

4. 对外传播打造品牌

少数民族文化品牌的核心实质是文化内涵，即品牌所凝聚的价值观与生活态度，这些精神象征具有唯一性，铸就了少数民族文化品牌的灵魂。传播少数民族文化品牌的有效途径之一就是打造精品、塑造品牌，而社交媒体可以助推少数民族文化在传播的过程中完成品牌塑造。除了形成新媒体矩阵之外，线下的力量也不可忽视。其实，决定社交媒体应用的力量还是在线下，政府、企业和传统主流媒体，还有内地发达地区对口帮扶单位，都是推动社交媒体应用和发展的力量。

欧文·戈夫曼在《日常生活中的自我呈现》一书中讨论：人们在互动过程中是如何在他人心目中创造出一个印象，人们运用了哪些技巧来控制别人对于自己的印象。他的理论被称为"印象管理"。张艺谋的大型实景演出"印象"系列有不少就是对少数民族的印象管理和文化传播。社交媒体的接入是一个关键，一方面要应用 H5、VR 和 AR 等新技术改善用户体验，笔者曾欣赏过一些表现少数民族节庆民俗的 H5，画面动感十足，交互体验也不错。如广西的"壮族三月三"主题曲 MV《广西尼的呀》已成为壮族神曲，并在微信上疯传，达到 100 000 + 阅读量、点赞 882 个的良好效果。稍感遗憾的是近千条评论中，绝大多数是广西人。如何加强对外传播应该成为今后努力的方向，须知社交媒体已不是一个覆盖范围有限的地方媒体。另一方面要构建一些生活场景，如节庆活动、生态旅游、美食购物、特色民宿等，以增强用户黏度，民族文化需要消费升级。

展望未来，在政府、组织和民间的共同努力下，社交媒体将释放更大的传播能量和正向效应，一个开放、健康、发展的少数民族社会正在构建中，它将给少数民族地区和民众带来更多的福音。

（本文原载于《新闻论坛》，2017 年第 12 期，有改动）

# "海上丝路"研究的新思维

在"一带一路"合作发展和建设海洋强国的时代背景下，"海上丝路"研究日显重要。早在"陆上丝路"之前，就有了"海上丝路"，然而相关研究却相对滞后。笔者认为"海上丝路"研究需要加强，需要拓宽视野，采用新思维、新方法。

## 一、丝路研究需要拓展视野

"丝绸之路"的命名是 1877 年由德国地理学家李希霍芬提出的，指的是从公元前 114 年到公元 127 年，中国河套地区以及中国与印度之间，以丝绸贸易为媒介的这条西域交通路线。其中，西域泛指古玉门关以西至地中海沿岸的广大地区。后来，史学家把沟通中西方的商路统称"丝绸之路"。因其历史上下跨越两千多年，涉及陆路与海路，按线路划分，有"陆上丝路"与"海上丝路"之别。

近年来，人类学界倡导以文字书写的有无为标准，重新划分大、小传统，即将有文字以来的传统视为"小传统"，将先于和外于文字记录的传统视为"大传统"。这样来看，"丝绸之路"的命名恰好是着眼于以文字记载的张骞通西域事件为起点，属于典型的"小传统"知识范围内的命名，缺乏更加深远的"大传统"之观照，也就完全忽略了夏、商、周以来中原国家对西域重要战略资源的依附关系及玉石贸易通道，无法洞察所谓"丝绸之路"的前身其实正是"玉石之路"。从全球范围看，比丝绸要早得多的跨地区的国际贸易对象是玉石，以及由玉石资源开发所派生的金属矿石。

然而，对"玉石之路"的学术研究直到最近几十年才开始，从四千年之久的"玉石之路"发展演变为有着两千多年历史的"丝绸之路"，这期间的全过程，值得进行多学科的深入探讨。不论是丝绸贸易之路，还是茶马古道、香料之路等，都是在文明史的"小传统"中出现的，都不具备文明产生的动力意义。只有新石器时代末期以来的文化、贸易通道才具备这样的意义。对于这样的文化传播通道的研究，仅从文献检索与分析是远远不够的。

笔者在研究中日不同版本的纪录片《新丝绸之路》时发现两种不同的文明观，由此提出："有人说'只有中国的，才是世界的。'"笔者认为这句话也可以反过来说，"只有世界的，才是中国的"[①]。文化不是单向的输出，而是双向的传播，在这种传播中融合发展。在广州南越王墓出土文物中有一件与中国传统的器具风格迥异的银盒特别引人注目，那闪闪发光的花瓣显得尤为突出，与古波斯帝国时期的文物十分相似。出土时在主棺室，银盒内有十盒药丸。经专家们研究，认为这件文物是波斯产品，银盒里的药丸很可能是阿拉伯药。这一文物印证了西汉南越时期东西方文明的交流。（见图1）

图1　广州南越王墓出土的银盒

我国"海上丝路"的研究需要拓展视野、创新思维，甚至需要重新审视原有的研究范式和研究思路。我们不仅要在时间维度上延展，还要在空间维度上拓宽；不仅要把小传统置于大传统之中，即把两千多年的"丝绸之路"发展置于时间更长的中华文明史之中，我们还要把视野推向全球，推向整个人类文明发展史之中来研究，尤其是对"海上丝路"的研究，因为航海是世界性的人类活动。

---

① 曾丽芸、谭天：《两种文明观：中日版本纪录片〈新丝绸之路〉的对比分析》，《视听》2016年第4期，第35页。

## 二、研究新视角："海上瓷路"

2013 年笔者在 CNKI 上键入"丝绸之路"，检索到 13 053 篇相关文章，而"海上丝路"的相关文章仅有 695 篇。由此可见，我国对于"陆上丝路"的研究远远超过"海上丝路"的研究。在 CNKI 上可以查到的研究"海上丝路"的最早论文是 1982 年发表在《文物》上的《说汉唐间百戏中的"象舞"——兼谈"象舞"与佛教"行像"活动及海上丝路的关系》，这是从戏剧表演、宗教艺术中发掘出"海上丝路"的文化传承关系。从 2014 年开始，研究"海上丝路"的论文从过去每年两位数迅速上升到三位数，说明这方面的研究大为增加。但在引用次数、下载量等影响因子方面远不如研究"丝绸之路"的论文。

在研究范式上，也是沿用"陆上丝路"研究的方法、视角和思路。主要还是从对外经贸、文化交流、人文地理等方面展开研究，只不过多了一个海洋开发的维度。21 世纪以来，在全球化背景下，海洋经济和海权争夺日显重要，尤其近来南海诸岛权属争夺的国际关系中，相关的"海上丝路"研究更显重要。"海上丝路"研究也纳入了国家发展战略的框架。2015 年 2 月 11—12 日，由国务院新闻办公室主办，新华通讯社、中国社会科学院承办的"打造命运共同体，携手共建 21 世纪海上丝绸之路"国际研讨会在福建省泉州市隆重举行。来自中国、俄罗斯、美国、澳大利亚、印度、巴基斯坦、斯里兰卡、日本、泰国、缅甸、新加坡、印度尼西亚、埃及、土耳其等 30 个国家和地区的 280 余名专家学者、媒体和企业代表展开了深入交流和广泛探讨。"此次研讨会的成功召开，对增进海上丝绸之路沿线国家和地区的相互理解与坦诚沟通，树立开放发展、合作发展、共赢发展的理念，必将发挥重要的作用。"① 但就总体而言，我国的"海上丝路"研究仍在起步阶段，研究的深度和广度还有很大的提升空间。

先简要介绍一下"海上丝路"的发展。早在汉代，雷州半岛上的徐闻就成为"海上丝路"始发港，从公元 3 世纪 30 年代起，广州取代徐闻、合浦成为"海上丝路"主港，宋末至元代时期，泉州超越广州，并与埃及的亚历山大港并称为"世界第一大港"。明清两代，由于政府实行海禁政策，其间广州成为

---

① 蒋菁：《"21 世纪海上丝绸之路"国际研讨会综述》，《俄罗斯东欧中亚研究》2015 年第 2 期，第 93 页。

中国海上丝绸之路唯一对外开放的贸易大港。

　　海上丝绸之路不仅运输丝绸，而且也运输瓷器、茶叶、糖、五金等出口货物和香料、药材、宝石等进口货物，其中瓷器是主要的出口货物，在英文中"瓷器（china）"与"中国（China）"同为一词。China 一词也随着中国瓷器在欧洲大陆广泛传播，转而成为瓷器的代名词。"1966 年，日本著名学者三上次男曾沿着这条航线进行了深入细致的考察，并把它称为海上陶瓷之路。"① 近年来，"海上瓷路"的提法也开始频频出现，笔者认为"海上瓷路"的提法更准确、更客观，可以说让我们回到了这一领域研究的原点。

　　首先，这一命名更具真实性。一般古代商路的命名主要以流通的代表性商品来命名，"陆上丝路"是以丝绸为主，骆驼是主要的交通工具，行动缓慢且运输量不大。而"海上瓷路"则以瓷器为主。瓷器较重且不透水，更适合海运。随着造船技术的发展和航海能力的提高，海运的货运量更大，到达的国家更多，交往的区域更广，尤其是对于瓷器这些易碎品，海上运输能够大大减少它们的损坏率。

　　图 2 为 2007 年在广东阳江海底打捞起来的"南海一号"上的精美瓷器。"南海一号"是南宋初期一艘在海上丝绸之路向外运送瓷器时失事沉没的木质古沉船，它将为复原海上丝绸之路的历史、陶瓷史提供极为难得的实物资料，甚至可以获得文献和陆上考古无法提供的信息。探测发现，船上载有文物 6 万 ~ 8 万件，且有不少是价值连城的国宝级文物。

图 2　"南海一号"现已出水 2 000 多件完整瓷器，品种超过 30 种

---

① 曹新民：《海上瓷路》，《陶瓷研究》2004 年第 12 期，第 40 页。

其次，这一命名有利于彰显陶瓷贸易的独特性，陶瓷不仅有使用价值，还有艺术价值和文化价值。"海上瓷路"的研究以陶瓷和船只为坐标，构建了一个与"海上丝路"完全不同的研究框架和研究方法，给海上贸易史、文化交流史提供更为广阔的研究空间。

最后，这一命名有利于文化传播的研究，文化只有在交流的过程中才能不断地借鉴、学习和发展。自中国陶瓷对外输出开始，它就在不断地汲取外来的艺术营养。明末清初，一股西来的海风也在悄然吹开紫禁城坚固的大门，一些西洋的匠师、画家、建筑艺术家被邀请到宫中造办处任职。康熙五十八年（1719 年）法国珐琅艺术家格雷佛雷也被邀请进紫禁城做了珐琅画的画师，他的到来为日后宫中珐琅彩瓷器的烧造奠定了技术基础。康、雍、乾三朝的珐琅彩瓷器虽然在绘画上、纹饰上的取材不同，但是在运用西洋透视方法及绘画风格上都凸显欧洲绘画艺术特色。由此可见，文化的传播是双向的，全球化的端倪其实早已出现。因此，"海上瓷路"让我们回归原点，重新出发，一定会有更多的惊喜发现。

## 三、被忽略的宗教传播研究

毛泽东同志曾对我国宗教研究的落后提出批评。2016 年 4 月 22 日至 23 日，全国宗教工作会议在北京举行，习近平主席出席会议并发表重要讲话。笔者认为，不认识宗教是不能真正了解世界的，只有宗教的，才是世界的。

东晋隆安三年（399 年），法显大师以 60 多岁高龄从"陆上丝路"出发到天竺（印度）求经，义熙七年（411 年）取道南海回国，原打算于广州登陆，孰料被季风吹到山东崂山，后抵南京弘法。被誉为中西文化交流第一人的意大利人利玛窦（1552 － 1610 年）从澳门入内地，落脚两广总督驻地肇庆后开展传教。利玛窦在西江边建立我国第一座天主教堂——仙花寺（后毁），在内展出西方图书、仪器和西洋器物，使当地人甚为诧异。

历史上多种宗教曾汇聚泉州并留下大量珍贵的宗教遗迹遗物，因此泉州被人们誉为"世界宗教博物馆"。佛教、道教、伊斯兰教、基督教和天主教在泉州仍拥有众多的信众和数目可观的寺观、教堂，还有数以千计的各种民间信仰宫庙。南宋著名思想家朱熹游泉州时感慨"此地古称佛国，满地皆是圣人"，是对这座宗教名城的最好诠释。

唐代初期伊斯兰教传入泉州，是伊斯兰教传入中国最早的地区之一。据明代何乔远《闽书》记载：唐武德年间（618—626年），穆罕默德遣四贤徒来华，一贤传教广州；二贤传教扬州；三贤沙仕谒、四贤我高仕传教泉州，卒葬灵山。景教、摩尼教、印度教相继云集泉州。19世纪末叶，基督教、天主教再度传入。

泉州不仅是"海上瓷路"的始发港，还是一座宗教博物馆。历史上曾在泉州建造了七座清真寺，尚存有一座中国现存最古老、具有阿拉伯建筑风格的泉州清净寺；又有一座闻名遐迩的伊斯兰教圣迹——灵山圣墓；还有被誉为"国之瑰宝"的伊斯兰石刻近300方。

在泉州这个古商埠，各种宗教和谐共存，文化相互融合，有的湮没了，有的还残存。当年的外邦人已经融入强大的汉民族血统，中国工匠雕刻的天使是东方人的面孔，开元寺里的道观、印度教与狮身人面像、来自中原的洛阳桥上的月光菩萨，都记录了宗教传入中国的演变过程。

图3为在泉州发掘出来的景教四翼天使墓碑石，倘若上面没有十字架等具有外来宗教特征的元素，这便是一尊具有飞天特征的"菩萨"了，尤其是那轻舞飞扬的飘带，是中国"飞天"的典型特征。这也充分说明了多种宗教文化的融合。

图3　景教四翼天使墓碑石

## 四、需要采用多种研究方法

迄今为止，我们对"丝绸之路"的研究多是基于文献资料，说得不好听就是纸上谈兵，这是远远不够的。"中国的学问传统围绕传世文献而形成，离开了文字记载，学人们就难免望洋兴叹，如孔子所云'文献不足徵'。而人类学和考古学的研究经验表明，借助于物质文化就可以对毫无文字书写的文化传统展开研究，乃至重新构拟出失落的文化。"① 因此，在重视文献检索和分析的同时，我们还必须借助人类学的田野调查和考古学的文物研究，采用多种研究方法、多种分析工具来获取更多的研究成果。

笔者自 20 世纪 90 年代以来，先后在"海上丝路"始发港的泉州、广州、徐闻等地展开实地考察，同时也接触到相关的文字资料。2001 年，笔者当时还在电视台工作，带领摄制组来到中国大陆最南端的徐闻，来到汉代海上丝绸之路始发港遗址之一的珊瑚村，在那里拍摄了纪录片《寻找湮没的文明》。尔后，笔者先后到过泉州和广州进行考察，泉州的宗教遗迹和广州的南越王墓都保存着"海上丝路"丰富的文物古迹。于是，笔者找到了徐闻—广州—泉州—广州这样一条"海上丝路"的发展脉络和时间坐标。为此，笔者先后在《中国社会科学报》《两岸传媒》等报刊发表了有关"海上丝路"研究的文章。与此同时，笔者还去过新疆、甘肃等地，考察了"陆上丝路"；去过云南，了解了茶马古道和蜀身毒道。这些考察虽然不是十分深入和专业，但都可与"海上丝路"作一个粗略的横向比较研究，以此对"海上丝路"有一个更为全面立体的认识，同时也激发出更多的研究灵感。因此，人类学、考古学、社会学以及传播学多种研究方法的使用，能够促使研究做得更加扎实，令研究成果更具说服力。

此外，目前"海上丝路"的研究主要集中在历史地理和经济贸易方面，传播学、人类学、宗教学等学科对其研究则相对较弱。同时，各学科的研究各自为政，缺少跨学科的协同创新和综合研究，也使得研究的广度和深度都不够。但也可以看到研究的潜力和空间还很大，包括"海上丝路"研究的国际合作。

我国"海上丝路"研究需要新思维，那么什么是"海上丝路"研究的新思

---

① 叶舒宪：《玉的叙事：夏代神话历史的人类学解读》，《中国社会科学报》，2009 年 7 月 1 日第 10 版。

维？笔者认为应该是全方位、多学科的研究视角，物质与文化相互融合的研究思路，更加开放的国际视野和更加多元的学术对话。"海上丝路"研究还有很多工作要做，在此仅抛砖引玉。

（本文原载于杨琳主编：《跨文化视阈下丝绸之路文化研究论稿》，西安：西安交通大学出版社 2017 年版，原文名为"我国'海上丝路'研究的新思维"，有改动）

# 治网于草野，取信于草根

2016 年 4 月 19 日，中共中央总书记、国家主席、中央军委主席、中央网络安全和信息化领导小组组长习近平在北京主持召开网络安全和信息化工作座谈会并发表重要讲话。这是我国建设网络强国的一份纲领性文件，也是习近平主席为互联网可持续发展绘制的路线图。在座谈会上，习近平主席讲了六个问题，笔者把它们归纳为两大核心内容，即治网理念与网信精神。下面笔者将谈谈对这两大内容的解读以及对新闻传播学界的启示。

## 一、理念：治网于草野

在互联网全球化的今天，各国都制定了信息化国家发展战略，提出了各自的互联网发展理念。如美国克林顿总统提出的"信息高速公路"、奥巴马总统提出的"智慧地球"。而习近平主席在这一次讲话当中再次强调了"创新、协调、绿色、开放、共享"五大发展理念，这也是我国信息化工作和互联网发展的基本国策。对于互联网，习主席打了一个形象而贴切的比方：网络就是草野，网民就是草根。很多网民称自己为"草根"，而网络就是当下的一个"草野"。在讲话中，习主席引经据典——"知屋漏者在宇下，知政失者在草野。"这句古语习主席 2013 年 7 月 11 日在河北调研指导党的群众路线教育实践活动时也曾引用。这句话出自汉代唯物主义哲学家王充在《论衡》中的一句论述，原话为"知屋漏者在宇下，知政失者在草野，知经误者在诸子"，意思是说真正住在屋檐下的人才能深切体会房顶漏雨的危害，深入民间社会的人才能切身察知政令出现的问题，处于诸子百家的不同视角才能审视一家经义的疏漏。从生活的形象比喻，到为政的道理说明，再到学术的观点论证，王充这句话是呼吁为政者不要总是居庙堂之高，而不解江湖之痛，不要总秉持高高在上的一种视角，而让施政脱离实际，让视野失之偏颇。习主席这一引用充分体现了他的治网理念。

网民来自老百姓，老百姓上了网，民意也就上了网。毛主席早在 1943 年所写的《关于领导方法的若干问题》一文中就提到："在我党的一切实际工作中，凡属正确的领导，必须是从群众中来，到群众中去。这就是说，将群众的意见（分散的无系统的意见）集中起来（经过研究，化为集中的系统的意见），又到群众中去做宣传解释，化为群众的意见，使群众坚持下去，见之于行动，并在群众行动中考验这些意见是否正确。然后从群众中集中起来，再到群众中坚持下去。如此无限循环，一次比一次更正确、更生动、更丰富。这就是马克思主义的认识论。"① 习主席在讲话中指出："群众在哪儿，我们的领导干部就要到哪儿去，不然怎么联系群众呢？各级党政机关和领导干部要学会通过网络走群众路线，经常上网看看，潜潜水、聊聊天、发发声，了解群众所思所愿，收集好想法、好建议，积极回应网民关切、解疑释惑。善于运用网络了解民意、开展工作，是新形势下领导干部做好工作的基本功。"②

习主席的讲话与毛主席的文章是一脉相承的，都指出了一个重要观点，就是要让想法落地，就要理论联系实际，走群众路线。这也是中国共产党的建党治国的执政理念，如今我们要把这一执政理念化为治网理念和用网新政。应该说，历史上没有一个时期像今天这样，把江湖与庙堂连接得如此紧密而一体，把百姓与政府交融得这么便捷而深入。只要上网，就是一个实实在在的大江湖，鲜活着每个人的存在，更迭着每一天的资讯。中国历史上曾经有一个昏君晋惠帝司马衷。有一次全国饥荒，朝臣报告说老百姓都没饭吃了，很多人饿死。而这位晋惠帝听后居然不解地问："他们没饭吃，为什么不吃肉粥啊？"这就是《晋书》里记载的："及天下荒乱，百姓饿死，帝曰：'何不食肉糜？'"

然而，曾几何时，我党的一些优良传统已为部分领导干部所遗弃，甚至听不得一点批评的声音。对此，习主席在座谈会上指出："对网上那些出于善意的批评，对互联网监督，不论是对党和政府工作提的还是对领导干部个人提的，不论是和风细雨的还是忠言逆耳的，我们不仅要欢迎，而且要认真研究和吸取。"③ 中国社会科学院新闻与传播研究所所长唐绪军认为，这是习主席在讲话中第一次使用"互联网监督"这个词，这一提法对于人民群众主动积极地参与

---

① 毛泽东：《毛泽东选集（第三卷）》，北京：人民出版社1991年版，第899页。
② 习近平：《在网络安全和信息化工作座谈会上的讲话》，《人民日报》，2016年4月26日第2版。
③ 习近平：《在网络安全和信息化工作座谈会上的讲话》，《人民日报》，2016年4月26日第2版。

监督，有积极的作用。习主席强调的"对广大网民，要多一些包容和耐心"也无疑为互联网监督释放了利好消息，有助于广大人民群众利用互联网对各级党和政府公权力以及行使公权力的领导干部进一步监督，以更好地保障权力在阳光下运行。

克莱·舍基在《人人时代》一书中洞察到，在互联网这个江湖里蕴藏着一股强大的无组织的组织力量。其实，互联网的"去中心化"与"再中心化"是并存的，这与现实历史何其相似。当年国民党执政，中国共产党在野，国民党是中心。但中共因获得民心赢得政权，成了新的中心。如今，得草野者得网络，得民心者得天下。习近平网信思想的核心就是："网信事业要发展，必须贯彻以人民为中心的发展思想。""互联网＋"对于中国治网者来说就是"互联网＋群众路线"。

国外媒体对我国互联网管理有偏见的报道是对中国互联网管理政策的曲解。加上谷歌部分退出中国，也让许多互联网企业产生了错觉，觉得中国对国际互联网企业关上了大门。习主席明确提出中国开放的大门不会关上，也不可能关上，国外的互联网企业只要遵守中国的法律，我们都欢迎。作为一个负责任的网络大国和崛起中的网络强国的领导人，习主席表现出了一种自信，就是敢于面对问题和迎接挑战：一是清醒认识短板问题；二是不回避难题（网络治理、核心技术、安全与发展三大难题），并指出发展方向。

互联网时代，无疑是中华民族实现伟大复兴的一个重要历史机遇。虽然中国接入国际互联网只有短短的20多年时间，但取得的成就举世瞩目。当今互联网越来越成为人们学习、工作、生活的新空间，越来越成为获取公共服务的新平台。为实现中国梦，我们要实施网络强国战略、"互联网＋"行动计划、大数据战略等。目前，我国仍有近一半人不上网，习近平主席特别针对农村互联网基础设施建设薄弱的短板作出指示。他提出要利用互联网助推扶贫攻坚，"让更多困难群众用上互联网，让农产品通过互联网走出乡村，让山沟里的孩子也能接受优质教育"[①]，表明了党和政府缩小数字鸿沟的决心和态度。

本次会议的另一个重要特点，就是从技术、人才、安全三个维度阐述了我国下一阶段互联网工作的重点。2015年底公布的世界十大互联网公司排名中，

---

① 习近平：《在网络安全和信息化工作座谈会上的讲话》，《人民日报》，2016年4月26日第2版。

美国占 6 家，中国占 4 家。"赛博空间"中形成了以 GAFA（谷歌、苹果、脸书、亚马逊）与以 BATJ（百度、阿里巴巴、腾讯、京东）为核心的两大阵营，中美主导的全球互联网共治的物质基础业已形成。我国互联网企业由小到大、由弱变强，在稳增长、促就业、惠民生等方面发挥了重要作用。企业越大责任越大，在商业利益的驱动下，一些互联网企业也出现了失职和失范，对此习主席指出："办网站的不能一味追求点击率，开网店的要防范假冒伪劣，做社交平台的不能成为谣言扩散器，做搜索的不能仅就给钱的多少作为排位的标准。"①对此，他希望广大互联网企业坚持经济效益和社会效益统一，在自身发展的同时，饮水思源，回报社会，造福人民。

## 二、行动：取信于草根

"取信于草根"中的"信"有两个意思：一是信息、信息化，网信事业发展要依靠网民；二是信任、依赖，网络安全是信用的基础。"以人为本，取信于民"应该是习近平主席整个讲话的精神核心。第一个问题就提出要让互联网更好地造福人民，第二、第三个问题则从生态和技术两个方面论述如何造福人民。从社会发展史看，人类经历了农业革命、工业革命，正在经历信息革命。在这条历史长河中，习主席回顾了中国的发展："我国曾经是世界上的经济强国，后来在欧洲发生工业革命、世界发生深刻变革的时期，丧失了与世界同进步的历史机遇，逐渐落到了被动挨打的境地。特别是鸦片战争之后，中华民族更是陷入积贫积弱、任人宰割的悲惨状况。想起这一段历史，我们心中都有刻骨铭心的痛。经过几代人努力，我们从来没有像今天这样离实现中华民族伟大复兴的目标如此之近，也从来没有像今天这样更有信心、更有能力实现中华民族伟大复兴。这是中华民族的一个重要历史机遇，我们必须牢牢抓住，决不能同这样的历史机遇失之交臂。"②

怎么才能取信于民，用信于民呢？智慧在民间，从扎克伯格到马云、马化腾，最强大的互联网企业都是平民百姓所创造的。李克强总理提出的"大众创

---

① 习近平：《在网络安全和信息化工作座谈会上的讲话》，《人民日报》，2016 年 4 月 26 日第 2 版。

② 习近平：《在网络安全和信息化工作座谈会上的讲话》，《人民日报》，2016 年 4 月 26 日第 2 版。

业、万众创新"就是依靠目前近7亿中国网民，打一场互联网的人民战争。习近平主席指出，要尽快在核心技术上取得突破。在六个问题中，技术问题是习主席讲得最多的一个问题。他殷切期望"我国网信领域广大企业家、专家学者、科技人员要树立这个雄心壮志。要在科研投入上集中力量办大事、积极推动核心技术成果转化，推动强强联合、协同攻关，探索组建产学研用联盟"①。对此习主席还提议搞"揭榜挂帅"，英雄不论出处，谁有本事谁就揭榜。习主席鼓励大家研发网信领域的核心技术，就是要钻研那些基础的、公用的、独门的、颠覆性的前沿技术。事实上我国网信领域已经出现了像华为、北斗卫星导航系统那样的自主创新型企业和产品。

"信"由人和言两字构成，表明造字者对人言的重视。自从人类学会说话以来，人言就成为一种重要信息指示的传播载体。相信群众、依靠群众才能更好地服务群众，而问题是我们如何面对互联网上的群众——网民。对此习主席是抱着包容、理解和服务的态度："网民大多数是普通群众，来自四面八方，各自经历不同，观点和想法肯定是五花八门的，不能要求他们对所有问题都看得那么准、说得那么对。要多一些包容和耐心，对建设性意见要及时吸纳，对困难要及时帮助，对不了解的情况要及时宣介，对模糊认识要及时廓清，对怨气怨言要及时化解，对错误看法要及时引导和纠正，让互联网成为我们同群众交流沟通的新平台，成为了解群众、贴近群众、为群众排忧解难的新途径，成为发扬人民民主、接受人民监督的新渠道。"②

自互联网兴起以来，各级官员对网络持有不同的态度，有人"爱网"，就有人"惧网"。《人民论坛》杂志曾做过官员"网络恐惧症"调查，6 000余名受调查者中，有60%表示"担心工作疏漏等不良现象被曝光，影响前途"。但也有不少官员主动接近互联网，利用互联网为工作服务，开微博、开博客、建微群，有些官员拥有数十万甚至过千万粉丝，被称为"大V官员""网红官员"，中央政法委宣教室副主任、政法综治信息中心主任陈里就是最具代表性的"大V官员"之一。2010年8月，时任陕西省公安厅副厅长的陈里开通了微博。至今，他的粉丝数已有2 540多万人。有不少媒体评价说，陈里是"网络最接

---

① 习近平：《在网络安全和信息化工作座谈会上的讲话》，《人民日报》，2016年4月26日第2版。

② 习近平：《在网络安全和信息化工作座谈会上的讲话》，《人民日报》，2016年4月26日第2版。

地气的官员"：他曾在微博上公布自己的手机号码，表示"希望大家多支持监督"；2012年10月2日，华山发生游客滞留事件，他忙了一夜，微博直播游客疏散；同年12月10日，他在微博上上演生死接力，用2小时挽救了西安轻生母子；他还是"待用快餐"公益活动发起人，2013年4月他在微博中倡议："在中国一些快餐店，可以为一些残疾人、老年贫困者、流浪儿童提供一些'待餐盒饭'，更符合中国国情，也给弱势群体一定尊严。"从2013年4月西安第一家待用快餐店诞生起，三年来全国共有30多个城市的200多家餐厅加入了"待用快餐"公益活动，并且派生发展出了待用学费、待用饮用水、待用图书、待用蛋糕、待用家政及待用医药费等待用公益形式。待用已经成为一种文化现象和一种习惯，被越来越多的人所接受，有许多爱心人士已加入"待用快餐"等公益活动。对陈里来说，粉丝都是在网络空间走群众路线的知心朋友。微信、微博等新媒体工具，是他践行群众路线的新阵地。

习近平主席强调指出，网络空间是亿万民众共同的精神家园。网络空间天朗气清、生态良好，符合人民利益；网络空间乌烟瘴气、生态恶化，不符合人民利益。我们要本着对社会负责、对人民负责的态度，依法加强网络空间治理，加强网络内容建设，做强网上正面宣传，培育积极健康、向上向善的网络文化，用社会主义核心价值观和人类优秀文明成果滋养人心、滋养社会，做到正能量充沛、主旋律高昂，为广大网民特别是青少年营造一个风清气正的网络空间。习主席为什么特别提到青少年呢？因为他们不仅是互联网的未来，还是互联网的今天。2016年底全世界网民数量将达到50亿。从结构上看，2012年是前25亿，2012年到2016年间是后25亿。这"后25亿"加入全球传播场域，对重建国际秩序的影响是很大的。年轻化、多元化、多极化是"后25亿"的特征。"后25亿"主要分布在西方以外的国家和地区，以草根和青年网民为主，是"容易被影响的人"，他们容易被操纵和发动，形成"群聚效应"，是舆论场上的"新意见阶层"。从全球传播的角度来看，"后25亿"的积极参与将改变互联网舆情的走向，对于这些互联网的"原住民"，需要加强一些思想的引导，因为他们毕竟是处在一个"三观"形成的时期，例如最近非常火爆的papi酱。清华大学史安斌教授认为："这种现象代表青年文化，显示了他们自我表达的欲望，尤其是女性，其中很多内容实际上是女性对男权社会的批判，但是她用了一些粗口，所以引发了一些社会舆论的批评。她现在的影响力很大，两千多万元的广告投资，上千万的网民追捧她，所以她要承担更大的社会责任。我们说的互联网空间，既是开放的空间，同时也要承担社会责任，从这个角度来说，习总书记的'4·19'讲话给互联网强化社会责任也提出了非常明确的方向。"①

## 三、启示：走向大传播

习主席对新闻宣传工作一直很重视，从"8·19"到"2·19""4·19"，他都选择了 19 日作为一个系列讲话的日期，每次都提出新的观点。比如"2·19"一个很重要的思想就是过去强调新闻宣传工作，现在转变为突出新闻舆论工作，更重视与民意的互动，甚至上升至互联网执政的高度来认识。让领导干部经常上网，这是习总书记第一次明确提出这样的要求，实际上是把互联网执政作为领导干部所具备的一个主要能力提出来。中国社会科学院新闻与传播研究所所长唐绪军认为："把'党的新闻宣传工作'改成'党的新闻舆论工作'体现了我们党对舆论的认识达到了一个新的高度。"②

习近平主席在这次讲话中对新闻传播似乎并没有讲太多，其实不然，他是把新闻传播置于一个更加宏观多维的场域中来谈，可以说把新闻传播置于互联网治理观的统领之下。党的十八大以来，习近平主席在互联网治理问题上多次发表重要讲话。这些讲话既高度肯定了互联网对推动社会文明进步的巨大作用，又深刻阐明了加强和完善互联网治理的紧迫性和重要性；既为我国建设网络强国提供了理论指导，同时也向国际社会倡导了中国共产党和中国政府依法、有序、协商治理互联网的互联网治理观。互联网时代，信息的生成、传播和接受以及整个媒介生态环境都发生了极大的变化，新闻变成资讯，宣传变成舆论，新闻传播正在发生空间转向。习主席的讲话至少涉及新闻传播的四个方面内容：一是互联网民意，二是互联网监督，三是互联网生态，四是互联网文化。

对于互联网民意，以前不少领导干部认为互联网的民意是一群人叽叽喳喳，代表少数人的不同看法，但习主席的讲话充分肯定了互联网民意的重要作用。习主席不仅第一次提出"互联网监督"这一概念，论述舆论监督与权力制度的

① 《清华大学新闻与传播学院副院长史安斌做客人民网，解读习近平总书记网络安全和信息化工作座谈会重要讲话》，http://media.people.com.cn/GB/137800/403782/index.html，2016 年 4 月 25 日。
② 唐绪军：《由"宣传"到"舆论"意味着什么？》，《中国社会科学报》，2016 年 4 月 29 日第 4 版。

关系，还给网民提气，让各级领导干部包容善意的批评，以及一些具有建设性的不同看法，所以这也是对互联网民意的一个背书，对互联网监督的肯定。而且他还再次强调说："要把权力关进制度的笼子里，一个重要手段就是发挥舆论监督包括互联网监督作用。这一条，各级党政机关和领导干部要特别注意，首先要做好。对网上那些出于善意的批评，对互联网监督，不论是对党和政府工作提的还是对领导干部个人提的，不论是和风细雨的还是忠言逆耳的，我们不仅要欢迎，而且要认真研究和吸取。"[①]

习近平主席指出，要建设网络良好生态，发挥网络引导舆论、反映民意的作用。实现"两个一百年"奋斗目标，需要全社会方方面面同心干，需要全国各族人民心往一处想、劲往一处使。我们要本着对社会负责、对人民负责的态度，依法加强网络空间治理，加强网络内容建设，做强网上正面宣传，培育积极健康、向上向善的网络文化。笔者认为，对网络文化管理恐怕要比对宣传管理要求更高，"随风潜入夜，润物细无声"。这就要求意识形态管理部门：一是不能只管传统媒体那一亩三分地，还要管好用好新媒体乃至整个互联网；二是不能用传统媒体思维来管理互联网，而要用互联网思维来进行管理，要张弛有度，收放自如，避免"一管就死，一开就乱"的落后僵化的管理模式。

从习主席的讲话中，我们可以感受到新闻传播学面临的艰巨任务。当今世界，在互联网和新媒体的猛烈冲击下，新闻传播学学科建设和理论研究都面临着前所未有的挑战。在传播技术发展和媒介融合的趋势下，传播生态和传媒业态都发生极大的变化。新闻传播从学科建设到人才培养都面临着严重的不适应。我们过去的新闻传播研究主要是在信息加工和内容生产上，甚至主要局限在采写编播评的业务层面，对信息的传播和运营研究不够，对于新技术应用、新服务提供更是表现出一种迟钝和滞后。"魏则西事件"引发的百度危机和网络乱象令人担忧，说明互联网企业已不仅是技术服务者，还是信息提供者，更是舆论引导的监控对象。新闻传播的研究视域也要由狭窄的新闻业扩展到大传播的广阔天地。习近平主席此次讲话至少给新闻传播学指明了重点研究领域：新闻舆论学、网络传播学、互联网生态和互联网文化。他谈及的网络安全和互联网执政，实际上涉及互联网伦理和政治传播。这些领域都应该是新闻传播学的研

---

① 习近平：《在网络安全和信息化工作座谈会上的讲话》，《人民日报》，2016 年 4 月 26 日第 2 版。

究范畴。他还把"互联网＋"行动计划从经济领域拓展到政治、文化、社会、生态、传播等领域，对"互联网＋传媒"的媒体融合和转型也有启迪。

中国互联网经过逾二十年的发展，成就有目共睹，但出现的问题和弊端也显而易见。其中一个是网络安全，一个互联网企业，其网络安全不仅是一个技术问题，还涉及传播中的政治、文化和伦理问题。这些都是新闻传播研究面临的新课题。当今互联网企业承载越来越多的传播任务，成为举足轻重的新兴媒体，甚至扮演起当代传播中的主角，但新闻传播学在这方面的研究十分薄弱。因此，新闻传播学研究必须走出学术"金字塔"，跳出原有的理论框架，以全球化大传播跨学科的新思维，研究大问题、真问题、新问题。

当今传媒业已形成"小新闻、大传播、新业态"的新格局，"在大传播的格局下，一定要跳出新闻研究的狭小天地。要跳出传媒看传媒，不以传播论传播"①。对此，我们不仅要走进传播学，还要走出传播学，要综合运用经济学、管理学、社会学等社会科学以及自然科学的理论来研究新传播、新媒体、新问题、新领域，需要打通人文学科、社会学科乃至自然科学的隔阂。在媒介融合的空间转向中，新闻传播研究需要范式转换。新媒体研究还需要加强基础理论研究，加强跨学科协作，打破旧有的理论框架，拓展全新的理论视野。新闻传播学亟待重构和转型，对此新闻传播学界要有使命感和紧迫感。学习贯彻习主席的网信思想和讲话精神，有利于清醒认识我国在网络和信息安全方面面临的严峻形势，有利于牢牢掌握信息化条件下意识形态工作的主导权。同时，对于协调推进国家治理体系和治理能力现代化与国家信息化工作、构建新型互联网治理体系和网络空间命运共同体、建设社会主义网络强国，具有重要的现实指导意义。

（本文原载于《新闻与传播研究》，2016 年第 5 期，原文名为"治网于草野，取信于草根——习近平网络思想解读"，有改动）

---

① 谭天：《从"新闻学与传播学"到"传播学与传媒学"》，《新闻记者》2015 年第 12 期。

# 伦理：互联网治理的基石

当今互联网的飞速发展，一方面推动社会经济发展，另一方面也给人类带来各种麻烦，已经到了需要"边发展边治理"的地步。目前，我国在不断加大互联网治理的力度，加强政府监管，出台各种新规。然而，问题和乱象依然存在，信息泄露、信息污染、侵犯隐私等失范现象仍然泛滥，这让我们不得不反思互联网治理的出发点有无问题，或许需要从更基本的层面，即从互联网伦理的角度来审视它。

## 一、互联网治理的窘境

我们先从个人信息、公共领域、企业责任和法律法规四个方面来考察当下我国的互联网治理。

### 1. 个人信息的价值

互联网时代，数以亿计的用户使用是互联网发展的动力，用户提供信息是基于对互联网企业和网络空间的信任，也是基于社交的需要，互联网产业也因此蓬勃发展，然而用户始终处于弱势地位，个人信息无法守护。

根据腾讯 8 月交出的 2016 年上半年成绩单，微信和 WeChat 的合并月活跃账户数已经达到 8.06 亿，而 QQ 月活跃账户数达到 8.99 亿，仅腾讯一家，就几乎掌握了中国一大半网民的个人信息，我们在社交网络上无时无刻不暴露着个人隐私。有国外学者将个体在互联网中的隐私泄露分为四种情况，分别是"真实隐私泄露（factual/personal exposure）""视觉隐私泄露（visual exposure）""身份和情感隐私泄露（exposure of identity and emotions）""偏好隐私泄露（exposure of preferences）"①。真实隐私包括我们基于社交需求提供的姓名、年

---

① Yuval Karniel, Amit Lavie-Dinur. Privacy in New Media in Israel: How Social Networks Are Helping to Shape the Perception of Privacy in Israeli Society. *Journal of Information, Communication & Ethics in Society*, 2012(4): 290.

龄、性别、教育背景、工作经历等；视觉隐私包括我们上传的照片、小视频等；身份和情感隐私包括我们对某一事物的看法、意见、政治观点、宗教信仰等；偏好隐私包括互联网企业基于我们在互联网上的行为轨迹分析出我们常去的地点、喜欢的事物等。当商家掌握了这些信息，就能对用户进行精准的广告投放和推广。

企业或者商家基于自身管理和成长的需要，收集到的用户信息越多，提供的服务越体贴和个性化。这样的做法本无可厚非，然而由于技术漏洞、内部人员出卖商业交易等原因，用户的隐私全面暴露，几乎成了"透明人"。

2014年12月，12306铁路网站由于技术漏洞造成用户资料大量泄露，这个漏洞将有可能导致所有注册了12306用户的账号、密码、身份证、邮箱等敏感信息泄露，而泄露的途径至今还不知道；学校、银行、电信企业、教育培训机构，甚至公安机关，如果对员工疏于管理，都可能成为信息泄露的源头，很多诈骗分子都是通过打包购买"内部人员"提供的公民信息进行诈骗；在网站并购、重组，进行商业交易时，往往会将用户信息进行"打包交易"，这一切，用户并不知情。更令人恐惧的是，搜索引擎功能越来越强大，无论用户从哪一个渠道暴露个人信息，都能通过相关整合技术收集到更多的信息，包括家庭住址、就职单位人际关系等，互联网时代的隐私泄露不仅广泛，而且无孔不入。这一切，都是形成"人肉搜索""网络暴力"等网络乱象的土壤。

2. 公共空间的失守

互联网碎片化的使用方式，让尼尔·波兹曼对"娱乐至死"的悲观想象达到了一个更深的层次，"我们的政治、宗教、新闻、体育、教育和商业都心甘情愿地成为娱乐的附庸，毫无怨言，甚至无声无息，其结果是我们成了一个娱乐至死的物种"[①]。从王宝强离婚事件的全民热议，到乔任梁死亡事件的大反转，我们都可以窥见无论是媒体还是网民，对于新奇、刺激、揭露他人隐私有一种嗜血的冲动，为博眼球不择手段。网民从信息泄露的受害者变成了他人隐私的围观者，越是好奇和探寻，就越成为扒人隐私的帮凶。在互联网上传播信息几乎是"零成本"，可以在短时间内飞速传播，而网络媒体或自媒体为了博取点击率，满足用户猎奇和窥探他人隐私的心态，往往会将新闻或者信息从公共领

---

① ［美］尼尔·波兹曼著，章艳、吴燕莛译：《娱乐至死·童年的消逝》，桂林：广西师范大学出版社2009年版，第6页。

域转到私人领域。

商业机构的操纵，媒体追逐热点的盲从，黑客的恶意发布，与隐私相关的各种内容充斥在网络的各个角落。无论是有意识还是无意识，个人隐私已经成为公共消遣的对象，娱乐明星、网红等靠自曝隐私来博取关注度，同行竞争靠曝光他人隐私来获取利益。对于这样的"隐私"泄露，用户不仅不以为意，还乐见其成，在一定程度上纵容了隐私的泄露和扩散，也在转移人们对社会应有的关注。王宝强离婚事件曝出后，整个网络社会处于癫狂的状态，各大媒体头版头条大多是王宝强的新闻，有的新闻客户端甚至上线了"王宝强频道"，而事件发生时，却少有人记得当下正举行的奥运会。

当网络社会形成一种全民窥探隐私的狂欢时，甚至会改变现实社会的文化心理氛围。个体隐私被拿来窥视、消费，会逐渐形成一个"窥视型社会"，道德和法律意识在这种氛围中被逐渐消解，很容易形成消极的社会认知和社会行为。

3. 部分互联网企业缺乏社会责任感

有些互联网企业掌握大量的用户资料，却没有履行企业的社会责任。2010年底腾讯 QQ 与奇虎 360 的战争引发了用户对隐私泄露的恐慌，这是两家企业为争夺垄断地位而不惜牺牲用户权益的典型案例。而 2016 年爆发的百度贴吧"血友病吧"被卖导致骗子横行的事件和魏则西因相信百度竞价医疗推广而导致病情延误去世的事件，都反映出作为中国互联网企业巨头的百度没有很好地履行相应的社会责任，侵犯了用户的权利。

深圳快播科技有限公司涉嫌传播淫秽物品牟利案的庭审引起了网民对"技术伦理"的大讨论，快播公司以"技术并不可耻"为辩护理由，认为不应对此负责。相似的案件还有女大学生在滴滴出行软件上打到黑车而被杀害，滴滴出行起初同样是被动应对。"技术中立"原则成为许多互联网公司开脱责任的借口。

互联网巨头掌握海量的用户信息和资源，若没有形成基本的行业和道德规范，就很容易形成垄断和文化霸权。这是安东尼奥·葛兰西提出的一种社会批判理论，指在某个单一群体操纵下所形成的一种广为公众接受和"内在化"的主宰性世界观。如果不对互联网企业进行道德约束，不仅损害网民利益，最终也会损害企业利益。

4. 互联网法规有待完善

由于网络社会匿名性、虚拟性的特点，使得现实社会的一整套法律体系、道德规范和伦理体系在网络社会中陷入了尴尬境地。相比于传统现实社会道德和法律规范的实实在在的个体和组织，网络社会的主体是虚拟的数字化存在。这加大了互联网立法中法律主体界定的难度，如用户相信了网站上的诈骗信息，网站需不需要承担相关责任？或者网站被黑客攻击，用户信息遭到泄露，用户受到的伤害该由谁来承担责任？这些问题都是有关互联网的法制建设中出现的法律难题。

面对目前互联网失范现象，法律法规的建设也是滞后的，采取的方式往往是事后追究而不是事前预防。在徐玉玉事件中，没有从源头遏制和打击信息贩卖者和诈骗人员，而在徐玉玉被骗致死后才引起广泛重视和处理，可是生命已经无法挽回了。在这样的情况下，没有在技术管理、管理者职责及使用者义务上要求更明确的法律法规，便不可能为新媒体的使用者建立严格的行为约束。当软性道德失去效应，硬性法规又缺位的时候，有人便可能做出违反公共利益的不道德行为。

## 二、被忽略的伦理问题

显然，在互联网治理窘境背后隐藏着一个极其重要但被忽略的伦理问题。那么，什么是伦理呢？在西方思想史中，伦理与道德具有相同的词源含义，"伦理"被定义为规范人们生活的一整套规则和原理，当人们做出道德判断时，这套规范会告诉你该做什么。伦理学是哲学的一个分支，它研究什么是道德上的"善"与"恶"、"是"与"非"。伦理学的任务是分析、评价并发展规范的道德标准，以处理各种道德问题。

在中国传统文化中，伦理用来指人际关系及其规范，伦理亦是人际关系的条理。这种关系不是指空间关系，而是指个体与群体的心理情感认同的关系，它是人类历史上长期积淀下来的文化意义上的生活关系。由此可见，东西方对伦理的认知是有较大差别的。因此，在研究互联网伦理并运用它来解决中国问题的时候，我们需要把东西方伦理思想结合起来进行分析。那么，当下我国互联网伦理存在什么问题呢？

1. 互联网伦理自身构建缺失

互联网在诞生之初就有着交互性与即时性、海量性与共享性、多媒体与超文本、个性化与社群化等特点，这不仅改变着我们的传播环境，更改变着我们的社会文化。中国互联网络信息中心（CNNIC）发布的第 38 次《中国互联网络发展状况统计报告》显示，截至 2016 年 6 月，中国网民规模达 7.1 亿，手机网民规模为 6.56 亿，人均周上网时长为 26.5 小时，7.1 亿网民平均每人每天上 3.8 小时的网。[①] 由此可见，互联网的使用已经成为人们生活中重要的一部分。

互联网的崛起使得人们可以长时间活动于虚拟空间，这势必影响着人们的社会生活方式并形成新的社会形态。"由于新媒介本身自产生起就有商业性和娱乐性，工作与娱乐的界限变得模糊，工作与生活也越来越融合在一起。受众可以通过新媒介了解时事新闻、查看证券行情、购买商品，甚至是交友谈恋爱。随着不断融合的媒介越来越多地参与人们的日常生活，受众有意无意受到媒介的文化形态的影响，信息形态、娱乐形态，甚至人们的行为模式的同质化倾向日益明显。"[②]

然而，社会交往从线下到线上的转变并没有一个相应的伦理规范去匹配，从而衍生出了各种各样的互联网伦理问题。自徐玉玉案之后，又出现了几起学生因被诈骗而自杀的新闻。这一系列的事件让人们看到互联网监管的漏洞，这些漏洞从深层次来看就是人的问题，监管者对个人信息严重泄露的不够重视也反映出人文关怀的缺失和伦理的失范。

除了信息泄露，信息污染也成了互联网生活中另一个普遍失范的现象，这是指信息环境处于失衡的现象、信息存贮无序化现象、负信息现象、信息的异化现象、非生态化现象。[③] 而这种现象是在互联网全面崛起之后相伴而生的，不仅危害着网络传播环境，更有冲击主流社会道德的风险，如不加以规制，势必会引发难以承受的社会后果。这些弊端看似是由互联网伴生的失范现象，而背后的根本原因则是现实与虚拟糅合的伦理问题。

2. 现实社会伦理与网络社会伦理的冲突

互联网空间纵然具有一定的虚拟性，但其背后的本质是由无数个社会人组

---

①　中国互联网络信息中心第 38 次《中国互联网络发展状况统计报告》，http://www. cac. gov. cn/2016－08/03/c_ 1119326372. htm，2016 年 8 月 3 日。

②　周海英：《从媒介环境学看新媒体对社会的影响》，《兰州学刊》2009 年第 6 期。

③　夏日、琚兴：《近十年来我国信息污染研究综述》，《现代情报》2011 年第 8 期。

成，因此，原本在现实空间中的伦理问题，势必会在互联网空间上转移和演变。例如网络色情传播、微信群红包赌博、网上进行犯罪交易等，这些互联网伦理道德畸形的问题都是现实社会中的延伸和变异。在现实社会生活中，个体的行为往往会受到道德准则和法律的规范，而一旦转移到互联网空间，个人的社会评价、社会舆论等"他律"因素在这里难以发挥作用，一些道德底线就被突破，在现实生活中谦谦有礼的人也有可能在互联网匿名的遮掩下对人肆意攻击。网络交往为虚假的甚至带有欺骗性质的交往提供了便利，徐玉玉事件正是在信息泄露的基础上，罪犯冒充警方对其进行欺骗而发生的犯罪。

现实伦理不仅会在互联网上衍生，也可能会被网络社会的行为习惯所消解。互联网伦理中去中心化的特点更加类似于后现代主义的文化风格，是"一种无深度的、无中心的、无根据的、自我反思的、游戏的、模拟的、折中主义的、多元主义的艺术，反映这个时代性变化的某些方面"①。这种"无规矩"的新的道德规范与传统现实社会的道德规范发生了冲突，使得人们对某一行为的判断产生迷茫和困惑。此外，目前互联网失范现象尚无完善的法规制约，除非涉及刑事案件，对于失范的人群和企业很难进行有效的监管，这让互联网失范现象有了进一步扩大的空间。

## 三、得民心者得互联网

这里所说的"民心"不涉及意识形态，是指互联网用户思想行为的基本准则，也就是人性的善恶标准及其行为规范。互联网伦理的核心就是"以人为本"，这与互联网治理的理念也应该是一脉相承的。

1. 伦理与互联网治理的关系

2004 年，日内瓦召开了信息社会世界高峰会议，其中制订的《日内瓦行动计划》第 6 章第 13 条中这样规定互联网治理：互联网治理是政府、私营部门和民间社会根据各自的作用制定和实施旨在规范互联网发展和使用的共同原则、准则、规则、决策程序和方案。国外学者认为互联网治理遵循"国际体制理论"（international regime theory），由于互联网的去中心化、无国界化的性质，牵涉着各方的利益，既有国家，也有企业，还有普通网民，因此互联网只能被

---

① ［美］特里·伊格尔顿著，华明译：《后现代主义的幻想》，北京：商务印书馆 2000年版，第 1 页。

"治理"（governanced），而不是被"统治"（governed）。此时互联网治理起到三个作用：一是技术标准化；二是合理分配和处置资源；三是制定公共政策，[①]以最终确保互联网能在有序的秩序下合理运行。

目前，互联网治理大多集中在政治、法律、权力方面，我国对互联网的治理还是政府主导型，以服务政府为主要目标，虽然出台了不少管理法规，但治理效果还是不太理想。原因既有管理部门过多、职责不清的问题，也有政府主要从"维稳"出发，多是硬管理，恐怕治标不治本的问题。

在当下的互联网治理中，由政治、政府主导的互联网治理较少关注普通网民的权利与利益，但互联网时代是一个人人时代，是由无数个体的人构成，但他们的权利并没有得到尊重。斯诺登的良知反映了人类对政府滥用公权力管控互联网的担忧和抗议，互联网中出现的失范问题也远非政府或者单个组织能解决，这需要协同社会各界的力量，但更重要的是整个社会达成的互联网伦理共识。在这样的情况下，研究互联网伦理并使之更好地用于互联网治理至关重要，而互联网伦理规范就成为其中一环。

现实生活中我们已经有了一套较为完整的伦理体系，并时刻地规制着人们的行为。而在当下的互联网环境中，"信息技术改变了旧的伦理问题出现的语境并且给旧的问题加入了有趣的新花样"[②]，由于互联网中没有了统一的伦理规范，在面对一些道德选择时，人们自然倾向于利己的方面而行动，当每个人都肆无忌惮地沉迷于自己的利益和欲望，互联网的失范问题也随之产生。因此针对互联网新的传播环境，达成新的伦理共识就至关重要。

2. 互联网规范的三个维度

只有把互联网伦理规范好了，互联网治理才有坚实的基础，才能做到刚柔并济，既科学理性，又合乎人性。就当前而言，互联网伦理规范需要从技术、商业和社会三个维度着力。

（1）技术伦理规范。

面对不断发明创新的互联网新技术，技术到底是中性工具，还是有价值取向？互联网伦理规范中的技术价值论一直是争论的焦点。2016 年 9 月 13 日上午

---

① Carol M. Glen. Internet Governance：Territorializing Cyberspace. *Politics & Policy*，2014（10）：635 – 657.

② ［美］汤姆·福雷斯特、佩里·莫里森著，陆成译：《计算机伦理学：计算机中的警示与伦理困境》，北京：北京大学出版社 2006 年版，第 9 页。

九点半，北京市海淀区人民法院对深圳快播科技有限公司及其主管人员王欣等四名被告人涉嫌传播淫秽物品牟利案，进行了一审宣判。两年过去，备受关注的快播涉黄案终于尘埃落定。王欣表示："借这个机会我对受到伤害的网民道歉，如果我还有机会创业，我会把我所学到的技术专业服务于社会，希望快播的案例成为行业自律的警示。"从宣称"技术无罪"到认罪认罚，这说明技术是有价值取向的，因为技术背后往往有商业利益的驱动。

（2）商业伦理规范。

互联网公司收集用户信息的边界在哪里？正如《人民日报》发表的关于快播案的评论《快播的辩词再精彩，也不配赢得掌声》中所言：做技术不可耻，但技术背后的人应该有是非，分对错。互联网公司理应承担起保护用户信息以及净化网络环境的作用。因此互联网企业亟须规范一套商业伦理。所谓商业伦理，是指在商业活动中，商家及其成员从事经营时，完善其素质和协调商业内、外部利益关系的善恶价值取向以及在行为和品质上遵循的伦理原则、道德规范标准的总和，是一定社会或阶级的普遍道德要求在商业领域中的具体化和职业化。从本质上讲，商业伦理即是一种职业道德，具有职业道德的属性；同时又是一种社会道德，具有社会道德的本质属性。①

（3）社会伦理规范。

互联网的发展使得传播自由最大化，用户不仅是信息的接收者，更是参与者、传播者。网络成为网民发声平台，赋予了网民传播权。公共传播的概念由芝加哥学派较早提出，它关注社会各阶层尤其是社会底层的能动性以及自下而上的一种权利。②网民在互联网社会中构建网络公共空间也有双面性，既可以推进公共事务的发展，形成良性的网络沟通，但同时也可能形成上述所说的"全民窥视"的网络氛围，这需要构建公共空间的伦理进行积极的引导，例如，遇到诈骗分子及时举报，不传谣，不信谣，形成一个良好的伦理规范，才有利于互联网更好地发展。互联网赋权使得网民拥有公共传播的权利，但也要形成一套社会伦理规范，让网民清楚他们的权利与义务。

3. 伦理研究与应用并举

目前，我国互联网伦理研究还是比较薄弱的，我们必须高度重视并加强研

---

① 纪良纲：《商业伦理学》，北京：中国人民大学出版社 2011 年版，第 22 页。
② 师曾志：《新媒介赋权及意义互联网的兴起》，北京：社会科学文献出版社 2014 年版，第 34 页。

究，把研究成果尽快运用到互联网治理中。这需要顶层设计、学术研究、管理实施三管齐下。

笔者认为必须重视互联网伦理研究，一方面要把它作为人文社科研究的重大攻关项目，进行跨学科研究；另一方面要把研究成果付诸实践，用以指导互联网治理工作，这就需要用顶层设计来保障。我们认为，在中国互联网的伦理中，必须确立一种网络生态伦理，其基本原则，诸如无害原则、公正原则、尊重原则、允许原则和可持续发展原则应当得到遵守，以此来真正促进互联网的治理。

当前互联网伦理的主要问题表现为以双重标准对待网络空间和社会生活中的道德活动，即网络道德与社会伦理的冲突。这一冲突已经给社会生活造成了严重后果。网络道德教育，已成为21世纪教育一个无法回避的严峻问题。网络社会伦理问题的实质是信息权利的异化问题。因此，互联网伦理研究的重点应该着重于个人道德和社会伦理。

互联网的最大特色就是传播方式的个性化和匿名性，虚拟空间中的道德环境缺少他人的干预、管理和控制，更需要参与者在道德方面的自主和自律，自主性、自律性可以看作一种最终的道德诉求，并和其他特点共同构成新媒体伦理的基本特性。① 互联网空间创造了一个与中国传统文化不同的环境。因此当代中国互联网伦理的构建不仅需要继承中国传统文化中德行的优秀部分，也应当吸取西方伦理中尊重个体精神和意志的契约精神。伦理相对主义认为道德的正确或者错误的含义与社会的实际道德准则相关，这些准则随着时间和地点的变化而变化，任何道德只有在其特定的社会中才是正确的理论。②

互联网伦理是互联网治理的基础，互联网治理是互联网伦理的镜子。我们要通过伦理研究来推动互联网治理。因此，我们必须下功夫研究互联网伦理，并将研究成果付诸实践，这将是一项长期的、复杂的、艰巨的社会系统工程，但必须去做，否则将会阻碍我国互联网的持续健康发展。

（本文原载于《新闻与传播研究》，2016年第12期，原文名为"伦理应该成为互联网治理的基石"，作者：谭天、曾丽芸，有改动）

---

① 叶秀娟：《信息伦理学：应用伦理学研究的新领域》，《湖南第一师范学院学报》2003年第1期。

② ［美］迈克尔·J. 奎因著，王益民译：《互联网伦理：信息时代的道德重构》，北京：电子工业出版社2016年版，第14页。

第三编

# 广播电视学研究

　　广播电视学是一门年轻的学科，也是一个交叉综合的研究领域。对于广电，节目是最主要的研究对象，与大多数美学视角的研究不同的是，笔者更侧重传播学和传媒经济学的理论研究，在研究电视节目的时空特性、产品特性和节目形态之后，提出电视节目形态理论，这一理论能够更好地解释电视节目的生产、传播和运营。聚焦广播电视发展的前沿问题，还需要从传媒和业态层面展开研究，从体制机制到转向转型，还有主持人培养模式和广播的升级转型的研究。纪录片也是笔者的一个重要研究领域，对中国纪录片发展趋势、南派纪录片、中外纪录片对比等展开研究。笔者认为，在新的媒介生态中，广播电视学研究需要多学科、多视角、多方法的综合应用，而在其中，跨界、融合、创新成为关键词。

# 论作为空间产品的电视节目

当今，互联网和计算机技术给电视节目带来了巨大的影响，给节目创作、制作、传播和经营都带来了深刻的变化，这些变化在数字化生产、网络化传播、产业化经营等多个维度展开。节目研究也从作品到产品，从内容产品到形式产品，从时间维度到空间维度。本文试图从一个全新角度——"空间维度"来观照电视节目，探究电视节目在"生产—传播—经营"链条中空间变量的拓展，看看它能否给节目生产、创新和研究带来一场"空间革命"。

## 一、节目研究的新维度

长期以来，人们对电视节目的研究大多在文学和文化的范畴里。"电视是商品、媒体、意识形态载体，但首先，它是一种传达意义的文本。"[①] 因此，文本分析成为电视节目研究最主要的方法。那么，节目生产和传播又是一个什么样的过程？按照霍尔的编码解码理论，节目的创作和制作是一个编码过程，节目的传播和接受是一个解码过程。随着各种真人秀节目新模式的发展，也有不少人从社会学视角来解构和建构电视节目。因此，电视节目作为一个潜在的意义体，影视作品分析成为电视节目研究最常见的视角。然而，当今技术和商业对电视节目影响之大，使得我们的研究有必要拓展新的维度。

在市场经济的作用下，电视媒体都走上了产业化的道路，电视节目属性也随着电视媒体的产业属性而发生着变化。中国传媒大学胡智锋教授将中国电视节目的发展总结为了"宣传品—作品—产品"三个阶段，"宣传品"阶段突出的是电视节目的宣传教化功能，"作品"阶段展现的是电视节目的传媒性和艺术性的开发，而"产品"阶段电视受到市场化的深刻影响，因此电视节目的创新之路也表现为市场化和产业化的探索。[②] 受到电视媒体双重属性的影响，电

---

[①]　易前良：《中国"电视研究"的学科化及其现状》，《中国电视》2009 年第 1 期。

[②]　胡智锋、周建新：《从"宣传品"、"作品"到"产品"——中国电视 50 年节目创新的三个发展阶段》，《现代传播（中国传媒大学学报）》2008 年第 4 期。

视同时参与内容产品市场和服务产品市场的运行。由此我们在电视研究中引入了经济学视角，当电视作为内容产品时，它的表现形式是节目内容，销售对象是电视观众；当电视作为服务产品时，电视观众转而成为其表现形式，销售对象则是广告主。[①] 在电视传媒经济的研究中观照市场与产品之间的相互作用。与此同时，随着电视节目形态的不断发展、节目模式的不断创新，电视节目研究从内容延伸到形式，从作品迁移到产品。因此，节目形态研究和媒介产品分析成了新的研究视角。

随着互联网的发展和新兴媒体的崛起，电视节目传播和运营的空间大大拓展了，仅靠单一的电视频道已难以承载。从传播空间来看，电视传播从传统电视延伸到网络视频，形成一个全媒体多业态的制播空间；从经营空间来看，节目经营从线上拓展到线下，包括活动、衍生产品及相关服务，形成一个内容产业链。而这些延伸和拓展都通过媒介平台来实现其聚合与转换。此时，"平台"的概念被引入媒介研究，我们称新兴媒体的媒介组织形态为媒介平台，它是"通过某一空间或场所的资源聚合和关系转换为传媒经济提供意义服务，从而实现传媒产业价值的媒介组织形态"。[②] 在电视节目经营中，媒介平台作为节目与市场连接的中间性组织。各种电视节目资源在这个平台上聚合，问题在于如何把各种节目资源通过电视产业链中的各个环节、各个模块进行转换，从而实现节目更大的价值。没有运营的内容是没有价值的，没有平台的节目空间是有限的。在电视研究中引入与时间相对的一种物质存在形式——"空间"概念，可以更以节目为中心，更好地统摄电视产业链中所发生的媒介融合、制播关系变化以及节目创新手段更替。

在电视节目产业链中，内容生产、传播渠道、发行平台和接收终端是关键环节，于是笔者将电视节目的空间属性构成划分为生产空间、传播空间和运营空间，生产空间的转换关系着电视节目生产效率，生产空间包括节目创作的表现空间和节目制作的取材空间；传播空间的扩展是电视节目收视效果的有力保障，节目投放平台的选择是影响节目收视效果的关键环节；运营空间的转变影响着电视节目如何通过构建平台，更好地聚合节目资源、响应用户需求，从而实现其市场价值。新技术、新媒体、新业态的出现，让传统电视媒体不得不抛弃固有的"传者本位"思想，转而以用户为中心。在这一转变中，"空间属性"概念的引入能够为其提供重要的理论支撑。数字技术的应用、传播形态的改变，

---

① 唐月明：《电视产品的经济属性分析》，《现代传播（中国传媒大学学报）》2008 年第 2 期。

② 谭天：《基于关系视角的媒介平台》，《国际新闻界》2011 年第 9 期。

从空间属性上改变了传统电视内容产业。

## 二、节目制作多维建构

在电视发展历程中的很长一段时间里，电视节目的生产链条一直局限于电视专业机构内，从电视新闻节目、电视娱乐节目到电视剧，都由电视台或节目公司自己完成创意、制作流程，最后经由电视台播出面世。随着互联网的诞生、发展和利用，新兴媒体逐渐成为人们接触信息、面对社会、参与讨论的更大平台，电视专业生产的固有模式被打破了。新兴媒体改变了受众的固有身份，消融了媒介的边界，同时涵盖了文字、图片、音频、视频等所有内容形式。正因如此，电视节目既能作为传统电视的内容供应，也能用于互联网电视的内容集成。

### 1. 生产方式多样化

素材作为电视节目制作的基本来源，成为电视节目生产的物质基础和主要因素。早前电视节目创作的素材来源基本依赖于节目制作方自己拍摄或电视台库存的影像资料，于是如中央电视台这类发展历史比较久远、资料积累比较深厚的电视台在竞争中具有先天的优势。数字化成就了庞大的素材数据库，网络化大大拓宽了素材的来源，由此也改变甚至消除了电视媒体之间这种制作资源的差距。

首先，互联网扩展资源获取渠道。作为内容集成平台，新兴媒体通过编辑集成内容并面向公众发布，让内容不再成为稀缺资源。通过计算机信息检索功能，电视节目即可从新媒体内容集成平台上完成提炼选题资源、获取内容素材、联系节目嘉宾等一系列动作。如内蒙古电视台在 2007 年改版推出的主打节目《博客播客》就是国内首档将博客和播客热点搬上银屏的脱口秀节目，该节目完全取材于网络中的海量博客内容，通过主持人的另类解读，为观众提供不同的观点。

其次，UGC（用户生成内容）创新内容生产链条。新兴媒体从技术上解决了传受关系角色互换的难题，媒介平台为用户提供了内容生产、参与制作的平台，同时也成为用户自主发表作品的空间，彻底颠覆了原有的"媒体发布—受众接收"的传播链条，开启了用户为媒体生产内容的新时代。用户在视频分享网站、网络社区、社交网站上传的大量原创视频作品、图文稿件都成为电视节目素材的主要来源，比获取资源更进一步的是，UGC 将所有用户纳入节目制作范围，从数量上扩充了电视节目的创作队伍。如江西卫视《家庭幽默录像》在节目开播早期，部分节目内容取材于网友的网络视频分享，随着节目发展成熟，节目组搭建了自己专属的网络平台，有奖征集网友自己拍摄的家庭录像片段，并借此组建拍客团队。

2. 表现空间多元化

从媒介表现形式来看，电视节目是一种影视作品，图像声音既是其信息传播的载体，也是其内容表现的符号。在数字化和网络化的作用下，图像经历了影像—拟像—视像的演变过程。传统电视时代的图像我们叫作影像，影像的内涵是"物质世界复原"，在光的反射作用下，对现实物质世界的显像。它不仅包括复原画面，还包括复原声音。影像具有纪实性、时效性、直接性等特性，这些特性构成了电视节目的美学特征。

数字技术令电视节目的视觉传达发生了变化。"'现实'和'影像'之间的关系发生了逆转，不是前者决定后者，而是后者决定前者。"[①] 这里的影像我们把它叫作"拟像"。拟像指的是随着电脑技术的兴起，大量复制、极度真实而又没有客观来源、没有任何所指的图像。拟像包括数字动画和数字合成的图像。它没有原来的可以复制的形象，也没有模仿的特定所指，纯然是一个自我指涉的自我符号世界。大型纪录片《故宫》就是运用电脑特技和三维动画技术显示了强大的时空再造能力。这种拟像有超越时空的效果，不仅可以造就视觉奇观，还具有超真实性。在电视新闻节目中也大量运用拟像，如：汶川地震中的赈灾地区模拟三维地图；三维动画演示了"嫦娥二号"登月的整个飞行过程。

网络电视的出现，使得电视图像继影像和拟像后，以新的形式呈现，我们把它叫作"视像"。在互联网上传播的图像信号我们把它叫作"视频"（video），由它构成的图像我们叫作视像，视频是一个侧重于物理特性的概念。而视像是一个视觉传播的概念。视像是"指与现代电子光学技术密切相关，随着现代电子传播媒介发展起来，以电视与网络为主要传播方式，主要作用于人们的视觉与听觉器官的图像艺术"[②]。视像具有互动性、碎片化和聚合性的特性。它包括在各种互联网和移动互联网终端传播的视频内容，如网民创作和上传的微视频、微电影。或许比起专业人士创作的影像和拟像，它不够精良，但从接受美学的角度来看，通过传受双方的互动，它具有更加多元化的个性表达和文化选择。

随着传统电视与新兴媒体的融合，影像、拟像和视像也结合应用到节目的

---

① 易前良：《美国"电视研究"的学术源流》，北京：中国传媒大学出版社 2010 年版，第 132 页。

② 林燕：《影像·拟像·视像——中国电视的图像流变》，暨南大学硕士学位论文，2010 年。

创作和制作之中，不仅极大地丰富了节目的表现空间，而且寓节目生产于传播之中。

## 三、节目传播交互空间

长期以来，电视台一直处于"传者本位"的状态，制作什么样的节目、播出什么样的节目，全部由电视台说了算，而观众只能作为被动的接受者，按照电视台播出的安排收看节目。随着网络媒体交互式传播的发展和影响，受众的认知主体意识不断加强，受众变成了用户，并由被动接收者逐渐转变为主动传播者，甚至成为节目制作的参与者。这让电视产业发展必须以用户为核心，满足用户的自我意识实现。用户（包括观众和网民）在媒介平台上所形成的社交议题、谈资和争论以及由此形成的大数据都对电视节目的传播产生着巨大的影响。

1. 社交影响节目传播

中国电视观众随着中国电视半个多世纪的发展，经历了电视机还是稀缺资源时期，亲朋好友在院落集体观看电视节目的阶段，到后来电视机普及之后，在客厅收看电视节目的阶段，再到现阶段网络的普及后，电视观众在收看电视节目的同时在社交媒体上进行讨论的阶段。在看电视的时候拿出手机或是平板电脑，这已经是中国电视观众的一种常态，我们在收看电视的同时，在微博、微信等社交媒体上与朋友们探讨着今晚播出的热门节目。这种讨论有利于观众关注电视节目，并保持用户黏度和传播热度。于是媒介平台的信息传播、节目推送成为电视节目不容忽视的新阵地。

纪录片《舌尖上的中国》在播出当天就成为新浪微博的热门话题，这也得益于该片总导演陈晓卿在播出当天发布的一条关于《舌尖上的中国》即将播出的预告微博引起其粉丝大量转发。正是微博粉丝效应，增加了不少节目播出收视率。而后，微博热议和淘宝热卖合力形成了该片的滚雪球效应。这意味着，媒介平台已经成为电视节目播出的第二战场，电视节目的传播不再局限于电视媒体，虚拟社交平台的延伸拓展了电视节目的传播空间。

2. 话题引发传播裂变

观众在媒介平台讨论的过程中会形成各式各样的话题，而当这些话题满足"观点传播"和"社会利益"时，则会继续发酵形成传播裂变。

以微博为代表的社交平台通过用户之间的"加关注""互粉"行为建构用户庞大而复杂的虚拟社交网络，在用户之间的信息传播以"网状传播"取代了传统媒体的"线性传播"模式，"评论""转发"功能则实现了网状传播之间的信息交流和互动。当微博话题被大多数用户判定为"具有社会价值"，则会通过用户之间所建立的传播网络产生传播裂变，在这一过程中不断衍生出海量信息，卷入其他媒体，而粉丝效应则让信息的传播速度呈几何式增长。

观众讨论的过程即节目二次传播的过程，讨论所形成的话题又被报道而形成节目多次传播。通过裂变式的话题传播，电视节目不断受到关注，节目影响空间由电视频道延伸到多个媒介平台，同时拉长了节目播出结束之后观众的关注时间，甚至吸引大量非观众的网民关注，进而形成更广泛的关注和更强大的传播。

3. 数据定制传播内容

观众在媒介平台上的话题讨论不仅增加了节目的影响力，同时会形成观众与节目之间的互动，并为节目的发展走向提供依据。随着互联网、物联网、电子通信、数据挖掘等技术的快速发展，数据积累已经达到了需要通过云计算才能完成的大数据时代。电视媒体通过大数据反馈受众信息，预测受众兴趣走向，并以此为依据定制电视节目内容。

2013 年通过网络被中国观众所熟悉的美剧《纸牌屋》正是基于大数据的挖掘得以面世。《纸牌屋》的制作方 Netflix 是美国著名的视频网站，该网站通过对用户数据的抓取发现 20 世纪 90 年代初的 BBC 老片《纸牌屋》被很多用户点播，而在这些用户当中大部分人都喜欢导演大卫·芬奇的作品，同时凯文·史派西主演的电影也受到多数点播用户的青睐，于是制作方邀请大卫·芬奇和凯文·史派西组成主创团队翻拍这部同名政治题材连续剧，推出之后为 Netflix 带来了巨大收益。

国内从《超级女声》开始，观众的线上线下投票就已经成为推进节目进程的重要手段，通过投票所形成的数据决定选手的去留，全民参与的快感让节目一时间"万人空巷"。而一炮而红的《爸爸去哪儿》更是将第二季节目的规划权交给数据，通过开通网络投票平台，征集、选定节目嘉宾、拍摄地以及亲子任务。

通过数据挖掘定制传播内容，即将节目外的空间信息反馈到节目内，影响节目创新思路及内容制作。可以说，通过互联网这一虚拟空间，实现了节目生产于传播之中。


## 四、节目经营平台运作

据统计，截至 2014 年 6 月，我国网民规模达 6.32 亿，互联网普及率为

46.9%，其中手机网民规模达 5.27 亿。[①] 中国网民的互联网使用行为已经呈现由"广"至"深"的发展趋势，生活互联网程度全面铺开。这一现状促使着电视节目的运营不得不考虑虚拟空间的开发。

第一，网络改变电视观众的观影习惯，从传统电视节目拓展到网络视频节目。目前，中国网络视频用户规模达 4.39 亿，网络视频用户使用率为 69.4%，网民的网络视频使用率为 55.7%，相比 2013 年底增长 6.4 百分点。[②] 显然，网络视频已经成为节目一种极为重要的传达方式。其一，网络视频多样的接收终端解除了电视观众的收视空间限制，手机、平板电脑让观众从客厅中解放出来，可以在任何时候任何地方用任何方式收看节目。其二，网络视频逐步与电视节目同步播出，且内容资源更为丰富，让电视节目时效性不再具有收视优势。其三，网络视频打破了电视播放周期和固定时间的限制，实时点播改变了电视节目线性播放的缺陷。种种改变，让电视观众开始大规模向视频用户转移，广告投放已不局限于电视频道，收视率已经不再是衡量电视节目受众市场的唯一指标，网络视频点击量早已不容小觑。纵观全局，无论是当红电视剧还是热播节目均具备网络播出平台，或由电视台网站播出，或投放专业视频网站。想要开发受众资源，在节目市场占有一席之地，追寻观众脚步，台网联动已经不可避免。

第二，移动终端影响电视观众消费行为。2014 年，我国手机视频用户规模为 2.94 亿，与 2013 年底相比增长了 19.1%，与此同时，移动终端开始逐渐占有视频节目用户，"尤其是 10 ~ 29 岁的年轻用户，在移动端看视频的比例在 69% 以上"[③]。用户的收视终端迁移不仅是接触点的改变，带来的还有内容消费的变化。受到互联网发展以及人们生活节奏不断加快的影响，网民的阅读、观影都呈现出碎片化的特点。动辄几十分钟甚至几个小时的常规电视节目已经无法迎合观众的移动观影行为，短小精悍的微电影、微视频更能吸引移动终端用户。

第三，平台创新节目商业模式。媒介平台催生了节目经营的新模式，丰富了节目盈利手段。电视节目产业链已不囿于传统电视的经营范畴，制播分离把电视节目带入了社会化生产的空间，而媒体融合则把电视节目带入了 O2O（线

---

① 中国互联网络信息中心第 34 次《中国互联网络发展状况统计报告》，http://www. cnnic. net. cn/gywm/xwzx/rdxw/2014/201407/t20140721_ 47439. htm，2014 年 7 月 22 日。

② 中国互联网络信息中心第 34 次《中国互联网络发展状况统计报告》，http://www. cnnic. net. cn/gywm/xwzx/rdxw/2014/201407/t20140721_ 47439. htm，2014 年 7 月 22 日。

③ 中国互联网络信息中心第 34 次《中国互联网络发展状况统计报告》，http://www. cnnic. net. cn/gywm/xwzx/rdxw/2014/201407/t20140721_ 47439. htm，2014 年 7 月 22 日。

上线下）的广阔天地。

电视民生新闻经过逾 10 年的发展，已接近天花板。如何突破瓶颈？广东广播电视台公共频道民生新闻节目《DV 现场》选择了从节目经营到平台运营，从经营观众到服务用户的突围策略。除了保证高收视率维护节目品牌之外，他们还充分利用官网、官方微博和微信订阅号进行网上推介、征集话题、受众互动等平台运营活动，同时积极开展各种线下活动，如公益项目"苹果书店"、经营项目"小记者夏令营"等。他们还开发各种电视节目衍生产品。《DV 现场》的空间运营思路是：新旧媒体融合，线上线下对接，公益盈利并行，围绕电视节目品牌，打造一个全媒体新业态的新媒体平台，追求节目经营空间的最大化和最优化。

从《中国好声音》到《爸爸去哪儿》，如今一些现象级节目已经不是传统的、单纯的电视节目，它们依托电视台，发力新媒体，成为一个跨越时间和空间的内容产品和服务产品，甚至成为一种文化现象和商业案例。湖北荆州电视台的《垄上行》不仅从一个节目发展成一个频道，更发展为一个从线上内容到线下服务的全省传媒公司。从"节目"到"平台"，可以说是对电视节目外延的空间拓展，它不仅让节目经营发挥更大的效益，而且也为电视产业赢得更大的生存发展空间。

至此，我们将电视节目"空间属性"归纳为：生产空间多元化，传播空间社交化，运营空间平台化。作为空间产品的电视节目也呈现几个特点：新旧媒体融合、线上线下并举，节目变身平台，以互联网思维创新创优节目。"空间革命"让节目的范畴也突破传统电视的边界，"电视"二字不再能够作为"节目"的固有定语。或许，"视频节目"能更准确地描述现阶段媒介融合状态下既可投放电视又可投放网络的音、视频并举的内容形式。或许，"节目"的概念更能兼容多媒介、多终端、多界面、多平台的空间表述。

[本文原载于《现代传播（中国传媒大学学报）》，2016 年第 2 期，原文名为"论作为空间产品的电视节目"，作者：谭天、覃晴，有改动]

# 论作为时间产品的电视节目

在当今激烈的媒体竞争面前，电视节目不仅需要从内容生产方面来研究，还需要从传播形式和节目经营两个方面来考虑。喻国明教授认为："媒介产业是内容产业，它的核心产品是做内容。但是，这个内容产业在发展过程中的关注重心一直是按照'核心产品—形式产品—延伸产品'这样一种发展逻辑循序前进的。"① 当今电视从"内容为王"向"产品为王"拓展，不仅是内容产品，还是形式产品、播出产品和时间产品。胡智锋、周建新认为："电视传媒不仅仅是一个影像空间概念，也是一个时间的概念。电视播出时间与人们日常生活的自然时间具有同步性，所以电视的传媒特质就是'日常生活的伴生物'。这种特质体现为'时效性'或'及时性'，具体表现为时代性、时尚性、时下性、时机性、时段性。"② 笔者认为，"时代"和"时尚"蕴含在电视节目的文化内涵之中。在时间产品的视阈下，电视节目中的"时间"主要体现为五大要素：时长、时机、时序、时段和时效。时间作为电视节目制作、传播和经营中不可缺少的一部分，正成为继"声音"和"画面"之后的第三大节目构成元素。本文将通过分析这些构成要素及相互之间的关系，为电视节目更好地传播和运营提供理论支持。

## 一、基本要素：时长

在电视节目制作、播出和经营中，给电视节目一个固定的时间长度，对节目的专业化生产、观众的收视习惯以及电视媒体的经营管理都有至关重要的作用。

首先，便于电视节目的标准化生产。随着商业电视的全面渗透和频道专业化的推进，种类繁多的电视节目必须遵循一个适应播出市场的制作标准。与此

---

① 喻国明：《2007：中国传媒产业的三种转型》，《传媒观察》2007 年第 9 期，第 8 页。
② 胡智锋、周建新：《电视节目编排三论》，《现代传播（中国传媒大学学报）》2006 年第 5 期，第 82 页。

同时，电视节目的制作按照统一标准来生产，形成节目生产的流水线，有利于提高电视节目的生产效率和质量控制。从某种意义上说，节目时长的标准化体现了当今电视媒体的科学管理水平。时长标准化既提升电视节目制作的专业性，同时也是电视节目运营规范化管理的重要标尺。与此同时，时长也是电视节目其他时间要素的构成基础，时机、时序、时段和时效无不与时长发生这样或那样的关系，可以说时长是电视节目的基本构件。

其次，便于受众观赏心理的把握。当今社会已进入注意力高度分散的时代。那么，节目时间大概需要多长才能切合观众的"注意"心理呢？央视"索福瑞"收视数据表明，2008 年上半年全国电视观众日人均收视段数为 14.1，假定观众每段只收看不同频道，则观众指向选择收看的频道最多不过 15 个；数据还表明，2008 年上半年全国电视观众日人均每段收视时长为 14.9 分钟，这表明观众平均的收视注意集中程度为 15 分钟，我们称之为"双 15 现象"。因此，基于15 分钟收视时长的相对稳定性，可以将这一时长视为电视节目的版块设计和节目编排的基本依据，节目时长设计最好为 15 分钟的倍数。电视节目有了固定的时长之后，电视媒体可以很方便地根据其时间长度来安排节目和广告的播出。同时，竞争频道之间的差异化编排也可以适当考虑 15 分钟的收视错峰，时长也是时段设计的基础，是节目和广告播出的重要参数。有固定时长和固定播出时间（包括广告时间在内）的电视节目，便于电视台依据观众收视规律制订科学合理的广告投放计划，有效提高广告到达率。

然而，我们对时长的认知并没有到此为止。雷蒙·威廉斯在《电视：科技与文化形式》中提出"流程"的概念，他认为："过去，我们只关注'节目'，以为广告、片花等是'插入'的外来物，不能算'节目'，被弃置一旁。现在，'流程'的概念取代了'节目'，也就是说，所有内容都被看成电视'流程'中的一部分，共同构成一个整体。"[①] 雷蒙·威廉斯强调要考察节目与节目之间、节目内部各部分之间的关联。如此一来电视节目就具有更丰富的内涵，节目时长也就更具弹性，电视节目中各时间要素之间的关系也变幻莫测。尤其在电视节目进入互联网及移动网之后，还会形成新的收视习惯和节目时长。同时，在非线性传播中，电视节目时长更具弹性。

---

① 易前良：《美国"电视研究"的学术源流》，北京：中国传媒大学出版社 2010 年版，第 121 页。

## 二、播出要素：时机与时序

时机和时序是电视节目播出中的两个重要节点，也是电视节目构成在传播维度上的时间要素。

1. 时机

时机是指电视节目对制播时间（此处的时间亦可理解为情势和机会）的选择，是电视媒体进行传播活动时的一种策略选择。电视媒体作为意识形态和上层建筑之一，其传播活动明显地要受制于它所处的社会政治、经济、文化及舆论环境。能否有效取得电视传播效果与电视节目播出时机的选择有很大的关系。"此一时，彼一时"，"应时而动"，适应时下社会环境，那么，电视传播效果便会因此而得到一种外界环境的助推力，就会取得良好的社会效果；反之，如果电视传播与时下社会及舆论环境相悖，那么，其传播效果必然会受到外部环境的制约，甚至会遭遇停播或禁播的遏制。如何准确把握适应外部环境的播出时机，也是对电视节目传播者政治、文化、舆论等意识的综合考验。

那么，如何才能够做到电视节目制播当中准确的时机选择呢？这既需要电视从业者（尤其是决策层和制片人）良好的政治素养，更需要他们敏锐的专业素养。2008年北京举行举世瞩目的奥运盛会时，电视媒体与奥运主题元素结合紧密的节目大量涌现，综艺节目当中收视率最好的要数湖南经视的《奥运向前冲》（后更名为"智勇大冲关"），这是"顺势而发"。也有在"时间差"上做文章的，为了避开央视春晚的强档播出，2010年元旦期间，全国十六家省级卫视纷纷举办跨年晚会，争夺另一个收视市场。

然而，也有不少电视节目由于播出时机选择不当，不仅不能取得良好的传播效果，而且大打折扣甚至难以播出，如在深夜播出少儿节目，节庆期间播出悲情的节目。时机选择的参数包括政治、经济和文化诸多因素，既有意识形态的考量，也有媒体运营的考量。制作精良、时机准确的节目如果不能选择在合适的时间播出，同样也达不到预期传播效果，这就关系到时序安排了。

2. 时序

时序是节目元素、结构等在时间轴上的排列顺序。它包括节目在宏观上的结构编排和微观上节目内部各个元素及环节的排列组合。时序的设计是否科学直接关系到能否让观众完全置身于收看节目的"游戏规则"之中，使其对节目收看欲罢不能，从而增强传播效果和用户黏度。时序又分为宏观时序和微观时序。

宏观时序是根据市场环境的需要、频道本身的资源以及受众特征对节目结构进行排列组合。结构是电视频道的基础和框架，对节目的结构进行合理科学的构建，目的是追求频道整体收视的最大化。观众流理论认为：观众的收视过程是一个流动的过程，流向分为三类：观众持续收看某频道节目称为"顺流"；反之，当观众转向其他频道时，则称为"溢流"；若观众从其他频道转向本频道，则称为"入流"。观众流的核心理论就是保持频道观众流的顺畅流动，最大可能地实现"顺流"和"入流"，防止"溢流"。时序的安排是一种策略选择，它有多种方式：一是吊床式，即将一档较弱的节目安排在两档较强的节目之间，以拉抬中间这档较弱节目的收视；二是"搭帐篷"，即用强势节目拉动其前后节目的收视率；三是无缝链接，即在前一档强势节目之后迅速播放另一档节目，以便前面节目的观众顺利流入下一档节目。如央视在《新闻联播》之后随即播出《焦点访谈》，这是根据观众的节目需求和收视心理特征巧妙安排的播出方式，顺应观众的收看兴趣，形成"顺流"。

微观时序是指在一个具体节目模式设计上对节目内部各个元素和环节、版块等按照时间的先后顺序进行排列，使这种形式规则更加符合观众的收视心理，这是一种叙事学框架内的考量。微观时序也可说是节目的叙事时序，往往通过悬念设置和限知视角来进行时序上的设计。如真人秀就是通过一套游戏规则使业余的演员（节目参与者）有了专业的演技，让游离的观众变成了忠实的粉丝。因其情节扑朔迷离、跌宕起伏，大大满足了观众的收视欲望，其成功与它对时序安排的巧妙把握是密不可分的。

需要特别指出的是，随着数字电视的普及，机顶盒和 DVR 的使用也会打破时序的线性编排，但是时序及运用还是会在一定的程度和范围内存在，至少在节目单元里，叙事时序是一样的。互联网视频传播的碎片化和聚合化是并存的，这种聚合也会形成一种新的时序结构，即非线性网状时序结构。

## 三、运营要素：时段与时效

当今电视节目面对的不只是观众，还有受众和用户，他们是内容的接收者和产品的消费者。时段和时效是电视节目在经营维度上的两个要素。

### 1. 时段

时段是指电视内容在播出时自然分出的一个个时间间隔和段落，它是时长的整体组合和宏观集合。电视台往往根据受众的收视习惯、职业需求、人口统计学状况和作息规律等将 24 小时的时段区分为黄金时段、次黄金时段和非黄金时段。正确的时段选择、科学的节目编排，不仅利于聚集稳定受众，同时也利于电视节目的经营。

时段经营和受众经营的目标是使好的节目在合适的时段内有针对性地传播给目标受众。时段经营不仅可以提高某个节目的收视率，更可以利用各种编排策略拉动强势节目前后的收视，使弱势节目分享强势节目的收视便利，从而做到整体收视的最大化。建立在掌握观众收视规律的时段开发经营，有利于培养忠实观众，塑造节目和频道品牌，提升竞争力，增强影响力。

美国市场学家温德尔·史密斯指出，市场细分是指根据消费者购买行为的差异性把一个总体市场划分成若干个具有共同特征的子市场的过程。市场细分的出发点是消费者需求的差异性，目的是依据消费者的不同需求制定营销策略，从而获得最佳经济效益。受众是电视节目运营的终端消费者，从传播心理学和社会学两个角度对受众进行划分，可以为受众经营和市场细分提供理论依据，也是电视媒体针对受众制定精准的营销策略的基础。

从社会学角度来说，根据梅尔文·德弗勒的受众社会分类论，受众可以根据年龄、性别、种族、文化程度、宗教信仰以及经济收入等人口学意义上的相似而组成不同的社会群体。在我国学界，目前对电视观众的分类主要采用人口统计学的方法。这一方法是与梅尔文·德弗勒的受众社会分类论相近的。如央视"索福瑞"媒介研究数据反映的我国现阶段观众构成的基本信息，也为电视节目的节目编排和受众经营提供了科学依据。

基于收视数据和受众分析的节目编排就是对节目在以时间为横坐标、受众为纵坐标的坐标系内所进行的排列组合。科学合理的节目编排，是对时间的合理搭配与组合，更是基于受众心理对电视节目运营的"排兵布阵"。广东南方电视台经济频道运用"节目集群"的概念来进行时段经营，它们围绕社会民生的节目理念构筑跨节目形态的"民生节目集群"。在每天晚上，把民生新闻报道《今日一线》、民生故事演绎《真实故事》和民生新闻评论《马后炮》编排在黄金时段，从而形成了节目播出的规模优势。培养观众顺势收看的习惯，可以说经营时段就是经营观众。

2. 时效

一般意义上的时效，是指信息传播能够发挥有效作用及其价值的时间范围，如新闻时效、法律时效等，他们都是给某一事物一个发挥效力的时间范围。时效在各类电视节目中的体现也不尽相同，在新闻节目里，主要体现为快捷和有效，蕴含在对新闻价值和传播规律的判断里。但对于其他电视节目也同样存在时效问题，这里的节目时效还表示电视节目在单位时间内承载的有效信息量，即电视节目内容传播的效度，也是观众接收信息的效度，是指电视节目这一时间产品开发利用的效率，而不只是通过增加时间长度的方式来增加信息量。

在媒介技术和传播渠道日益多元化的今天，受众进入了注意力高度分散的时代。在这个时代里，电视节目更应注重时间的效率，信息含量低、价值效用不高的电视节目显然不能满足受众的收视需求。一档节奏紧凑、时有所值的电视节目能够最大限度地吸引观众的注意力，而一档内容拖沓、节奏缓慢的电视节目则易于造成观众的腻烦心理。因此，传统电视媒体要想抓住受众的眼球，必须使节目每分钟都"时有所值"，充分发挥每一组镜头的时间效用，这便是"时效"的价值所在。

当今电视剧播出和运营已充分体现电视媒体的产业功能，目前我国电视剧都是按集数来定价，集数越多，电视剧的价格也就越高，因此不乏片方在制作节目时故意将节目拉长，最终出现"注水剧"的现象。从电视台的角度来看，电视剧的集数越多，在中间插播广告的机会也就越多，其广告经营收入也会增长。基于此，电视台往往不会拒绝"注水剧"的播放。如 43 集电视连续剧《我的团长我的团》，就有研究者指出"如果压缩成 30 集肯定是精品，20 集就是极品了。与其说是看情节，更像听报告，很多时候两个人的对白加不断的闪回，就是一集。某些愤世嫉俗、举世皆醉我独醒的对白，把整个片子有意思、有意义的东西，解构得七零八碎"①。观众也纷纷表示此剧"节奏太慢，剧情不够紧凑，对话太多太繁"，"完全可以压缩一半多没用的东西"，等等。如今，冗长缓慢的节目尤其是"注水"的电视剧所遭到的反抗声音越来越大。

## 四、时间要素之内外关系

从传播学来看，时间产品是一个与内容产品相对应的形式产品，它更多表现在产品的外在形式；从经济学来看，时间产品是一个与实物产品相对应的非实物产品，时间产品是虚拟信息传播的载体，充当着"价值尺度"的角色。电视节目作为时间产品，各时间要素之间并不是孤立存在的，而是相互依存、相互影响的，从而形成各种错综复杂的组合关系。与此同时，电视节目还是一个空间产品，无论是表现空间还是传播空间都体现一定的时间性，因此形成电视节目在制作、传播和运营中特定的时空关系。

---

① 曲慧：《〈我的团长我的团〉：一部 43 集电影的失败与伟大》，《青年周末》2009 年 3 月 26 日。

1. 组合关系

如上所说，电视节目在制播与经营中的时间特性主要体现在：时长、时机、时序、时段和时效五个方面。时长是电视节目制作、播出和经营的基础构件，同时也是其他时间要素的尺度标准，但它最主要的功能还是电视节目制作标准，体现电视媒体节目管理的专业化程度。时机和时序主要体现在电视节目的传播功能，它既是传播效果的体现，也是传播策略的参数。它是媒体与政府、公众及广告客户博弈的结果。如果说时机和时序体现在电视节目对外部环境的应对和内部规则的设计上，那么，时段和时效则主要体现在电视节目与观众互动和目标市场的对接上。时段和时效主要体现在电视节目经营方面，不仅承载电视节目的传播功能，而且承载电视媒体的产业功能。从广义上来说，所有的时间要素都要体现在提高时间效用的最终目标上，因此可以说"时效"是整个时间产品构成中的核心价值所在。换句话说，时长是电视节目时间运用的出发点，时效是电视节目时间运用的归宿。

时机与时序结合的统一体是电视栏目，电视节目的栏目化"是一种节目的规格化，固定节目的播出时间以及播出时长，不仅可以使电视节目按照计划进行标准化生产制作，同时也便于观众收看"①。栏目化便于形成观众与节目的"约会"意识，固定节目的时长有助于安排节目固定的播出时间，而固定的播出时间便于观众认知和记忆，观众能在频道"规定"的时间内回到记忆"规定"的节目上，有利于观众收视习惯的形成，为培育观众的忠诚度打下基础。

因此可见，时机和时序的运用承载着电视节目的传播功能，同时也承载着电视节目的产业功能。广告插播与节目内容的编排也体现出时序设计的效果。如江苏卫视《人间》栏目的流程设计是：悬念—广告—悬念—广告—揭底。主要是以设置各个兴奋点（悬念）为主线，在观众对事件的一个段落最为着迷时插入广告，从而也拉升了这个时段广告的收视率。这个例子说明时序与时段有紧密的联系，这种联系实际上是传播与经营的结合。事实上，每天电视节目的播出安排已经成为观众、媒体和广告商的一场博弈。

时段与时效的关系是互为因果的。一个科学编排合理结构的时段，无疑会提高信息传播和利用的时间效度。而提高时段上每一个节目、每一个单元的信息效度，也就是实现时段价值的最大化。目前，我国电视竞争已进入频道时代，越来越多的频道引入"全时段播送"的节目理念，力求发掘非黄金时段的收视价值，提供给本地观众更丰富的内容选择。由此可见，时段和时效除了体现时

---

① 徐立军、袁方：《电视播出季——频道编播创新前沿》，北京：中国传媒大学出版社2006年版，第57页。

间轴上的传播特性之外，更多地体现了电视节目的产品属性和电视媒体的产业功能。随着制播分离的推进，对于节目制作公司而言，电视节目作为时间产品的营销更显重要。电视节目制作公司销售的方式为直接出售和以节目换广告时间两种。公司销售的产品包括两类产品：一为内容产品——节目本身，二为时间产品——广告。营销既包括对节目内容的营销，也包括对广告时间的营销。

2. 时空关系

电视节目时空关系的认识包括微观和宏观两个层面。微观层面是指时间、画面、声音这三者的关系。在电视节目构成要素中，画面和声音都跟时间有着紧密的联系。从视听语言和影像空间的角度来看，电视节目是由画面和声音构成的，而时间则是画面和声音的函数，节目（$G$）与画面（$P$）和声音（$S$）的关系如下：

$$G = P\ (t)\ + S\ (t)①$$

例如，画面往往不是一个静止的画面，而是一个运动的画面，时间是这个运动画面的因变量，如不同的时序会影响画面的表达效果，所以电视画面是一个运动的三维空间。电视节目中的声音也是运动的，时间也是它的因变量，声音和画面构成了运动的四维空间，加上作为传播过程的时间，就成为五维的视听传播空间。电视节目既是一个影像表达空间，也是一个视听传播概念，既追求意义的表达，也讲究传播的效果，这就是微观层面的电视节目时空关系。

那么，何为宏观层面的时空关系呢？在数字时代和网络传播中，传统电视节目变成了可以进行各种网络传播的数字音、视频节目，互联网和移动互联网的传播规律、受众行为和媒介生态也会影响音、视频节目形态及其各种时间要素，我们对时间特性的认识还需要不断更新、拓展和深化。"作为播出产品的电视节目还具有两种形态：第一，它是单一传播渠道的时间产品，如电视栏目化，栏目就是典型的时间产品；第二，它是跨越多个传播媒介的空间产品，如大型活动的多媒体运营，多媒体播出的视频节目。"② 从媒介产品的角度来看，电视节目既是制作的内容产品，也是播出的形式产品。不同的空间产品也会影响并形成不同的时间产品。

我们再回到时间产品与内容产品以及文化产品的关系上。一方面，形式是为内容服务的，如何在电视节目制作、播出和经营中巧妙地运用各个时间要素，

---

① 谭天：《批评与建构——聚焦中国电视》，广州：暨南大学出版社 2009 年版，第 111 页。

② 谭天：《论电视节目形态构成——一种用于电视研发的理论模型》，《现代传播（中国传媒大学学报）》2009 年第 4 期，第 74 页。

更好地为电视内容生产与传播服务是电视媒体运营的最终目的。另一方面，过于功利的时间产品也会给电视节目带来负面影响。"媒介时间的即时思维影响了人们的认知、记忆与行动，造成了当代文化纵深感的消逝。"① 这就涉及了电视人是站在什么立场上或层面上进行电视节目这一时间产品的生产、传播、经营和管理，既要考虑媒体经济利益，也要考虑社会文化责任，这才是电视节目传播运营者正确的时间观。时间产品、空间产品等形式产品与内容产品的关系是一个更大的话题，就不在本文展开论述了。

［本文原载于《现代传播（中国传媒大学学报)》，2012 年第 2 期，作者：谭天、刘海霞，有改动］

---

① 卞冬磊：《再论媒介时间：电子媒介时间观之存在、影响与反思》，《新闻与传播研究》2010 年第 1 期，第 54 页.

# 论电视节目形态构成

当今电视的竞争是"内容为王，形式为先"，电视节目的发展已从内容竞争拓展到形式创新，电视节目形态研究也成为我国电视理论界一个重要研究课题。然而，笔者发现无论是业界的研发还是学界的研究，大多仍停留在案例分析和类型研究的层面，未能从学理性层面深入、系统和科学地研究电视节目形态理论。本文通过构建理论模型，建立电视节目形态理论体系，希望给予电视节目形态研发更有效的理论支撑。

## 一、电视节目形态的研究

近年来，电视界出现了一种对创新电视节目形态的狂热。"一是盲目迷信创新的力量，不计成本地大动干戈，导致大量优质的品牌节目无疾而终；二是把形态仿制作为形态创新，导致新一轮的同质化；三是无视电视节目形态发展的趋势，为创新而创新，只求与自己既往的节目不同，而不看创制的节目是否符合电视传播的规律。"① 那么，如何创新节目形态才符合电视传播规律呢？这就要深入电视节目形态的内部结构中去进行研究。

当今电视节目形态的研究十分热闹，笔者输入关键词"电视节目形态"，在期刊网上搜索到183篇论文。2001年，朱羽君和殷乐在《现代传播》上发表的系列论文是最早的系统研究，他们把电视节目形态分成六大类：电视娱乐节目、电视谈话节目、电视新闻节目、新闻现场直播、电视评论节目、电视纪录片。②

① 张小琴、王彩平：《电视节目新形态》，北京：中国广播电视出版社2007年版，第105页。
② 朱羽君、殷乐：《减压阀：电视娱乐节目——电视节目形态研究之一》，《现代传播（中国传媒大学学报）》2001年第1期；朱羽君、殷乐：《大众话语空间：电视谈话节目——电视节目形态研究之二》，《现代传播（中国传媒大学学报）》2001年第2期；朱羽君、殷乐：《信息社会的活跃时空：电视新闻节目——电视节目形态研究之三》，《现代传播（中国传媒大学学报）》2001年第3期；朱羽君、殷乐：《寰球同此凉热：新闻现场直播——电视节目形态研究之四》，《现代传播（中国传媒大学学报）》2001年第4期；朱羽君、殷乐：《声音的汇聚：电视评论节目——电视节目形态研究之五》，《现代传播（中国传媒大学学报）》2001年第5期；朱羽君、殷乐：《文化品质：电视纪录片——电视节目形态研究之六》，《现代传播（中国传媒大学学报）》2001年第6期。

国外电视节目形态的研究主要来自两个方面，一方面是电视传播研究的学理层面，如美国的《视觉传播形象载动信息》（保罗 M. 莱斯特）、英国的《理解电视：电视节目类型的概念与变迁》（大卫·麦克奎恩）等，分别从视觉传播、节目类型变迁等方面进行论述，为电视节目形态研究提供了理论基础；另一方面是拥有知识产权的节目模式研发的应用层面，如近年来大量介绍的各种国外电视节目模式的译著，这些案例为学习和移植国外节目形态提供参考。

电视节目形态研究的专著也有好几部。陈国钦和夏光富的电视节目形态分为：电视新闻类节目、电视文艺类节目、电视剧、电视娱乐类节目、电视纪录片、电视广告，甚至还有电视节目主持，共七类。[①]

孙宝国的分类是：电视新闻节目、电视新闻现场直播节目、电视谈话节目、电视纪录片、电视服务节目、电视广告节目、电视娱乐节目、电视真人秀节目、电视体育节目、电视剧、电视电影、电视动画片，共十二类。[②]

张小琴和王彩平把新节目形态分为七大类：真人秀节目、科教节目、游戏节目、服务节目、法律节目、新闻节目、儿童节目。[③]

这些论述虽然较为全面，但这些研究都存在两大缺陷：一是基本上是电视节目类型研究；二是以经验性描述为主。

类型研究是电影的研究方法。电影根据生产方式和欣赏习惯，逐步形成较为稳定的若干类型影片。然而，处于分众时代的电视承载更多的传播功能，同时受众需求更加多元化。笔者认为，电影是一种类型化生产，而电视应该是一种模式化生产。随着电视的发展，电视人不断地创造出丰富多彩的节目样式，开发出各种具有知识产权的电视节目模式，以满足更加多元化的电视观众和更具差异性的市场需求。况且，沿着节目类型的思路研究的话，或许有利于电视批评和节目分析，但无助于节目形态的探讨和节目模式的创造。

那么，研究的进路在哪儿呢？这就涉及研究动机和价值取向了。从电视业需求角度来看，电视节目形态的研究必须为内容生产和节目研发服务，为电视节目创新和电视实务服务应该放第一位。基于这种指导思想，要始终从节目制作和播出的角度来观照电视节目形态研究。因此，对于电视节目形态的研究应该摒弃传统的节目类型分析法，另辟蹊径，采取一个全新的思路进行研究。笔者的《电视策划学》一书尝试分别从电视节目的制作形态和播出形态切入节目研究。这是一个不错的开始。

---

① 陈国钦、夏光富：《电视节目形态论》，北京：北京广播学院出版社 2006 年版。
② 孙宝国：《中国电视节目形态研究》，北京：新华出版社 2007 年版。
③ 张小琴、王彩平：《电视节目新形态》，北京：中国广播电视出版社 2007 版。

要研究电视节目形态先要理清节目形式与节目内容之间的关系。内容决定形式，形式服务内容。内容与形式（形态）似乎密不可分。然而，在电视节目形态理论建构过程中，我们要把二者进行剥离，通过简化和抽象到达事物的本质。而到了理论应用阶段，我们再考虑将二者结合。

对于电视节目形态研究，我们首先要建立一个理论框架。笔者借用物理学中的物质细分的层级结构原理，沿着宏观—中观—微观三个层面来建立理论模型，即沿着基本形态—模块结构—元素符号三个层级来构建电视节目形态理论体系。只要我们弄清楚这三个层面的构成及相互之间的关系，那么就可以用这种原理来构建各种电视节目模式了，从而创造出新的电视节目形态或对旧的电视节目形态加以更好的改造。电视节目形态理论体系可分为三个层面：

宏观层面：具体的电视节目形态都是由若干基本节目形态组成。

中观层面：电视节目模式都是由若干模块或环节构成。

微观层面：电视节目形态构成的最小单位是元素和符号。

下面我们先从宏观层面开始进行讨论，探讨电视节目最基本的形态。

## 二、电视节目的基本形态

"研究节目实际上主要就是研究节目形态。我们现在回忆以往的节目，在脑子里留下的更多的是形态，而不是内容。对形态有感觉是一种职业素质，因为这种感觉对怎么做电视节目特别灵。"[1] 那么，什么叫电视节目形态呢？

关于电视节目形态的定义，以下几种说法比较有代表性：

"电视节目形态指的就是与电视节目内容相对应的电视节目表现形式，它是电视节目制作方式的核心，提供着适用于不同内容的电视处理方法。"[2]（原文中已无此表述）这一概括比较简明扼要，但也比较宽泛，它指出这是一种与电视节目内容相对应的处理方法。

"简单地说，电视节目形态就是电视节目的存在样式和运动状态。从传统意义上讲，节目形态，是指广播电视媒体组织传播活动的基本形式和播出方式。具体到电视节目的完整形态包括节目名称、内容、主题、形式和一定的时间长度。但电视节目形态在当代还被赋予了新的意涵——所谓电视节目形态，就是电视节目设计的基本模式，或者说'节目形态是电视栏目的程序软件，提供着

---

① 李幸：《电视节目形态之我见》，《电影艺术》2004 年第 1 期，第 38 页。

② 王彩平：《电视节目形态创新方式探究》，《声屏世界》2005 年第 8 期。

不同内容的电视处理方法.'"① 这里说得比较详细但也比较含混，它把内容与形式、节目与栏目的界限模糊了，不清楚问题研究的边界在哪里。

"电视节目形态是电视节目形式的自然延伸和个性化拓展，即由电视节目的形式、内容、气质和神韵构成的电视节目设计模板。"② 这里强调的是一种设计模板，但依然存在形式与内容不分的缺陷。

这几种说法都从不同角度描述了电视节目形态的定义，但都比较模糊，不够准确、具体和科学。这里关键在于对"形态"一词的辨析上，"形态""形式"和"模式"有一定的相似性。在汉语词典中这样解释：

形态：事物的形态或表现；

形式：事物的形态、结构等；

模式：某种事件的标准形式或使人可以照着做的标准样式。

李幸教授这样描述三者之间的关系："形态应该是属于形式里的一个小元素，它比形式小，但它又比一个具体的样式大。是这样一个从大到小的关系：形式—形态—样式。"③

由此可见，电视节目形态有两个主要特点：第一，电视节目形态还是属于形式的范畴，它强调对电视节目内容的承载和传达，因此它与内容既有独立又有关联度；第二，形态是一个介乎于抽象的形式和具体的样式之间的中间状态，它与具体的节目样式和结构方式关系密切，可以说它是节目模式的基本构成。由此，笔者给电视节目形态定义：电视节目形态是电视节目内容的形式载体和结构方式。它既是具体的节目形式，又是节目模式的基本构成。

要研究电视节目构成，首先要了解电视节目。约翰·菲斯克认为电视节目"是电视所输出的有明确界定与标识的部分，它是由电视业生产、发行和界定的。我们有必要把电视及其节目看成是意义的潜在体。"④ 这里电视节目有两层意思：第一，它是由电视业产出、界定的物质产品；第二，它是"意义的潜在体"，即一种承载文化意义的内容产品。如何解读电视节目这一"意义的潜在体"呢？英国文化学者斯图亚特·霍尔提出的编码与译码理论给我们提供了很好的分析工具。他认为："电视的播放机构必须生产出以有意义的话语形式出现的、经过编码的讯息。"⑤ 电视节目制作就是一个编码过程，观看电视节目就是

① 李立：《认识当代电视节目形态》，《新闻界》2006 年第 1 期。

② 孙宝国：《中国电视节目形态研究》，北京：新华出版社 2007 年版。

③ 李幸：《电视节目形态之我见》，《电影艺术》2004 年第 1 期，第 40 页。

④ ［美］约翰·菲斯克著，祁阿红、张鲲译：《电视文化》，北京：商务印书馆 2005 年版。

⑤ 张国良：《20 世纪传播学经典文本》，上海：复旦大学出版社 2006 年版，第 426 页。

一个译码过程。以什么样的编码规则来对电视讯息（视听传播符号）进行编码，就能够形成什么样的电视节目形态。

根据以上节目构成认识和影像编码理论，在考察了各种节目类型和大量节目样式后，笔者把所有的电视节目形态归纳为六种基本节目形态：纪录片、谈话节目、现场直播、电视剧、真人秀、动画。我们把这六种基本节目形态抽象为理论模型，就是说它们都以单一节目形态存在的。

1. 纪录片

纪录片节目形态是指采用纪录编码制作的各种纪实性节目样式。它包括纪录片、专题片、电视消息、连续（系列）报道等。纪录编码是对被传播对象真实状态建立在音像纪录基础上的编码再现。"现在，典型的纪录片已经失去统治地位，让位给了比它新的节目形态，但是记录的表现方式却如同电视的基因一样，在所有电视节目中携带着。"① 实际上现在的纪录片节目形态往往不是单一存在的，如VCR（视频片段）已广泛植入谈话节目、现场直播等各种节目形态之中。

2. 谈话节目

谈话节目形态是由节目主持人和嘉宾围绕特定话题在特定时空中制作而成的一种节目样式。它显著的特点就是把人际传播引入大众传播中。英国学者尼古拉斯·阿伯克龙比认为："电视的一个重要特征似乎是它引起交谈、鼓励谈话的功能。实际上，电视似乎常常是关于谈话的。作为一种媒体，它确实是由可视的谈话构成的。"②

3. 现场直播

电视现场直播是同步传播被传播对象现场实况信息的电视节目制播方式，它也是最能发挥电视特有的传播特性和优势的一种节目形态。现场直播与其他节目形态的区别就在于它可以不受各种编码规则的制约。由于现场发生事件的不确定性使之不受编码规则的制约，不可预知的直播过程和多机拍摄的现场感给观众带来更多的期待和体验。

4. 电视剧

电视剧节目形态采用的是组合编码，这是一种传播者为传播其观念与想象的需要而自由组合影像的编码方式。"虚构类作品最花心思的事情就是创造出令

---

① 张小琴、王彩平：《电视节目新形态》，北京：中国广播电视出版社2007年版，第92页。

② ［英］尼古拉斯·阿伯克龙比著，张永喜等译：《电视与社会》，南京：南京大学出版社2001年版，第174页。

人信服的符合生活逻辑的类生活，千方百计使剧中的生活具有真实感，令人信服。"① 需要指出的是虚构性不同于戏剧性，虚构是一种影像表意，一种编码方式，而戏剧则是一种叙事方式、一种结构方式。因此，我们要把故事情节虚构的剧情节目与含有戏剧元素的纪实节目区分开来。

5. 真人秀

真人秀是一种新的电视节目形态。"电视真人秀作为一种节目，是对自愿参与者在规定情境中，为了预先给定的目的，按照特定的规则所进行的竞争行为的真实纪录和艺术加工。"② 从制播方式来看，真人秀更接近纪录编码。然而，在游戏规则的作用下，真人秀产生了组合编码的戏剧效果。这种介乎于虚构与纪实之间的电视节目形态是由一套独特的游戏规则构成的。

6. 动画

这是一种由计算机图像技术构成的数字电视节目形态，人们把这一数字影像通俗地叫作动画。它有两种编码方式，一种是模拟影像编码，以假乱真，仍然是按真实影像规则进行编码；另一种是虚拟影像编码，即全部是动画制作，完全可以采用一种与真实影像不同的"语法"。作为单一形态存在的电视节目基本形态，我们主要是指后一种编码方式。

在当今电视发展的现实中，很少有单一形态的节目存在。实际上某种具体的电视节目形态往往由以上两种或多种基本节目形态构成。换句话说，就是所有的电视节目样式都可以由六种基本节目形态组合、融合和变异而成。如获2002 年度中国电视新闻奖现场直播一等奖的《三峡工程导流明渠截流特别报道》，里面就根据内容表达的需要整合多种基本节目形态：大江截流实况（现场直播）、专家访谈（谈话节目）和介绍导流明渠作用（三维动画）。基本节目形态的融合和变异还可以创造出新的电视节目形态，而这些融合和变异就取决于节目模块（环节）及其结构方式。

## 三、节目模式与视听元素

我们通常把一个具体的、固化的节目形态叫作节目模式，模式的外部形态又叫版式。

"在结构主义看来，事物的本质不在于事物本身，而在于事物之间的关系，

---

① 张小琴、王彩平：《电视节目新形态》，北京：中国广播电视出版社 2007 年版。

② 尹鸿、冉儒学、陆虹：《娱乐旋风——认识电视真人秀》，北京：中国广播电视出版社 2006 年版。

这些关系构成了一个有机的系统，这就是结构。"① 节目模式是由节目模块（版块）或节目环节结构而成的。不同的节目模块适合承载不同的传播功能。如同火箭，有的用来发射洲际导弹，有的用来发射巡航导弹，还有的用来运载卫星和宇宙飞船。显然，不同类型的火箭具有不同的运载功能。但在承载多种传播功能的节目模块中，总有一种是主要的或主导的，这样的话会有助于目标受众群体的形成和培育。电视节目的模块可以分为制作和播出两大类来考察：按制作方式来看有：纪实模块、虚构模块（电视剧）和虚拟模块（动画）；按播出方式来看有：录播模块、直播模块、互动模块、包装模块等。互动模块包括主持人、嘉宾组成的谈话和访谈节目。

模块（module；block），又称构件，是指能够单独命名并独立地完成一定功能的程序语句的集合（即程序代码和数据结构的集合体）。它具有两个基本的特征：外部特征和内部特征。外部特征是指模块跟外部环境联系的接口和模块的功能；如一个纪录片模块接一个谈话节目模块，中间就要用转场或片花链接在一起。内部特征是指模块的内部环境具有的特点（即该模块的局部数据和程序代码）。电视节目的创意、规则和规范，以及制作的技巧方法等就是节目模块的内部特征。

模块的组合总是以某种方式结构而成。模块的结构方式有：链接式、嵌入式和混合式。有些"模块"的外部特征并不明显，我们把它叫作环节更为恰当。环节（link；sector）是指相互关联的许多事物中的一个。与模块不同的是，节目环节前后并无时空上的明显跳跃表现，彼此之间只存在内在的逻辑递进关系，按游戏规则把整个节目设计为几个环节。在每一个大的环节里又套着若干小的环节，每个小环节都会根据游戏规则变换场景和内容，因此在每集节目里都会有些微调。

电视节目模式的结构方法主要有三种类型：拼盘式的模块组合、层递式的环节链接，以及前两种结构方式的混合型。

模块的组合和环节的链接需遵循电视节目形态的限定性。"限定性是电视节目形态的基本要义，没有限定性就谈不到节目形态，有什么样的限定，才会形成什么样的形态，所谓形态创新，其实也就是对限定方式的创新。"② 电视节目形态的限定性作用有两个：一是节目工业化生产的需要，有利于节目的标准化

---

① 李彬：《符号透视：传播内容的本体诠释》，上海：复旦大学出版社 2003 年版，第 101 页。

② 张小琴、王彩平：《论电视节目形态的限定性》，《现代传播（中国传媒大学学报）》 2006 年第 6 期，第 78 页。

和大规模生产。在电视栏目化的今天，节目模块都是在特定的电视栏目内构成的，因此都有时长的限定、制播的限定。而且，为了满足栏目的常态播出和流水线生产方式，对于节目模块都有某种规范性要求，如叙事方式、主持风格、播报语态，以至包装标识等。二是利于观众的辨识和记忆，对节目品牌的塑造有积累作用，如中央电视台《东方时空》里的眼睛、美国哥伦比亚广播公司《60 分钟》里的时钟。

电视节目形态的创新和电视节目模式的研发很大程度上体现为节目模块的设计，但电视节目形态的差异性更多的还是体现在微观层面的元素符号上。

元素，或者叫作要素，是构成物质的最小单位。"从理论上说，只要能够析出的元素，都可以成为变量，带来簇群与簇群的不同，带来个体与个体的差异。"① 电视节目元素是构成电视节目形态的最小单位。构成节目的主要是内容和形式两大类元素，内容元素主要有经济、政治、文化、社会、情感、故事等元素，形式元素主要有视觉、听觉、时间、空间、刺激、技术等元素。构成电视节目形态的主要是形式元素。

如果说基本形态是电视节目形态的宏观构成，节目模块是电视节目形态的中观构成，那么节目元素就是电视节目形态的微观构成。基本形态的不同组合会创造出新的节目形态，节目模块（环节）的不同排列也会创造出新的节目形态，如果是节目元素之间的不同排列组合，那就会创造出千变万化的节目形态了。当今，电视节目的竞争就是一种差异化的竞争。"差异化的关键在于节目元素的运用。"② 如何更好地认识和运用节目元素，对于电视节目形态创新至关重要。然而，并不是所有的节目元素都可以推动节目形态的演化和变异，只有那些有符号意义的元素才能起到这一作用。"这个信息传播过程是一个把信息符号象征化的过程，正是通过这个象征化过程才完成了传播行为。"③ 如果电视节目构成是一个系统，电视节目的形态构成就是一个符号系统。作为符号意义的元素内涵可大可小，我们是根据它在电视节目形态中的传播功能和造型作用来选定其为研究对象。

语言学之父索绪尔将符号的基本构成分为能指和所指，他把符号比作一张白纸，"能指和所指就是纸张的两面"。能指一般可以理解为符号形式。所指表示语言符号和非语言符号所表述的概念，即符号的意义，一般可以理解为符号的内容。在电视节目形态构成中，就是借助视听元素特有的能指，利用其所指

① 张小琴、王彩平：《电视节目新形态》，北京：中国广播电视出版社2007 年版，第67 页。
② 张小琴、王彩平：《电视节目新形态》，北京：中国广播电视出版社2007 年版，第66 页。
③ 陈卫星：《传播的观念》，北京：人民出版社2008 年版，第19 页。

的符号意义，发挥元素符号在节目形态构成中的作用。形式元素与内容元素的结合，就形成其符号意义。

先说视觉元素符号，在北京奥运会开幕式上，汉字、画卷、击缶等视觉元素都成为表现中国文化的符号。服饰、道具、色彩等也可以成为元素符号，张艺谋导演擅长采用的大红也成为中国传统文化符号表征的色彩元素。

再说听觉元素符号，电视节目里的主题词、片头音乐、特效音响等声音元素同样可以具有符号意义。如电视节目《生活空间》主题词"讲述老百姓自己的故事"，已成为一种民生新闻节目的标志。

无论是视觉元素还是听觉元素，单一运用效果都不一定好，只有结合起来才能产生足够的传播力和影响力。如央视《感动中国》中的颁奖词诵读，主持人庄重地手捧一本打开的奖状证书（起表意作用的视觉符号），抑扬顿挫地宣读对感动中国年度人物的颁奖词（起叙事作用的听觉符号），由此体现了一种道德精神的弘扬，传递了感动中国的视听冲击力。

视听元素符号不仅可以表征内容，而且对形式有很强的解构能力。如纪录片《幼儿园》中的主题歌《茉莉花》，有两层符号意义：一是体现节目风格，二是衔接节目段落（环节）。各类电视节目中的片花和电视剧里的插曲都具有这种结构形式和强化记忆的功能。

如果电视节目的策划者懂得视听符号的结构作用，创造或置换一些能够成为符号的节目元素，就可以创造出任何一种新的电视节目形态。

## 四、电视节目形态再讨论

从电视节目的传播和运营的角度来看，长期以来，时间是一个被忽视的节目构成要素。林少雄在论述电影与电视在时空营构上的差异时指出："电影由于致力于对假定性的艺术空间的营构，且其跳跃式的网状形态，决定了其主要以空间性的特质来满足人们的审美需求；而电视由于致力于还原化的生活状态的表现，且其叙事性的线性结构模式，决定了其主要以时间性的特质来满足人们的认知需要。"[1]

当今电视节目形态既是形式产品，也是播出产品、时间产品。时间是构成电视节目形态的一个重要变量。作为播出产品的电视节目还有两种时空形态：第一，它是单一传播渠道的时间产品，如电视栏目化，栏目就是典型的时间产

---

[1]　林少雄：《视像与人：视像人类学论纲》，上海：学林出版社2005年版，第45页。

品；第二，它是多个传播渠道的空间产品，如大型活动的多媒体运营、多媒体播出的视频节目。

### 1. 作为时间产品的节目形态

指作为频道的播出产品，如节目编排、栏目化播出。节目形态不仅是节目的制作形式，还是节目的播出形式，一个完整的节目模式应该包括节目的内容、版式和播出形态。它要根据观众的收视习惯、收视行为及受众构成来确定节目编排和节目模式，美国 NBC 的早间新闻谈话类节目《今天》（*The Today Show*），播出时间为每天上午 7 点到 11 点，时长四小时。在节目的前半段，内容通常以各种信息为主，如国内外新闻、气象预报、交通、财经信息等，因为这个时候大部分上班族还在家中。后半段主要以软性题材为主，因为这个时段上班族已经离开了家，主要收视群以家庭主妇为主，内容也主打生活休闲类。

除了日播、周播及插播的电视节目外，近年来我们还引进了美国的一种电视节目编排方式——"播出季"。这里的"季"并非自然界的季节，"电视里'季'有两层含义：一是指电视行业中统一的节目编排周期，比如说'NBC 上一季的收视'；另一个是指电视剧或者电视栏目的制作、销售和播出单位，比如说《绝望的主妇第 2 季》"①。这里的电视节目显示出两大形态特点：第一，电视节目形态是一个立体的、动态的时间产品；第二，电视节目形态与电视节目运营相关，它不仅要经营时间，还要经营观众。

### 2. 作为空间产品的节目形态

当今电视节目还是多个传播渠道、多种传播媒介互动的空间产品，如跨媒体传播的各种电视选秀活动。自湖南卫视《超级女声》起，林林总总的选秀活动得到了电视媒体的青睐，充分说明它所具有的巨大的传播潜能。一方面手机短信、网络传闻都是选秀节目的延伸产品，会增加节目的附加值；另一方面，电视节目也可以被提供给网络视频和移动电视。当传统的电视节目放到网络上和手机上播出时，还会沿用原来的电视节目形态吗？回答是否定的，对于新媒体，无论是传播特性还是受众行为，都与传统电视大相径庭。对此，笔者认为新媒体需要内容定制，需要新的内容产品和形式产品。这种形式产品既是一种节目形态，也是一种媒介形态。

总而言之，在数字时代，电视节目形态不仅是形式产品，还是一种在时间上延伸和空间上跨越的媒介产品。

以上讨论的都是谈内容与形式剥离后的电视节目形态构成，但在实际的电

---

① 徐立军、袁方：《电视播出季——频道编播创新前沿》，北京：中国传媒大学出版社2007 年版，第 3 页。

视节目模式设计和电视节目研发中，一定是形式为内容服务，一定是节目内容与节目形式的紧密结合。同样是聊天式谈话节目（chat show），节目模式也十分相似，《鲁豫有约》与《奥普拉·温弗瑞秀》（*The Oprah Winfrey Show*）还是有较大差异的。

节目内容与节目形态有三对互动关系：基本形态与基本定位；模块环节与传播功能；内容元素与形式元素。如果我们了解各个基本节目形态的编码规则和传播特点，那么我们就能更好地承载相关的节目内容。如谈话节目比较适合观念传播，而现场直播则能更好地进行信息传播。如果我们了解各类模块的传播功能，那么我们就能在节目模式构成中运用自如。如何将内容与形式进行有机的耦合那就是另一篇文章的事了。

[本文原载于《现代传播（中国传媒大学学报)》，2009 年第 4 期，原文名为"论电视节目形态构成—— 一种用于节目研发的理论模型"，有改动]

# 《中国好声音》的传播特征与价值创新

2012 年浙江卫视推出的《中国好声音》再次掀起了电视选秀的收视热潮，首期收视率破 1.5%，第二期为 2.8%，节目冠名费达 6 000 万。而且话题不断，影响力延伸到互联网，自播出不到一个月，《中国好声音》网络覆盖量超 2 亿条，官方新浪微博已有 76 万粉丝，视频观看次数超 3 700 万。这让我们不得不思考日趋低迷、低俗的电视选秀节目何以再次唱响最强音？它是否开启了中国电视选秀节目的新时代？本文通过梳理中国电视选秀节目的发展脉络，从其节目模式进行解构和剖析，希望找到中国音乐类选秀节目升级换代的秘诀。

## 一、音乐类选秀节目的演变

中国的音乐类选秀节目发展至今已经走过了将近 30 个年头，其雏形可追溯到 1984 年中央电视台举办的《全国青年歌手电视大奖赛》，是它开创了中国电视选秀节目的先河；20 年后，湖南卫视 2004 年推出的《超级女声》成为中国电视选秀节目新时代的领军者；现如今，《中国好声音》逐渐显现出强势的竞争力。一路以来，中国音乐类选秀节目在"选"与"秀"的矛盾中徘徊，在专业性与娱乐性的博弈中成长。

1. 音乐类选秀 1.0，为选而秀

在中国电视史上，最早在电视荧幕上进行新秀选拔的节目当数中央电视台 1984 年创办的《全国青年歌手电视大奖赛》。其举办的宗旨是"繁荣音乐创作、推出新人新作、丰富电视荧屏"，由此不难看出，其属性首先是专业比赛，其次才是电视节目，电视播出服务于比赛。随着时代的变迁，《全国青年歌手电视大奖赛》在赛制和播出上逐步做出了一系列的调整，包括直播取代录播、细分唱法组别、增设"综合素质考核"，吸收新唱法组别。而变革的基础仍然是满足专业选拔的需求。

《全国青年歌手电视大奖赛》的作用更重要的是为中国音乐事业的繁荣作出贡献，选拔、发现和推介了一大批有实力的青年歌手，但它在我国电视节目发展和节目形态创新上贡献并不大。它给观众带来的更多是"选"的结果，突出的是选拔的权威和专业，而电视媒体对其则是完整真实的呈现，并不额外添加过多"秀"的演绎成分。这类"为选而生"的电视节目秉承着"秀"服务于"选"的节目理念，我们且称之为"为选而秀"。在《全国青年歌手电视大奖赛》的带动下，基于"为选而秀"理念下的电视选秀节目、各类人物评选、颁奖典礼、电视电影节等，共同构成了电视选秀 1.0 时代的主体。此类节目较为传统、中庸，初现阶段还能调动观众的收视兴趣，久而久之，随着观众审美情趣的改变以及多元节目形态的出现，平淡而严肃的节目内容难免成为鸡肋。

2. 音乐类选秀 2.0，为秀而选

疲惫的电视选秀在 2004 年像是被注入了一剂强心针。这一年湖南卫视面向全国推出《超级女声》，其走红的速度让所有人都猝不及防，由此开启了中国电视选秀的新纪元。《超级女声》借鉴国外的节目模式，把电视音乐带入真人秀这一全新的节目模式。它颠覆了传统电视节目，以节目的娱乐性和选手的草根化吸引观众的目光。"想唱就唱"的节目口号带来了一场全民狂欢，"短信投票"和"大众评审"机制的引入，取代了过去专家"一锤定音"的权威，全程参与所带来的快感转化为收视高潮。

《超级女声》不仅引起观众的收视狂潮，更激发了各电视台之间电视选秀节目市场争夺白热化。一时间各类音乐类选秀节目如雨后春笋般冒出，如东方卫视《莱卡我型我秀》、江苏卫视《绝对唱响》、湖南卫视《快乐男声》，它们成为音乐类选秀 2.0 时代的主力军。这一时期，节目卖点不再单纯地局限在选手现场表现上，选手的身世背景、主持人的煽情和专业评审的现场点评为节目注入了更多吸引注意力的故事和悬念。

2.0 时代的电视选秀，已经由电视节目演变为全民商演，"选"已不是终极目的，收视率才是王道。在商业利益的驱动下，为博取观众眼球，节目不惜从评委和选手身上挖掘绯闻、制造话题，极尽炒作之能事。台上台下选手和评委肩负着娱乐的重担，"秀"水平、"秀"眼泪、"秀"毒舌，将电视的消遣娱乐功能展现无遗。此时的"选"只是为"秀"得更淋漓尽致而提供的一个平台。"为秀而选"也使电视选秀陷入低俗化的泥淖。但这一时代娱乐功能被无限放大，信息传递功能和教育功能愈发弱化，甚至引起价值观错位，"娱乐至死"终使其不堪重负。虽然自 2010 年，辽宁卫视引进 *X Factor* 的模式创办《激情唱响》，而浙江卫视也开办《非同凡响》，均欲在 2.0 时代的"七年之痒"中脱颖而出，但效果终究不明显。

3. 音乐类选秀 3.0，"选""秀"相实

2012 年《中国好声音》第一阶段选拔节目的播出，一时间成为坊间热议之

话题，着实也为中国电视选秀注入了一股清新的暖流。它的出现，虽在节目内容上没有做出太多根本性的改革，但通过节目模式的设计从理念上匡正了以往节目的偏颇和缺陷。这一质的飞跃让音乐类选秀迈入 3.0 时代。

节目整体回归音乐本质，选拔讲求专业性，节目输出的核心绝不只是"好声音"，而是"什么是好声音"以及背后蕴藏的价值观，并将选择与辨识过程中背后的情感与故事自然地展示出来，从而向社会公众传递梦想、励志的正能量。"选"与"秀"相得益彰。那么，这一切是怎么做到的呢？下面让我们先来做一个节目模式的分析。

## 二、《中国好声音》的传播特征

《中国好声音》于 2012 年 7 月 13 日在浙江卫视开播，是由星空卫视旗下的灿星制作联合浙江卫视在原版引进荷兰节目 *The Voice of Holland* 的基础上，经过本土化改造而成型的一档音乐选秀类节目。节目总导演金磊和灿星制作是《中国达人秀》节目的原班人马，在节目制作宝典的指导下，吸取《中国达人秀》的本土化成功经验，加上版权方专人指导，《中国好声音》在节目形态上保留了原版的优秀血统，又融入了中国社会现实与文化，将娱乐和文化深刻结合，把价值观传输渗透在节目表现之中。

节目第一阶段每期时长约 95 分钟，每期出场选手 10~15 人。自开播起，该节目便稳坐卫视综艺收视榜前列，广告收益也是由原来 13.6 万/条的 15 秒广告迅速上涨到 20 万/条。[①] 开播一个月以来，该节目不仅收视长红，且受到学界和业界诸多赞誉，虽仍有一些非议，但其叫好又叫座的地位已不容置疑。

我们试图解构《中国好声音》第一阶段的播出节目，以窥见电视音乐类选秀 3.0 时代的特质。在此，我们运用电视节目形态构成理论[②]，从宏观和微观两个层面，将《中国好声音》作全面的解构和剖析。

1. 规则创新体现专业权威，奠定影响力基石

从宏观整体来看，节目形态是电视节目的直观外在表达，要从众多类似节目中脱颖而出，节目形态的创新必不可少。"电视节目形态创新，一方面是指赋

---

① 扬子晚报网：《〈中国好声音〉收视率翻倍　15 秒广告卖 20 万》，http://www.yangtse.com/system/2012/07/25/013889819.shtml。

② 谭天：《论电视节目形态构成——一种用于节目研发的理论模型》，《现代传播（中国传媒大学学报）》2009 年第 4 期，第 71 页。

予原节目形态新的内涵，另一方面是指产生新的节目形态。"① 而真人秀的节目形态创新主要体现在游戏规则上。

《中国好声音》第一阶段的基本节目形态是四位导师收徒组队，学员出场展示歌唱实力，导师背对学员"盲听"歌喉，若认可，导师即可亮灯转身表示愿意收徒，如多位导师表示认可，则学员可从已转身的导师中选择自己心仪者加入其队伍，直至最终组队完成。若学员未获得任何导师认可，则以失败离场。其中"盲选"概念的引入让声音成为选秀的唯一标准，赋予了节目新的内涵，成为打造节目影响力的基石。媒体影响力由注意力和公信力共同构成，其中公信力是影响力的核心和根本。在电视选秀节目中，"公信力则主要是通过评选活动的客观公正、专业权威来体现"②。"盲听盲选"环节设置正是出于此意，在以新颖的形式吸引观众注意力的同时，维护了节目公正与权威。

节目没有炒作，不哗众取宠，表达华语音乐追寻"好声音，好音乐"的价值取向，颠覆了观众对电视选秀媚俗的刻板印象，视听盛宴之下传播的是主流文化与价值，让"选"与"秀"相辅相成。

2. 模块环节设计充分，体现传播功能

从中观层面看，节目形态构成取决于各个模块环节的设置与连接。所谓模块，即"能够单独命名并独立地完成一定功能的程序语句的集合（即程序代码和数据结构的集合体）"③，引申到电视节目中，可以认为电视节目模块是指能够独立承担节目一定功能的内容集合。

《中国好声音》改变以往电视选秀节目模块功能不明、环节定位不准的弊端，各个模块环节设计思想十分清晰，都有明确的传播功能和对应的内容形式，形成完整合理的叙事结构。下面我们将《中国好声音》作一模式解构，以期读者能够清晰地看到整个节目结构、叙事脉络以及各模块环节的功能作用。（见表1）

表1 《中国好声音》模式解构

| 模块 | 环节 | 节目内容 | 表现形式 | 传播功能 |
|------|------|----------|----------|----------|
| 登台前奏 | 学员前来参赛 | 学员及其家人介绍，主持人采访 | VCR 介绍学员，营造期待氛围 | 信息传播为主 |

① 陈虹、郝希群：《从"吸引眼球"到"召唤心灵"——我国电视节目形态的创新之路探析》，《南方电视学刊》2011 年第 6 期，第 116 页。

② 谭天、刘海霞：《电视选秀：打造影响力经济》，《中国电视》2008 年第 11 期，第 67 页。

③ 谭天：《论电视节目形态构成—— 一种用于节目研发的理论模型》，《现代传播（中国传媒大学学报）》2009 年第 4 期，第 73 页。

（续上表）

| 模块 | 环节 | 节目内容 | 表现形式 | 传播功能 |
|------|------|----------|----------|----------|
| 演唱 | 学员演唱（盲听） | 学员演唱，导师盲听，设置悬念 | 学员现场演唱，导师细心聆听，观众和亲友烘托气氛 | 信息传播为主，情感传播为辅 |
| | 学员演唱（导师转身之后） | 导师以转身来表达对学员的认可，形成第一个高潮 | 导师以拍铃、转动转椅、展示喜悦表情等一系列行为表达对学员的肯定。亲友欢呼，学员继续演唱 | 信息传播与情感传播并重 |
| 互动 | 导师点评 | 导师对演唱的评价，学员的自我介绍，通过交流带出情感故事，师生在互动中产生共鸣，形成第二个高潮 | 导师分别点评、学员自我介绍，导师之间交流和自我推销，穿插导师间的争夺，最后再次设置悬念：选导师 | 观点传播与情感传播并重，辅以信息传播 |
| | 学员介绍 | | | |
| | 选导师 | | | |
| 离场 | 学员告别 | 亲友庆贺或学员发表感言 | 学员离场，台下庆贺 | 情感传播 |

　　由表1可见，节目每一个模块及其各个环节的设计意图各不相同，并各自肩负着不同的传播功能。第一个是学员登台前奏模块，向观众介绍出场学员的基本情况，这一模块主要承载信息传播的功能。

　　第二个是演唱模块。演唱模块又可划分为演唱（盲听）和演唱（导师转身之后）两个环节。导师"盲听"的设计开创了音乐选秀的先河。它体现了节目的艺术风格和专业追求，以此向社会展示华语音乐"用实力说话"的价值取向，是节目公信力的重要载体。"转椅"环节的设计是节目高潮的重要节点，悬念设置是竞赛类节目最重要的叙事元素，围绕"转椅"形成悬念串是这一环节设计的目的，这对于稳固收视习惯具有随意性的电视观众具有重要意义。前后两个环节，传播功能也悄然发生改变，由信息传播为主变成信息、情感传播并重。

　　第三个是互动模块。它与演唱模块具有同样重要的地位，在传播上是观点传播与情感传播并重，同时辅以信息传播。在这个模块中不仅要增强竞赛和悬念这两个叙事元素，而且在多方互动中要充分使用煽情、搞笑、猎奇等各种娱乐手段。互动始终贯穿在这个模块的三个环节中，如果说导师转身是对"什么是好声音"的第一次阐释，那么，导师点评就是进一步诠释"什么是好声音"，导师之间的互动使评价更全面客观。歌手介绍一直是音乐选秀必备的，但《中国好声音》不是单纯的介绍，而是通过学员与导师的互动，把他（她）追求音乐的梦想、情感与经历展现出来，让人物形象变得立体、丰满和感人，不仅让他（她）走近导师，也走近观众，情感传播进一步加强。选导师是《中国好声音》最独特的环节，虽然在《名师高徒》《非同凡响》《激情唱响》等音乐类选秀中已经颠覆评委冷眼旁观的传统，但导师之间互相争夺学员的设计还是开创之举。导师从身居高位到自我展示的转变，实现了选秀场上的双方主体地位平等。这一设计成为了节目新的收视增长点。学员抉择环节则顺势而下，实现了导师与学员间选择权的双向流动。在设计上制造了新的悬念，在传播效果上实现了观众的心理满足与情感升华。

最后一个是学员离场模块，亲友相聚和离场感言在节目设计上体现了人文关怀，让观众回味，产生余音未了的传播效果。

那么，《中国好声音》的传播特征是什么呢？归纳起来无非两点：一是在各种传播功能中，情感传播作为主线贯穿节目始终，这也符合艺术传播的规律；二是传播功能承载与模块设置和环节设计融为一体，并综合运用各种娱乐表现手段来加强艺术感染力和传播效果。

## 三、《中国好声音》的价值创新

在我们讨论《中国好声音》的传播特征的时候，已经谈及了它的价值创新，即把"选"与"秀"统一起来，综合运用多种电视传播功能。下面我们进一步讨论它是如何通过调动各种视听元素符号来强化这些传播的，笔者认为在《中国好声音》节目内外，有几个关键的节点作用特别大。

### 1. 导师转身

导师转身是学员演唱过程中两个环节、两种叙事的转换点，这也是它不同于其他选秀节目评委点评的设置，其特点在于，导师转身的动作对于学员是直观的肯定，而学员从导师那里收获的是对他们的认可，这与以往电视选秀评委给选手带来的点评往往是指责和批判居多的情形形成鲜明对比。导师喜悦的表情与学员、亲友的激动之情取代了以往电视选秀的"黑面"、伤感，带给观众正能量的释放。

"转椅"这一元素符号的意义就在于对学员的评价，而这一权威公正的评价是建立在盲听的基础上的。在学员出场演唱时，让导师采用背对学员的形式聆听，当导师认为该声音是自己所想要寻找的好声音时，通过拍、转、响、亮（点亮"I want you"的灯）等一系列夸张动作和强烈音效而带来巨大的喜剧效果，使节目形成强大的视觉冲击力并产生收视的第一个高潮。它的重要性不仅在于它华丽的外表和昂贵的价格，而在于它产生的转身动作所蕴含的深层意义：其一，转椅的设置让盲听成为现实，从而实现节目的专业追求。其二，实现导师对学员的正能量影响更直接、直观、形象地释放。

2. 师生互动

互动其实始终贯穿这一模块中的各个环节里，导师之间的互动，导师与学员之间的互动，在这个非演唱的谈话时空里其实更精彩，而互动话题更容易成为价值传播的载体。

导师点评话语的内容是节目主旨和公信力的总要指向。以同样借鉴《美国偶像》的湖南《超级女声》和台湾《超级星光大道》两个节目为例，《超级女声》在全民狂欢氛围下缺失了评委专业客观的点评，节目公信力备受质疑；台湾《超级星光大道》在成熟的娱乐节目包装下，评委点评始终以选手歌唱水平为中心，让选秀颇具专业性和权威性。《中国好声音》的舞台上，四位导师在点评中坚持专业主义精神，进一步诠释了"什么是中国好声音"。他们以好的声音及其体现出来的歌曲演唱水平为选择的终极依据，忠于节目音乐主旨，提升了节目专业影响力。

导师的形象塑造也是一个重要元素。舞台上，导师们真实自然而又个性张扬，那英光脚和学员合唱、刘欢为学员感动落泪、杨坤赠送队员32号球衣，还有庾澄庆的幽默调侃，让观众领略了这些明星大腕鲜为人知的另一方面，其和蔼亲切、活泼可爱的形象与其他选秀节目的毒舌评委形成鲜明对比，给节目带来了温馨与和谐。

师生谈话中，故事元素的加入，丰满了人物形象，并与观众产生情感共鸣。学员背景的讲述说出了歌声背后的快乐、艰辛、乐观等种种情感，构成了节目讲故事的重要部分。向观众传输"任何人都可以追逐梦想"的理念，而导师与学员的对话中，话语不仅指向学员音乐造诣，更是融入了对其人生态度的启发。如第二期出场的"蒙面女侠"董贞，虽然歌声并没有赢得四位导师的认同，但刘欢以自身经历鼓励董贞自信面对人生，坚持歌唱梦想。

在电视选秀节目中，单纯的专业表演不免让节目显得干涩，选手的情感故事是另一种重要的叙事内容，也体现了节目的价值取向。选手形象是否丰满、节目内容是否立体，都在于选手演出之外故事的挖掘与情感的流露是否到位。

需要指出的是，在节目中情感表达有真有假，故事能量有正有负，我们鼓励真情流露的行为表达，抵制作秀式的布置安排；赞同体现社会主流价值的故事，排斥违背传统文化道德规范的炒作。

### 3. 学员反选

在电视选秀节目中，评委与选手之间的选择权利单向性已成为常态。而《中国好声音》的突破在于，它实现了选择权在导师与学员之间的双向流动。在多位导师为一位学员转身之后，学员就有权选择心仪的导师，在学员奋力赢取导师的同时，导师也需使出浑身解数卖力拉拢学员。首先，穿插在师生谈话中的导师间的争夺，如你来我往的自我宣传、插科打诨式的调侃为节目增添不少娱乐气氛。其次，导师与学员间的双向选择实现了双方地位的平等和权利的对等，让观众从中获得心理满足与情感升华，从而把整个节目气氛推向最高潮。

### 4. 争议话题

不得不提另一节点——争议话题，这是《中国好声音》节目的延伸部分。在互联网时代，任何一个火爆起来的节目都会引发各种话题，有议论、有质疑、有批评。问题是如何面对质疑，如何化解危机。总的来说，《中国好声音》还是正面评价占主流，当然也少不了批评，如对学员身份的质疑、对过分煽情的批评。在全媒体时代，电视节目已不仅在电视上传播，任何微小的瑕疵都会在网络上放大，搞不好就会转化成负能量。还好，《中国好声音》对此做了积极正面的回应，从而给正能量的释放提供了一个较好的舆论环境。

《中国好声音》较之于其他音乐类选秀节目的最大价值创新在于，它将音乐性的判断与解读融入节目的全过程中。观众对其他选秀节目"看热闹式"的听歌方式在这里升级为对音乐的欣赏与评价。节目自始至终将关注的焦点放在歌唱者与歌曲的关系当中，从现场表演体会歌曲演唱的内涵，从歌手故事发掘歌曲演绎的外延。以"什么是好声音"为中心的表演、判断、评价、取舍、情感和故事构成了节目的全部内容。音乐、美食、戏剧等节目内容都是价值传播的载体，而价值创新就在于发掘这些载体内在的丰富的文化内涵，同时通过优秀的模式设计而达到传播效果最大化。

（本文原载于《新闻与写作》，2012 年第 10 期，作者：覃晴、谭天，有改动）

# 从制播分开到网台融合

制播分开是电视行业的一个老话题了。近年来，在新兴媒体的冲击下，电视台在转型的驱动下积极推进制播分开。然而，"电视＋互联网"却重新诠释了制播关系，其内涵和外延已经超越节目本身，节目制播的背后折射出的是媒体运营，制播关系已经拓展到台网关系。

## 一、制播分开的演变历程

制播分开也叫委托制作（commission），是指电视台将电视节目的制作权委托给独立制片公司，实现制作和播出的分离，这一提法最初源自英国。1982年，英国第四频道开播，这家政府拥有的商业电视台与BBC、ITV最大的区别是它的电视节目全部来自独立制片公司，它开启了英国电视制播分开的新时代。

经过三十多年的发展完善，英国电视制播分开已经形成一条完整的产业链。在这个链条上，独立制片公司负责创意、制作，电视台负责采购、编排、播出、宣广，模式公司代理节目版权销售。三方各司其职，分工明确，如在中国常见的制作公司同时代理节目广告营销权的情况在英国几乎是不可能的，英国大部分制作公司只做创意和节目，广告则全权交给电视台打理。做好自己擅长的分内事，以专业的精神把创意研发和节目制作做到极致，这种专业的理念成就了高质量的电视节目和英国电视业闻名世界的执行力。如今，BBC、ITV的外购节目比例已分别达到50%、60%，与之相对应的则是遍布全英国的几千家独立制作公司和创意不断的英国电视。英国电视的制播分工呈现出五大特点：采购编辑中心制，链条式专业分工，专业人才自由流动现象，明码标价的商业逻辑，创意至上的版权保护。英国电视业已经形成了一个完整而充满活力的节目生态系统。

我国电视经历了半个多世纪的发展，随着市场化、产业化程度的提高，电视节目的制作与播出之间关系也发生了很大的变化。我国电视节目的制播关系大体经历了两个阶段：第一阶段是早期的制播合一，电视台"大而全"或"小而全"，所有的节目都由电视台制作，社会化制作尚未形成；第二阶段是后来逐步推行的制播分开，但推进十分缓慢，一是电视台不愿将制作权拱手相让，二是制作公司还比较弱小且地位低下，制播双方的合作往往是不对等的。最早实现制播分开的是投资大、风险大、制作周期长的电视剧，之后是生活服务类、综艺娱乐类的节目和纪录片等，甚至有部分新闻节目（如新华社制作的电视新闻）。制播分开从提出到推行至少经历了两次浪潮：第一次是 1999—2003 年，标志性事件是电视剧制播分开的初步实现和最早一批民营电视制作公司的涌现；第二次是 2009—2015 年，以央视、东方卫视、湖南卫视等为代表的传统电视台开始自上而下、由内而外实行制播分开，播出方的全面开放为制作公司的兴起创造了条件，双方合作模式更趋多样，而制播关系也呈现出有分有合的特点。

1. 节目制作的分与合

节目制作的分与合主要体现在采购和投资两个环节。诚然，电视台倚仗自己在播出端的垄断，牢牢地把节目的主导权控制在自己手中，按播出需求向制作团队定制节目。节目制作出来经审查后，由电视台根据播出的收视率不同而以不同价格向节目制作公司进行购买。相比之下，单靠制作费大部分节目制作公司是微利乃至无利的，所幸的是版权分销成为制片公司主要的利润来源。

然而，随着优质节目日益成为稀缺资源，单纯的采购已经难以满足众多电视台的需求，于是一些有实力的电视台便开始介入节目制作，但他们不一定参与制作，而是以投资介入。目前，在一些创意好的电视剧及其他节目的投资方中都能看到电视台的身影。这说明电视台和制作公司已经不是简单的买卖关系，而是进入了内容生产的深度合作。电视台通过参与节目制作的投资，把播出方与制作方的利益更加紧密地捆绑在一起。

2. 节目播出的分与合

对于电视节目而言，电视台和制作公司是两个不同的市场主体，在传媒业中各司其职。然而，以收视率为导向的拜金价值观无孔不入地渗入电视内容产业链的各个环节，电视剧和综艺节目逐步沦为以逗乐观众为终极目标的创作。电视剧在销售的时候就必须签下收视点和收视排名的承诺，制作发行公司必然要尽一切可能和力量去完成这个目标，播出平台为了自己的利益，成功用价格杠杆把制作发行公司拖下水。如此一来制作公司拿什么去保持节目品质呢？电视市场运行的速度越快，求新求快的愿望越强，草率推出的急就章就越多。很多真人秀虽然一度流行，但由于文化积淀的匮乏，加之流行的多变性，常常是短命的。有业内人士说，速生、速火、速朽，就是真人秀市场野蛮生长的"高速逻辑"。此时，电视内容产业已从制作导向转为播出导向，制作方和制作方形成新一轮的博弈。

在电视市场化、产业化的推动下，电视节目的制播关系形成了分中有合、合中有分的新格局。此时，随着互联网的迅速发展，网络视频异军突起并成为博弈中新的一方，制播分开由此延伸发展到多终端、多平台的台网分合和台网联动，制播关系也随之进入更高级、更复杂的层面。

## 二、从制播关系到台网关系

制播分开也好，制播分合也罢，不仅属于节目管理范畴，也是媒体运营中的一部分，还会涉及网络视频产业。

### 1. 制播背后是媒体运营

近年来，随着制作社会化、播出网络化发展，制播分开大行其道，《中国好声音》的成功直接起到示范作用。互联网及网络视频的迅速崛起也给制播分开带来不可忽视的影响，但问题也接踵而来。问题一，制播分开实际上是一种基于行业分工的制作方和播出方之间的合作，制播分开能否有成效取决于这种合作是否成功。由于制播双方体制不同、地位不同，合作的不对等会带来各种障碍和困难，合作不好则会影响节目质量和经营效益。问题二，制播分开按现在这个发展趋势，除新闻节目之外，几乎所有的节目都可以外包，以内容为核心资源的电视台出现了空壳化的危机，这一危机必然会导致电视台运营陷入困境。由此可见，简单的制播分开未必都能给电视台带来好处，也可能带来种种弊端甚至是损害，怎么办？笔者认为在媒介融合和电视转型的背景下，需要重新认识和理解制播分开，也应该从节目运营上升到媒体运营的层面来考量制播关系。

在电视内容产业中，制播关系的背后实际上是媒体运营。制播关系的本质就是渠道运营商与内容提供商之间的关系。制播关系之于电视台运营，是分好还是合好？怎么分？怎么合？我们需要深入分析、认真审视。

从节目经营角度来说，主要有两个市场，一是要满足播出市场需求的节目生产；二是要满足发行市场需求的节目生产，这个发行市场又包括电视播出和网络视频两大市场。电视台通过掌控 IP 资源，通过独播和分销的办法，进入更多的传播渠道和播出终端。节目运营更加多样化，制播关系呈现多元化。需要强调的是，节目播出的分合不限于电视，还包括节目在互联网上的传播，即视频播出。"取代原来各不同媒体产业的单一作品模式，多种形态的内容产品将被分发到纸质媒体、电视台、PC 网站、微博、微信、客户端等不同的传播介质和渠道，一次采集，多次生成，多渠道传播。特别是对于电视媒体，原来的策划、制作、播放等各个环节都将向互联网和用户敞开，产业链也将向上下游延伸，从而呈现全新的生态系统。"①

2. 从制播分合到台网联动

据中国互联网络信息中心第 35 次《中国互联网络发展状况统计报告》，2014 年全国网络视频用户规模达 4.3 亿人，网络视频用户使用率达 66.7%。市场规模达 239.7 亿元，同比增长 76.4%。一方面，网络视频市场规模快速增长，截至 2014 年底，手机视频用户规模已超过 3 亿人，使用率超过 56%。移动应用市场规模达到 1.1 万亿元以上，在线视频移动端广告市场规模为 32.1 亿元，较上一年的 4.8 亿元增长近 6 倍。另一方面，电视媒体通过"两微一端"实现移动化传播，围绕优质内容和节目品牌，开发移动产品群，以全面提升传统主流媒体在移动端的渗透率。此时，制播关系已上升到台网关系。

从节目播出的角度讲，台网关系主要有两种模式，一种叫"台网分立"，一种叫"台网联动"。电视媒体和网络媒体是两个不同的播出机构，前者是严格把关的传统媒体，它拥有长期积累的受众资源及公信力、权威性，其主要缺点是单向的线性传播；后者是相对开放的新兴媒体，它拥有非线性传播和资源聚合的优势，但它也受制于网络速度和自制能力。在互联网发展初期，两个播出平台并行发展为台网分立。

然而，随着 4G 时代的到来和视频网站自制能力的提高，视频网站的短板得到了改善，并由此成为电视的强大竞争对手，2014 年互联网广告数量首次超过了电视广告。与此同时，由于台网各有所长、各有所短，两者有较大的互补性，为了降低节目制作成本，双方进行各种形式的合作，如台网互动、台网联动。台网联动是指电视台和网络媒体在播出、宣传、互动、效果反馈各环节的跨媒体合作形式。

为了追求节目经营效益的最大化，制播双方积极探索影视剧投拍和合作的新模式。根据不同项目、不同合作方，选择委托制作、以投代购、投资合作、制作合作和运营合作等不同运营模式，也是电视台风险规避机制的组成部分。总之，面向播出市场，以"合"为主；这个播出不只是 TV 端的播出，还包括 PC 端和移动端的播出，这就需要整合，整合跨媒体多终端的用户资源是节目经营的发展趋势。面向发行市场，以"分"为主；从针对不同市场的节目分销，到针对不同终端的节目分发，力求节目经营和媒体运营的效益最大化。此时，已不能仅就节目论节目，还需跳出电视看电视。

---

① 李黎丹：《互联网＋电视＋全新生态圈》，《南方电视学刊》2015 年第 6 期，第 6 - 7 页。

## 三、从台网联动到网台融合

如今，越来越多的电视媒体开始利用互联网，主动建构多种传播平台，将互联网优势直接引入电视节目生产中，化被动应对为主动融合，变台网联动为网台融合。"电视＋互联网"让我们重新思考制播关系并且超越这一关系，理由有二：其一，电视节目不限于制作和播出两个维度，更要充分考虑产业经营。当收视率已经到达天花板的时候，我们要创新节目运营模式。其二，制播不要停留在节目运营这一微观层面，要嵌入台网关系中，要通盘考虑它与"互联网＋电视"生态圈的关系，要让节目运营对接各种平台。

在这样的背景下，制播关系已让位于台网关系。首先，我们要深刻理解什么是"台"？什么是"网"？台即电视台，它是传统媒体时代的一种媒介组织和媒介组织形态。在过去，电视台同时扮演内容提供商和渠道运营商两个角色，随着制播分开的推行，制作公司开始把内容提供这一块剥离出来，但它在与电视台合作中的议价能力并不强。然而，当新兴媒体崛起之后，"剧情"大变，有实力的制作公司渐成"香饽饽"。"网"不仅指电视网和电信网这样的物理网，更重要的是指虚拟网——互联网。新兴媒体就是基于互联网的媒介组织，它的媒介组织形态就是基于互联网的媒介平台，它不仅是综合服务提供商，还是强大的内容集成和分发平台。此时，制作公司有了另一个合作方，就是拥有强大平台和雄厚资金的新兴媒体——互联网公司。在制作端，电视台、制作公司和视频网站三方关系变得微妙起来；在 PC 端，要靠新兴媒体；在移动端，也要靠新兴媒体；在 TV 端，还要借助新兴媒体来推送。传统电视与新兴媒体之间形成了台网联动的关系。

台网联动的模式主要有两种：一种是电视主导型，即制作和播出均为电视台主导，目前大部分电视剧还是争取以卫视播出为主，这仍是当下一种主流的模式；一类是网络主导型，如爱奇艺携河南卫视打造的《汉字英雄》，此类节目越来越多且发展很快，尤其是综艺节目。前者有一种极端情况，就是电视台使用自己的网络播出平台进行台网联动，如采用独播战略的湖南台。后者也有一种极端情况，就是完全在网络上播出，如韩剧《来自星星的你》。目前，后者有愈演愈烈之势，相继出现了《奇葩说》《偶滴歌神啊》等完全不与电视台合作的网络节目。这说明在台网联动的舞台上，新兴媒体日益想做主角了。

电视台播完之后，网络再跟播，这是传统媒体时代的逻辑。如今，经过多年积蓄实力的视频网站不断发力，网剧开始与电视剧分庭抗礼。从《匆匆那年》《盗墓笔记》到如今的《暗黑者2》，网剧逐渐登堂入室，过亿点击的"现象级"节目不断涌现。制作质量的提升、非线性播出的模式，都让网剧具备了逆袭电视剧的可能。"视频网站＋电视剧制作公司"联合出品可能会出现网络先播、电视台跟播，或者网络、电视台同步播放。这意味着电视台将有可能失去对最核心资源——节目的掌控，进而出现空壳化的危机。

多屏时代的运营模式经过三个阶段：第一阶段为台网联动；第二阶段为网台联动；现在是第三阶段，为网台融合。毫无疑问，互联网是一个比电视更为强大的播出平台，新兴媒体已经全面进入多终端，先是牢牢占据 PC 端和移动端，并且进入 TV 端。相比之下，电视台这个相对封闭的播出平台，很难与之抗衡，合作是大势所趋。从 2015 年优酷土豆、爱奇艺、腾讯视频等视频网站继续发力投资原创节目可以看出，未来视频网站自制节目不论是在数量上还是质量上都会得到进一步提升，因此传统电视媒体面对的不仅是年轻观众的不断远离，更是互联网更多优质内容所带来的挑战。视频网站在节目营销和运营上已形成了一套"网络＋移动＋互动＋衍生"的完整节目运营体系，台网联动必将走向网台融合。

问题是电视台能否抓住网台融合的主导权，让融合发展为我所用？这就要看电视台能否把"电视＋互联网"这篇大文章做好。春晚微信"摇一摇"的双屏互动只是"网台融合"的初步尝试和初级开发，它既非电视台主导，也无直接收益。东方卫视与阿里巴巴合作的《女神的新衣》（现更名为"女神新装"）试水"电视＋电商"，可谓网台融合的积极推进。在这种合作模式中，观众可以在收看节目时打开手机直接扫节目的 logo 或"摇一摇"，就能立刻购买节目同款定制的产品。借助明星艺人的影响力、召唤力，直接完成一件商品从制作、展示，到推荐，再到诱导购买的全过程，并直接打通电商这一销售环节，让观众群体的强大购买力全额输出。2015 年 6 月 30 日，由深圳广播电影电视集团、寰亚传媒集团、阿里巴巴影业集团、上海文化广播影视集团发起，国内十余家区域中心城市台共同投资的长篇都市生活轻喜剧《饮食男女》举行项目启动及联合签约仪式。《饮食男女》是在国内首次结成内容全产业链、播出多渠道、营销多角度的战略合作，也是实现 O2P 全面运作的一个探索。创意引导、主动出击，变简单浅层的制播分开为深度紧密的网台融合。我们要探索出更多更好的网台融合新模式，这才是电视转型的根本出路。

未来电视台要从线性传播转向非线性传播的模式，转向互联网这个主战场，必须告别单纯的制播分开，进化到网台融合的新型关系，电视台要兼为投资人、发起人、创作人，实现"一鱼多吃"，更大程度上挖掘内容产业的内在以及衍生的商业价值，包括广告植入、IP 授权、付费业务乃至电视台等其他平台的发行收入。正如一些学者所提出的，电视台应主动嵌入微视频，实现线上、线下呼应；借助互联网，实现产品动态扩展；多平台传播，实现生产流程再造。笔者认为，还必须在产业布局和发展战略上考虑融合创新。未来电视就是一个大视频行业，网台必将融合为一个庞大的视频生态圈。对于电视台来说，网台融合不仅是制播关系的转变，更是一场从运营模式到思维方式的变革，是一个从体制机制到形态业态的创新，甚至可以说是一场传媒产业的革命。

（本文原载于《电视研究》，2015 年第 11 期，有改动）

# "后电视"的转向与转型

随着互联网的迅速发展，电视作为一种影响广泛的社会化媒体也进入了"后电视时代"。如何认识和理解"后电视"是我们面临的一大挑战。笔者把电视置于历史与当下、现实与虚拟、冲突与融合的多维时空中进行审视。

## 一、新时空与"后电视"

进入 21 世纪，电视迎来了数字化、网络化、全球化的新浪潮。首先是数字电视的出现，电视由模拟信号转换为数字信号。与此同时，电视通过卫星传送信号可实现全球范围的覆盖，而更重要的是互联网把它推上了高速发展的"快车道"。

早期互联网对电视的影响并不大，所谓的"网络电视"只是把电视的内容搬到互联网上。然而，随着互联网的普及、移动互联网的再现以及进入 4G 时代，真正的互联网电视出现了。一方面互联网平台聚集了庞大的用户群并形成自己的网络视听文化；另一方面网络视频异军突起，后来居上，逐渐由内容搬运工变成了内容提供商。到了这个时候，传统电视的厄运来了，或者说电视已从"前电视时代"开始迈向"后电视时代"。

互联网对电视真正的影响始于移动互联网和智能手机，同时也把电视带入移动社交场域。此时，电视的生产方式和传播方式发生了根本性变化。在生产领域，PGC 受到 UGC 的挑战，精英文化受到草根文化的冲击；在传播领域，中心化的大众媒体受到去中心化的网络媒体的挑战。电视生产于传播之中，观众变成了用户。用户不仅是电视的接收者和内容的消费者，还是电视的传播者和内容的生产者。传统电视与网络视频在中心化和再中心化的博弈中此消彼长。此时，刚刚建立起来的广播电视学已经难以解释新的视听传播和艺术表现，仅仅靠电视批判难以满足其发展所需要的理论解释和现实指导。

密歇根大学传播学教授阿曼达·洛茨所著的《电视即将被革命》一书就提出美国电视将进入"后电视网时代"。笔者认为称之为"后电视时代"更为恰当。"后电视"中的"电视"指涉两个基本概念，一个是电视（television），指利用电子技术及设备传送活动的图像画面和音频信号，以及由此建立起来的大众传播的视听媒体。另一个是基于互联网传播的电视，人们往往把它叫作网络视频（network video）或视频。它是指以电脑或者移动设备为终端，由视频网站提供的在线视频播放服务。有学者这样界定："网络视频就是在网上传播的视频资源，狭义的指网络电影、电视剧、新闻、综艺节目、广告等视频节目；广义的还包括自拍 DV 短片、视频聊天、视频游戏等行为。"① 由此可见，网络视频与传统电视有所不同，由此导致从内容形式到接受行为的变化。

首先我们要意识到电视所处的时空已经发生了极大的改变。大家知道电视是通过网络来进行传播的。所谓"三网融合"（电信网、电视网和互联网）其实是"两网融合"，即物理网与虚拟网（互联网）的融合。未来的电视一定是基于互联网的，从内容生产到信息传播，无论是数字电视还是网络电视都把电视带入了一个新时空。

在时间维度上，"电视传媒不仅仅是一个影像空间概念，也是一个时间的概念。电视播出时间与人们日常生活的自然时间具有同步性，所以电视的传媒特质就是'日常生活的伴生物'。这种特质体现为'时效性'或'及时性'，具体表现为时代性、时尚性、时下性、时机性、时段性"②。其实，还有一个时序性的改变，即从线性传播变成了非线性传播。如今的电视已不局限于家庭媒体和客厅文化，什么时候看，在什么地方看，用什么方式看，都由用户自己来决定。

在空间维度上，"电视节目正呈现生产空间多元化、传播空间社交化、运营空间平台化的新特点"③。在内容生产方面，呈现生产方式多样化和表现空间多元化。在视听传播方面，社交影响传播、话题引发裂变、数据定制内容、场景构建时空。在消费经营方面，网络改变观影习惯、移动影响消费行为、平台创新商业模式。

由此可见，"后电视"有两层含义：从媒介形态来看，"后电视"是指基于网络传输的视频信号以及它所承载的内容，我们可以把其统称为视频。从传播形态来看，"后电视"呈现更多的是视听传播形态，如网络直播、短视频、VR/AR 以及各种交互界面的视听内容。"后电视"与传统电视相比在内容生产、传受方式、消费行为等方面大相径庭，乃至会带来媒介组织及组织形态的改变，

---

① 王润：《论媒介文化视野下"不差钱"搞笑视频热背后的传播现象》，《科技促进发展》2009 年第 9 期。

② 胡智锋、周建新：《电视节目编排三论》，《现代传播（中国传媒大学学报）》2006 年第 5 期，第 82 页。

③ 谭天、覃晴：《作为空间产品的电视节目》，《现代传播（中国传媒大学学报）》2016年第 2 期，第 83 页。

令传统电视转向新型电视，"前电视"转向"后电视"。

无论是从电视还是从视频的角度，目前的探讨更多的还是限于局部的、表层的描述性研究，恐怕还需深入对"后电视"的本体论层面展开讨论。"在后现代文化的浸润下中国电视遭遇文化身份模糊与身份焦虑等时代症候，对自身文化定位与文化价值取向存在误区和偏差，导致中国电视在新世纪伊始陷入泛娱乐化的非理性误区。"[1] 而这种身份焦虑均源自"后电视"时代的空间转向和文化转向。胡智锋、杨宾在论及中国影视文化软实力时指出："整体上较为薄弱，存在着'看不懂''讲不清''达不到'和'吃不透'等突出问题。"[2] 究其原因，其中之一也是源于对转向的困惑。

## 二、"后电视"的空间转向

"后电视"的转向首先是基于网络空间的，它不仅涉及物理空间，还涉及文化空间和媒介空间。"后电视"的空间一方面受到自上而下的政府规制，另一方面又受到自下而上的创新驱动。

1. 关于空间理论

空间是与时间相对的一种物质客观存在形式，我们把物与物的位置差异度量称为"空间"，其内涵是无界永在，外延是各部分有限空间相对位置或大小的测量数值。空间有哲学的空间、物理的空间、文学的空间、传播的空间等各种空间存在形式，人们对空间的研究形成了空间理论。

学术界对空间理论有过三次大讨论：绝对空间与相对空间、先验空间与经验空间、自然空间与社会空间，如今进入互联网时代，人们展开了现实空间与虚拟空间的讨论。基于电视媒介，还会涉及社会空间与媒介空间之间关系的讨论。

在空间理论的研究中，人们提出了"空间转向"这一概念。从列菲伏尔、卡斯特到哈维、索亚等人，都对这个转向的形成做出了贡献。"空间转向"是指人们生活和生产中的空间具有社会性。在电视所形成的媒介空间中无法形成的两个转向，一个是空间中的文化转向，一个是文化中的空间转向。

2. 空间的多维转向

在当今互联网所形成的网络空间中，电视在生产、传播、消费和经营环节

---

[1]　刘婷：《中国电视文化身份的新世纪转向》，吉林大学博士学位论文，2015 年。

[2]　胡智锋、杨宾：《传播力：中国影视文化软实力提升的重要保障》，《清华大学学报（哲学社会科学版）》2018 年第 3 期，第 140 页。

都出现了空间转向；呈现生产空间多元化、传播空间社交化、消费空间移动化、运营空间平台化等新特点。内容生产空间的多元化一是指内容呈现方式，二是指内容制作方式。数字化、网络化改变了电视图像的生成、呈现与传达，实现了从影像到拟像再到视像的转变。影像是指像电影那样摄制的现实图像。而数字电视所形成的拟像则由两部分构成，即现实图像和虚拟图像，如三维动画、虚拟演播室等，大大丰富了电视的表现空间。而网络视频的视像，一方面让观众有了更多的选择，另一方面让观众有了更多的参与。跟帖和弹幕让电视（视频）内容生产于传播之中。

移动社交让电视（视频）的传播方式和消费习惯都发生了变化。"后电视"的社会化传播精彩纷呈，既有点对面的大众传播，也有点到点的人际传播，还有面对点的群体传播。网络视频可以通过媒介平台的推荐算法进行精准传播，而这种强大的内容分发能力是传统电视无法比拟的。网络视频还可以嵌入社交网络中进行二次传播，通过用户转发实现传播路径的转换和媒介平台的跨越。观众的收受行为和消费习惯也在发生改变，尤其是适合手机播放的短视频，不仅从大屏切换到小屏，还从横屏变成了竖屏，形成社交化、移动化、碎片化的收视新形态。

"后电视"的经营不仅依靠渠道，还依托平台推广和产品设计创新的商业模式。当打造出一档优质节目时，人们就可以进行电视 IP 的开发，开发出更多的衍生产品并形成产业链。与此同时，电视的功能也得到拓展。传统电视的主要功能是用来看的，但在央视春晚微信"摇一摇"的双屏互动中，观众争抢红包，看电视变成玩手机。T2O 还可以通过电视来进行购物。在"后电视"时代，电视不仅可以看、可以玩，还可以用。"后电视"时代即互联网时代，由互联网、移动互联网、物联网以及智联网所构成的"下一代互联网"已经成为新的专用名词，我们把这一阶段的互联网技术称之为 Web3.0，把这一阶段的传媒称为未来媒体，"后电视"即未来电视。新一代互联网不仅为"后电视"赋能，而且促进其空间不断拓展。

3. 空间之间的连接

"后电视"时代，电视（视频）可以在不同的空间中流转，也叫作"三屏融合"，"三屏"是指电视端、PC 端和移动端的屏幕。在现实空间与虚拟空间的转换中，节目形态、传播方式、收视习惯和消费模式都有不同。有些可以兼顾，有些必须区隔；有的造成冲突，有的可以融合。或是先台后网，或是先网后台，媒介融合不断向前推进。空间转换中还会形成延伸空间，例如弹幕，形成用户评论空间；例如粉丝，形成各种社群空间。用户身份也在不同空间中不断转换，与传播主体共同构建新的电视媒介空间。"后电视"的策划者们还通过话题、事件来打通空间之间的连接，运营者还通过开发新技术、新服务来连接新的媒介空间，如中央电视台融媒体戏曲节目《角儿来了》，它以"还原名家本真，寻回时代情怀"为宗旨，打造"融媒互动、跨屏播出、全民参与、情境访谈、科技点亮舞台"等核心亮点，建立一个全新的戏剧空间。"虚拟戏剧空间是戏剧艺术在物理空间和戏剧意象空间的拓延，当中国传统戏剧遇上虚拟现实技术，这也许正是中国传统戏剧发展、传承和创新的新路径。"①

不同媒介空间之间的连接我们称为"媒介融合"，从渠道融合到终端融合，从台网联动到网台融合，融合也从制播业务拓展到传媒产业。而在其中，大数据、云计算、VR/AR、人工智能等新科技应用得到充分的发挥。随着深度融合的推进，传统电视的空间边界已屡屡被突破，"后电视"的创新和发展空间变得更加广阔。

4. 媒介空间的重构

基于社会化传播和"互联网+"，"后电视"的媒介形态也在发生变化。首先是节目时长发生了变化，从几十分钟的网络视频节目，到几分钟的短视频，甚至再到 15 秒的超短视频，形成不同的内容生产、传播方式和媒介载体。在这个新的媒介空间里，社交化、智能化和开放性是其三大特征。而空间转向的结果就是空间重构，包括供需重构、关系重构、价值重构。"互联网+"的本质就是供需重构，过去的电视是先有节目（产品）再有观众（用户），现在倒过来，先有用户（粉丝）再做产品。过去传者与受众单向传播的关系变成可以随意转换的双向互动关系，用户也可以提供视听内容，在互联网每一个节点上的用户都可以成为电视台。"后电视"的价值也在重构，我们不仅要做内容产品，还要做服务产品和关系产品，媒体承载多重价值，观众（用户）呈现多元价值。

我们不能因网络视频存在的低俗内容，而否定网络视频在新技术、新应用上的创新，更应该看到视频产品遵循社会化传播规律的成功探索。从内容到关系，再从传播到连接的转换，关系、连接、平台等成为"后电视"运作的新节点，基于大数据的交往理性、跨界的协同创新等都会推动"后电视"的空间转向与文化转向，并进一步促进社会资本的流动。而社会资本流动正是驱动"后电视"空间转向的动力。

媒介空间还与社会空间紧密关联，彼此影响。"传统传播者的权威与语境正

① 王妍、胡华华、李晞睿：《虚拟戏剧空间设计：当中国传统戏剧遇上虚拟现实技术》，《文艺评论》2016 年第 12 期，第 110 页。

在一定程度上被日常的'微传播'消解，信息传播的消费者（使用者）的创造性进一步体现，信息的自我创造、管理和传播变得更加日常化，许许多多的普通大众正在以他们的方式构建另一种社会现实。"① 这种社会现实已涉及文化层面，就是说在空间转向的同时也形成文化转向。

## 三、"后电视"的文化转向

我们再来看看空间中的文化转向。在互联网所形成的空间中，电视（视频）形成了三个文化转向：单向传播向沟通互动转变的文化价值转向；受众向用户转变的文化需求转向；中心化向去中心化转变的文化参与转向。在这些文化转向中又形成新的表现空间、传播空间、消费领域乃至媒介功能。

### 1. 文化需求转向

"后电视"时代也是一个泛娱乐时代，娱乐化会在网络上掀起一次次的大众狂欢，也会拉动一次次新的文化消费。随着新技术的发明，催生了新的文化服务和消费需求。在商业的驱动下会形成新的文化现象和网络效应，也会造成新的社会问题。这里面有一个非常重要的东西值得研究，那就是"关系"。大数据和人工智能是"后电视"的底层技术，一方面通过大数据我们对电视的内容和用户的需求有更多的认识，另一方面通过数据货币让电视在资本的推动下随波逐流，在"连接一切"的魔力下，激发人类潜在的需求和欲望，有的甚至会对社会伦理产生很大的破坏力。

青年亚文化是青年文化系统的一种"次文化"，是处于从属、边缘地位的青年群体试图将风格化或另类的符号等作为载体对主流文化进行抵抗。但在互联网空间里，这种亚文化往往喧宾夺主，借助泛娱乐化在某些特定的时空中甚至还会反客为主，比如俘获年轻人的网络综述和网络大电影。网络视频与传统电视最大的区别就是受众不同，它面对的主要是互联网原住民，是要去满足他们的文化需求和消费习惯。截至 2018 年 6 月，中国网络视频用户规模为 6.09亿，占网民总体的 76%。其中，手机视频用户达 5.78 亿，随着移动互联网技术的不断发展，视频消费向移动端集中的趋势更加明显，超过九成的视频用户选择通过用手机看视频。而在这部分用户中青年用户占主导地位，他们的文化需求也会影响"后电视"时代的文化转向。

---

① 肖荣春：《新媒体语境下传播活动的"空间转向"》，《国际新闻界》2014 年第 2 期，第 81 页。

2. 文化参与转向

在传统电视的转型中，是存在着文化障碍的。彭兰教授指出："每一种媒体在其发展过程中都逐渐形成了自己独有的'文化'，在传统媒体向新媒体转型以及新老媒体的融合过程中，文化性的障碍是关键障碍之一。"① 她还进一步指出新老用户之间的不同文化偏向：老年人更偏向被动接受的受众文化，而年轻人更偏向主动参与的用户文化。"后电视"中的文化参与不仅表现为用户不同的参与程度，还表现为用户不同的参与方式。"当现实的集体行动链接入互联网空间，或者在互联网空间组织动员的集体行动，其参与方式就不再仅仅局限于身体在场的直接参与方式，参与方式多样化、间接化。"② 如在电视春晚播出过程中，观众在社交媒体上的热议就成为一种广泛的文化参与。

"后电视"的文化参与更多地与受众身体在场相关。"在意义传播的过程中，身体意象是作为隐含的意义信息传达给观众的。"③ 而当网络游戏和虚拟现实进入电视之后，影视从视觉传播领域迈入触觉传播领域。"虚拟触觉传感技术不仅将人的触觉转化为信息，而且将'物'转化为触觉信息，借助互联网的虚拟触觉交互，消解了横亘在主体与对象之间的技术媒介，实现了触觉'无意识'的跨时空'存在'。"④ 可以说，游戏进入电视产生了身体革命，虚拟现实进入电视产生了触觉革命。虚拟技术让影视从工具理性走向审美理性，进而改变影视美学以及相应的文化消费。VR/AR 不仅会给受众新的体验，还会形成新的文化参与。

抖音的兴起很好地印证了乔治·H. 米德的理论，即"自我所由产生的过程是一个社会的过程，它意味着个体在群体内的相互作用，意味着群体的优先存在"⑤ 抖音不只是用户的自娱自乐，更在于用户之间的分享，分享就是一种群体存在。在社会网络的人际传播中，抖音制作者一方面可以以各种方式实现自我呈现。另一方面通过社交网络与他人建立关系并得到承认——点赞和评论，从而获得存在感：明星获得更大的关注，草根获得更多的认可。对于自我，乔

① 彭兰：《文化隔阂：新老媒体融合中的关键障碍》，《国际新闻界》2015 年第 12 期，第 125 页。

② 王建武：《集体行动的社会空间转向及其呈现机制》，《黑龙江社会科学》2015 年第 4 期，第 106 页。

③ 陈月华、郑春辉：《生成的身体与身体意象——影视传播中的虚拟人物》，《山东社会科学》2007 年第 2 期，第 82 页。

④ 王妍、吴斯一：《触觉传感：从触觉意象到虚拟触觉》，《哈尔滨工业大学学报（社会科学版）》2011 年第 5 期，第 93 页。

⑤ ［美］乔治·H·米德著，赵月瑟译：《心灵、自我及社会》，上海：上海译文出版社2008 年版，第 147 页。

治·H·米德划分出"主我"和"客我"两个概念。简单来说就是一个是自己眼中的我，一个是别人眼中的我。"主我"既召唤"客我"，又对"客我"做出响应。自我就是这两者相互作用的社会过程。抖音达人先是通过"主我"的呈现，进而获得粉丝的响应，最终成为有影响力的"客我"——"网红"。

### 3. 文化价值的转向

比如粉丝和"网红"造就的新文化，加入了游戏的成分，加入了用户的分享，同时也形成了新的传播空间；在快手和抖音形成的新传播空间里，加入了互动界面，激活了新创意，从而又创造出新文化、新消费、新价值。面对这些转向与改变，我们不得不进行电视或视频的本体论思考，"后电视"到底是什么？它的文化价值有哪些？这些价值又是如何在传播和消费的过程中形塑？电视主要有三大传播：信息传播、情感传播和观点传播，它的功能主要是用来看的。而"后电视"不仅用来看，还可以玩、可以用。也就是它的文化价值不仅在内容生产和传播中体现，还在服务中体现，在社交中实现。短视频的传播空间在于社交网络。"网红"也好，抖音也罢，其实都是社交的产物。从"前电视"的明星到"后电视"的"网红"，拉动的是流量和粉丝，造就的是新的文化消费，同时也传递着各种各样的价值观。

"继第一空间（物理空间）和第二空间（精神空间）后，索亚提出超越前二者的后现代主义的第三空间，他认为这一未被人们认识的第三空间将永远保持开放的姿态，永远面向新的可能性，面向去往新天地的各种旅程。"[1] 然而，问题是如何让"后电视"释放更多的正能量？从而造福人类，推动社会进步？"在社会化媒体所创设的新的'社会语境'下，权力和资本不仅共同关注碎片空间这一崭新的空间形态，而且都强调对空间可见性（visibility）的生产实践，同时又都致力于在一种变化的、暂时的、过渡性的流动空间图景中实现空间关系的'流动化生产'，这极大地批判并发展了两种空间思想的意义内涵，并且在空间观念和空间实践两个维度上具有对话的可能性与现实性。"[2] 影视动漫、网络游戏通过互联网带来的消费文化、粉丝经济、二次元世界，潜移默化地影响着年轻人的生活方式和价值观。主流社会靠简单的打压是难以奏效的，如何积极地引导是一个重大课题，而创造出更多既有先进文化价值的，又能满足新文化需求的作品，成为"后电视"文化转向中的重中之重。

---

① 吴冶平：《空间理论与文学的再现》，兰州：甘肃人民出版社 2008 年版，第 237 页。

② 刘涛：《社会化媒体与空间的社会化生产——列斐伏尔和福柯"空间思想"的批判与对话机制研究》，《新闻与传播研究》2015 年第 5 期，第 73 页。

## 四、媒介融合与生态重建

"后电视"的空间和文化的双重转向必然会引起更多的变化，一方面对传播形态、媒介生态和媒体业态有很大的改变；另一方面双重转向不是简单的叠加而是复杂的交融，融合过程存在更多变量，当然也会迸发更多创新。

1. 不断变化的传播形态

社交媒体让信息传播进入关系传播，大众传播演变成社会化传播。一方面，传统的渠道失灵，线性的传播渠道变成网状的传播路径，在传播网络上的每一个节点既是传播主体也是传播受体。电视与观众之间单向传播的传受关系变成视频与用户双向传播的互动关系，关系传播在大数据的驱动下还会形成关系转换。通过用户画像、数字营销、算法推送和内容分发，互联网赋能使得网络视频比传统电视的传播力要大得多。新媒介即新的关系，网络直播、短视频、虚拟现实等也会成为新的结构力量，使得传播形态和媒介生态都会发生改变。

"社会化传播是指在互联网连接的虚拟与现实的空间里，任何个体和组织都会形成传播行为，通过各种媒介平台和传播工具的关系转换，进而引发社会资本流动和各种传播活动。"[1] 在社会化传播中，媒介平台与社会资本有着很强的因果关系，如果快手没有百度、腾讯的领投，抖音没有今日头条的平台，短视频是掀不起那么大的风浪的，也无法聚集庞大的用户群。

在社会化传播的背景下"连接一切"成为可能，而在其中人工智能（AI）的作用日益凸显，在大数据和算法的驱动下，视听传媒建立了更加紧密的用户关系，不仅是视听内容的精准传播，更重要的是了解用户需求，发掘新的用户价值和创造新的媒体功能。视听传媒不仅可以看、可以听，还可以用、可以玩。

在注意力经济时代，传统电视争夺的是收视，互联网争夺的是流量，而移动互联网争夺的是场景。"后电视"时代，服务场景起到十分重要的作用，媒介融合要从场景融合开始。我们需要通过技术接入、服务植入以及文化融入等方式来解决媒体接入问题，而在这个接口需要构建"互联网＋电视"的场景。

不同的传播形态会形成不同的媒介界面，如何在不同的界面之间穿越？如何在不同的空间之间对接？在技术层面，我们要解决跨屏问题；在文化层面，我们要克服认知障碍；在制度层面，我们要实现观念转变。网络视频强大的传播力也会产生不可忽视且难以把握的影响力。尤瓦尔·赫拉利在他的《人类简

---

① 谭天：《构建社会化传播理论的思考》，《浙江传媒学院学报》2018 年第 4 期，第 44 页。

史：从动物到上帝》一书中指出："我们拥有的力量比以往任何时候都更强大，但几乎不知道该怎么使用这些力量。"① 要更好地进入"后电视"，除了更深入地认识传播形态之外，还要认识它所处的错综复杂的媒介生态。

2. 开放多元的媒介生态

"后电视"中的"后"不是结束，而是新的开始。在这个新进程中，"媒介融合"成为基调，而如何融合需要我们重新认识视听传媒所在的媒介生态。

"后电视"的新时空特性综合体现在"前电视"时期的"当家花旦"——春晚上。"后春晚"有五大特点和趋势："第一，电视的伴随性出现了，它将形成新的收视行为；第二，名牌节目只是一个流量入口，起到导流作用，更多的文章还是在导流之后做；第三，改变需要更大的价值认同，文艺为政治服务不能简单化；第四，家庭媒体与个人媒体的结合，媒体融合是全方位的；第五，去中心化和再中心化并存、去仪式化和再仪式化同在。"② 从"后春晚"到"后电视"还会有其他新特征，其中有两个是最主要的：一个是新内容的出现，一个是新服务的产生。

什么是新内容？目前还没有统一的说法。有的指动漫、游戏、短视频，有的指有爆款 IP 的网剧、网综，有的指基于大数据的内容定制。总之它是内容新生态中的新物种。这类内容多由新媒体创造出来。随着传播形态、生活方式的改变，内容的载体和呈现形式也越发多样化。今天内容的生产、分发、消费和变现都已发生急剧的变化，这与过往的 PGC 有所不同，甚至可以说"新内容"彻底颠覆了传统内容并形成新的内容形态和生态。

新服务内涵更加宽泛，从新闻资讯到生活服务再到政务服务，泛新闻和泛娱乐并驾齐驱，网红经济和粉丝文化重构媒介生态。在移动化、社交化和智能化的作用下，基于 UGC 的短视频成为媒介生态新的结构力量。而网络直播、VR/AR、区块链、5G 等下一代互联网技术也将左右"后电视"的走向。与此同时，电视的功能也随之发生变化，从看电视到玩电视再到用电视。

在这个演变过程中，媒介产品也发生极大的变化。除了新的内容产品和服务产品之外，关系产品的作用凸显出来。比如短视频的引流作用，它与其他生产要素形成新的传播链和产业链，如 T2O（电视＋电商）、短视频＋社交＋电商等，网络视频已经不是传统意义上的电视，它包括渠道、平台乃至生态，涉及传播、关系、连接、场景、资本等诸多要素。作为产品，"后电视"会形成各

① ［以］尤瓦尔·赫拉利著，林俊宏译：《人类简史：从动物到上帝》，北京：中信出版社 2017 年版，第 408 页。

② 谭天：《后春晚：互联网时代的电视新形态》，《南方电视学刊》2018 年第 1 期，第 66 页。

种功能性变化。在新技术、新服务的作用下，电视生态也会产生各种结构性变化，进而重新构成其新的传播力、影响力和竞争力。

3. 平台主导的媒体业态

"工业经济时代建立了以编辑中心制为核心的审核—过滤—发布的知识生产体制。它赋予主编和编辑们作为信息把关人的专有权力，确保了内容生产的高质量和专业性，但也剥夺了作者和读者自由表达的权利，使他们沦为被大众媒介规训的对象。当下互联网自 Web2.0 时代特别是社交媒体基于人的信息互联模式，在不断消解工业化媒体技术官僚体制的同时，重新建立了从 UGC 到 PGC 的知识权威体系。"① 就媒介组织形态而言，笔者认为未来电视会形成四种基本业态：新型电视、新兴电视、IP 电视和区域电视。新型电视是由传统主流电视转型而成的；新兴电视即视频网站，如爱奇艺、腾讯视频、优酷土豆三大视频网站；IP 电视是指影视公司和自媒体；区域电视主要指兼营电视业务的区域媒体。

在新的传播形态和媒介生态下，自组织作用开始发挥出来，UGC 催生自媒体，自媒体催生新业态，各种新的媒介组织及组织形态不断出现，使得新业态变成新常态。而在其中用户行为、互动参与、消费文化、社会心理等都会产生各种影响和作用。与此同时，也给视听传媒的监管带来更大的问题和挑战，互联网的"去中心化"与"再中心化"并存，不仅电视台需要转型，视频网站也要转型，但不管如何，在融合创新的过程中仍然需要坚持正确的价值观，继续传播正能量。

随着物联网、大数据和人工智能的出现，电视机本身正在转型为一个更大的多媒体接收屏幕，同时还会变成智慧家庭的播控台。"在智能电视成为连接用户和内容的首要渠道，成为承载互联网时代无限应用和服务的家庭智能终端的时候，积极探索其媒介广告业务发展模式以及大数据的智能推广应用，在智能电视的创新营销、跨界组合、用户标签、数据管理、生态开发等方面的未来方向，走出一条融合发展之路。"②

让我们再回到原点，"后电视"到底是什么？我们可以把它看作一种不断变化的新媒介形态。"后电视"在空间转向与文化转向的双重作用下会发生三大变化：①虚实空间交互中文化的冲突与融合，虚拟空间的文化影响力逐渐壮大，对传统文化形成极大挑战，新旧文化在线上线下之间交织碰撞，既有冲突

---

① 刘影：《互联网 + 时代的文化转向——从编辑中心制到作者中心制》，《淮阴师范学院学报》2016 年第 3 期，第 403 页。

② 牛俊刚：《第四屏的崛起：智能电视，势不可挡》，《声屏世界（广告人）》2016 年第 2 期，第 168 页。

也有融合，比如哔哩哔哩；②空间开放化与多种传播主体的嵌入形成多种媒介形态，最典型的是基于大数据和社交属性的直播平台和短视频；③空间平台化与时间社会化相辅相成，在社会资本与传媒规制的共同作用下，视听传媒业重新洗牌并形成"后电视"的各种复合业态。

　　说到这里笔者可以做一个归纳：曾经辉煌的电视陷入前所未有的挑战，"前电视时代"进入了"后电视时代"，在互联网的新浪潮中，电视进入了新时空，呈现空间转向和文化转向的"双转向"。与此同时，一方面电视在媒介融合的推动下进行媒体转型，另一方面在新技术、新应用的作用下重构媒介生态，在理论上还表现为跨学科研究和范式转换的特点。"后电视"的发展与理论始于视听，但不止于传播。

# 节目主持人培养模式改革

"现在我们的主持人是又多又少。多，指总量上，现在全国主持人恐怕不少于五万人，电视主持人恐怕得有两三万人，但有影响的、观众喜欢的主持人少。主持人看着多，但用的时候嫌少。"[①] 这是中国广播电视学会节目主持人委员会理事长白谦诚对我国主持人现状的一番准确分析。

"主持人多"的结果是大量播音主持专业的学生毕业后找不到专业对口的工作，我国播音主持教育呈现出供大于求的局面。"主持人少"的原因在于高校教育培养出来的主持人不能很好地满足业界要求，优秀主持人在业界供不应求。为什么会同时出现供大于求和供不应求的尴尬局面呢？中国高校的主持人培养模式到底出了什么问题？我们又该如何解决这一问题？

## 一、现状与问题

### 1. 招生过热，主持人专业发展过快，且为我国独有

现在在高校播音主持专业成为报考者众多的热门专业，中国传媒大学播音主持艺术学院 2007 年招生已呈现"千里挑一"的局面，"该校播音专业今年计划全国招生 60 人，报考该专业的人数已超过 6 000 人"[②]。全国各播音主持院系的招生情况大多如此。

报考者众多带来播音主持专业的蓬勃发展，"据不完全统计，现在全国开办'播音与主持'专业的院校约有 200 多家……其学历有职高、大专、本科、双学位、研究生等多个层次，参与这场办学竞争的，既有普通高校，也有众多民办院校，还有国家重点大学"[③]。

目前，仅本科层次就有 45 所院校开办了播音主持专业。从 1960 年北京广

---

① 《白谦诚访谈录》，http://www.cctv.com/anchor/special/C10554/20040601/101422.shtml，2004年6月1日。

② 《艺术院校招生继续升温 北影表演系首日报名过千》，http://news.sohu.com/20070226/n248352799.shtml，2007年2月26日。

③ 陆锡初：《主持人教育新构想》，《声屏世界（广告人）》2005 年第 2 期，第 36 页。

播学院（即现在的中国传媒大学）第一个开办主持人专业，到 2000 年，整整 40 年间我国一共只开办了 5 个主持人专业。其后开始了"大跃进式"的发展，2003 年到 2005 年的 3 年里共有 30 所学校迅速开办了主持人专业，这样的发展很难说是成熟稳健的了，事实上有很多院校的主持人专业都是仓促上马，办学条件相当不成熟。2005 年国家公布的《中国高校本科教育总览》已经将播音与主持艺术调整为"需一般控制设置的专业，由教育部负责审批"。

同时"中国的主持人教育可谓世界首创，绝无仅有"，"在主持人的故乡美国，根本没有专门培养电视节目主持人的专业教育，不仅美国没有，世界上所有传媒大国一概没有"[①]。在这种没有主持人专业教育的情况下，美国涌现出了大批优秀的主持人。而我国主持人专业教育至今已有 47 年，并没有出现如默罗、克朗凯特、丹·拉瑟、拉里·金、奥普拉·温弗瑞这样众多的成功主持人。

2. 学生专业对口就业难，业界缺合适主持人

播音主持教育"虚火太旺"导致供大于求的局面出现：毕业学生太多，主持人岗位有限。"根据国家广播电影电视总局人事教育司的统计，截至 2003 年底，全国播音员、主持人是 22 600 人（岗位）。就总体情况来说，中央、省及省辖市广播电视机构的主持人就业岗位目前已经处在基本饱和的状态。"[②]

现在每年都有主持人专业毕业大学生到电视台寻找工作机会，但能够上岗的机会很少。由于招生周期与就业周期存在着很大的矛盾，现在许多大学的主持人专业毕业生大多选择非主持专业就业。

一方面是学生找不到专业对口的工作，另一方面电台、电视台总为找不到合适的主持人发愁。中国主持人行业发展已二十多年，中国电视观众十多亿，然而有影响力的优秀主持人却不多。

3. 许多优秀的主持人出身于非主持人专业

国外很多优秀的新闻主持人都是资深记者或者编辑出身，而娱乐节目主持人很多由演艺明星担纲。2006 年，世界品牌实验室编制了一份《中国最具价值主持人》榜单，在十位品牌价值最高的主持人中，播音专业科班出身的只有李咏一人。（见表1）

---

① 孙祖平：《中国主持人专业教育问题探究——兼上戏主持人专业十年办学思考》，《上海戏剧学院学报》2005 年第 4 期，第 74 页。

② 毕一鸣：《播音主持人艺术专业教育忧思录》，《传媒观察》2004 年第 8 期，第 39 页。

表1　2006年度《中国最具价值主持人》榜单

| 排名 | 主持人 | 品牌价值（亿元） | 所在媒体 | 专业出身 |
|---|---|---|---|---|
| 1 | 李咏 | 5.0 | 中央电视台 | 中国传媒大学播音系 |
| 2 | 王小丫 | 3.4 | 中央电视台 | 四川大学经济系 |
| 3 | 窦文涛 | 3.2 | 凤凰卫视 | 武汉大学新闻系 |
| 4 | 陈鲁豫 | 3.0 | 凤凰卫视 | 中国传媒大学国际新闻系 |
| 5 | 汪涵 | 2.4 | 湖南卫视 | 湖南广播电视学校 |
| 6 | 许戈辉 | 2.3 | 凤凰卫视 | 北京外国语大学英语系 |
| 7 | 白岩松 | 2.1 | 中央电视台 | 中国传媒大学国际新闻系 |
| 8 | 朱军 | 1.5 | 中央电视台 | 战士、演员出身 |
| 9 | 袁鸣 | 1.2 | 东方卫视 | 上海外国语大学对外汉语专业 |
| 10 | 庞晔 | 1.1 | 中央电视台 | 中国传媒大学编导专业 |

从上表可见新闻类和语言类是两大主要专业构成，播音专业毕业的仅一人，这说明了优秀主持人来源的多元化和非播音主持的专业化。

## 二、学者、业界对播音主持专业的反思

在笔者之前，已经有很多学者和业界人士对我国播音主持教育提出了质疑，他们对播音主持专业质疑的程度和所持态度各有不同。

1. 认可播音主持专业的基本方向，主张调整教学细节

中国传媒大学播音主持艺术学院付程教授在2001年指出，学校的专业教育使得培养出的人才基础扎实，学养丰厚，业务方面也有相当的优势。但毕业生基础相对薄弱，知识面偏窄，后劲不足；课程设置不合理，教学方式主要是"单向式""灌输式"，专业教师不足……①付程教授肯定了学校专业教育在培养播音主持人上的优势和方向，认为需要调整的只是专业教育中的具体问题。

---

① 参见付程：《21世纪对播音主持艺术教育专业的要求》，《现代传播（中国传媒大学学报）》2001年第1期，第115－120页。

**2．主张控制播音主持专业规模**

南京师范大学毕一鸣教授在 2004 年指出，"目前这项专业教育处在低水平盲目扩张的状况，总体规模已经是供大于求，今后的就业形势不容乐观"。在分析了盲目扩招的原因后，毕教授认为应当"遏制那种盲目办学的势头，认真审查各校办学、办专业的资质"①。

**3．提出改变播音主持专业的办学思路和方向**

2004 年，上海戏剧学院主持人专业创始人孙祖平教授根据十年办学经验指出，"节目主持人不是一个纯粹统一的职业，而是一个由不同职业构成的工种概念，而我们却把这些从事各种不同职业的人士看成纯粹的同一种人"，"十年主持教育的最大失误在于没有分门别类地培养电视节目主持人"②。孙祖平教授的观点较单纯的控制规模又进了一步。

2006 年北京师范大学博士生马茚提出要对主持人进行类型化培养，他指出按照节目类型属性，主持人有"八分法""五分法"和"四分法"几种分类，但没有明确提出按哪一种分法分类培养主持人，也没有考究现有播音主持专业是否有能力来进行分类培养。即他指出了问题，提出了一个模糊的解决方向，但并没有提供真正的解决方案。③

**4．认为主持无艺术，动摇了播音主持专业存在基础**

在业界，主持人杨澜认为"主持无艺术"。1996 年，她在《凭海临风》中写道，"在哥伦比亚大学期间我主修国际传媒专业。作为常青藤名校之一的哥伦比亚大学的藏书量不可谓不丰，我却没有查找出一本有关所谓主持人理论方面的书籍。有关主持人的著作除名人传记外，只有一本名为'采访的艺术'的书带有一些理论色彩"④。

"主持无艺术"观点的提出引得业界、学界一片侧目，"我们私下有过不少议论，有的觉得困惑，甚至对'播音与主持艺术'这个专业的规范性产生怀疑"⑤。的确，如果主持没有艺术可言，如果国外没有播音主持专业，那么我国

---

① 参见毕一鸣：《播音主持人艺术专业教育忧思录》，《传媒观察》2004 年第 8 期，第 39 - 41 页。

② 孙祖平：《中国主持人专业教育问题探究——兼上戏主持人专业十年办学思考》，《上海戏剧学院学报》2005 年第 4 期，第 73、76 页。

③ 参见马茚：《论节目主持人类型化培养》，《现代传播（中国传媒大学学报）》2006 年第 2 期，131 - 133 页。

④ 杨澜：《凭海临风》，上海：上海文艺出版社 1996 年版。

⑤ 应天常、陶曼：《杨澜还是别这么说——〈关于主持无艺术〉的对话》，http://ytv. blog. hexun. com/2711619_ d. html，2006 年 3 月 11 日。

的播音主持专业是否还有存在的必要呢？尽管引得众多争议，但2005年杨澜在首届"金话筒"论坛上再次表示"主持不能算是艺术"。①

我国高校教育很少有哪个专业像播音主持专业一样受到这么大的质疑，播音主持专业到底存在什么问题，又该如何去解决这些问题？

## 三、导致问题的原因所在

### 1. 受利益驱动办学，教学质量难以保证

播音主持院系发展迅猛的原因令人深思。首先办播音主持院系可以提高学校知名度，多年来中国传媒大学成功向全国各级广播电视媒体输送了很多播音员和主持人，他们成名后提升了中国传媒大学的知名度和影响力，引得不少学校艳羡，也纷纷开办播音主持专业。

同时也是出于经济利益的驱动，2005年国家在调整高校专业名目时把播音主持专业从新闻类专业调到了艺术类，这样降低了考生在高考分数上的门槛，可以广收学生，同时又可以按艺术类专业的标准收取高额学费，开办播音主持专业和大量招生就变成了一件赚钱的事情。

明星效应—生源充足—赚钱专业—供大于求，在名和利的驱动下，在学生的盲目追捧下，就形成了一条播音主持生产线，导致的结果就是该专业毕业的学生太多，想找到专业对口的专业很难。

目前，播音主持专业的学生不仅数量多，质量也难以保证。由于办学仓促，很多播音主持院系根本没有保证教学质量的师资。学生多，老师少，专业课教师匮乏。很多专职教师往往是别的相关专业出身，如语言、中文、表演、新闻等，没有受过专业训练也缺乏播音主持实践经验；有的院校办播音主持专业主要依靠外聘的在职播音员主持人，但他们很难保证教学时间，且因教学方法等问题也未必能保证教学质量。

### 2. 主持人选拔方式的变化使播音主持专业的学生不具备必然就业优势

过去，电台、电视台招聘主持人主要是去知名的高校播音主持专业挑人，而现在选拔主持人的途径更加多元化了，可以通过公开招聘、举办主持人大赛或者挑选主持人的常规节目等途径来进行。

如撒贝宁、沈冰在分别获得中央电视台2000年"荣事达"杯电视节目主持

---

① 《杨澜：主持不能算是艺术却是我的人生》，http://media.people.com.cn/GB/40701/3535381.html，2005年7月12日。

人大赛金奖和银奖后进入中央电视台工作，此前撒贝宁就读于北京大学法学系，而沈冰在新加坡《联合早报》工作。河北大学计算机系 2002 级学生尉迟琳嘉在参加《挑战主持人》节目成名后，被包括央视在内的多家电视机构青睐，现在他已经成为凤凰卫视的主持人。就读播音主持专业和成为主持人之间不再画上必然等号，当很多其他专业毕业的学生也来抢主持人饭碗的时候，播音主持专业的学生想找到满意工作就更难了。

3. 主持人专业难以培养主持人所需的综合素养

白谦诚指出"有些学校培养播音员有办法，而培养主持人没多少办法，因为培养播音员和主持人是不一样的"①。播音员所需技巧比较单一，主要是规范的语音、科学的发声方法、播读新闻和配音的技巧等，这些都可以通过播音主持专业教育掌握。中国传媒大学播音主持艺术学院最早就叫北京广播学院播音系，给全国各级广播电视机构输送了很多优秀的播音员。

优秀的主持人应当具备新闻素养、逻辑思维能力、知识素养、分析判断能力、场面驾驭能力、艺术表现能力等。这些素养或是通过常年学习获取，或是在生活经历中积累，并不是几年的主持人专业教育能够提供。孙祖平教授说："节目主持人不是一个纯粹统一的职业，而是一个由多种不同职业构成的工种概念。所谓主持能力，不是一种纯粹统一的技能，而是由职业的学识能力和多种技术能力多维集束支撑的综合力。"② 从理论上来说，学校教育很难培养出优秀的主持人；从实践来看，很多优秀的主持人也并不是毕业于播音主持专业，这一点已经从前文表 1 得到证明。

很多时候，优秀的主持人是社会而不是播音主持专业培养出来的，杨锦麟就是一个突出的例子。如果按播音主持专业的标准来衡量他是绝不合格的，有人笑评他"口音不那么正常，英语说得更恐怖，闭着眼睛也能把他和北广播音系千百名毕业生区分开来"③。但杨锦麟依靠《有报天天读》节目依然成为备受欢迎的主持人，观众喜欢他的原因在于他对新闻的独到分析。这种分析能力来源于他历史专业出身的知识积累；得益于他曾先后在多家媒体担任记者、主笔、主编的媒体经历；也得益于他五十多年来的上山下乡、学工学农、求学教书、卖文为生，在底层苦过、上层混过、内地待过、香港漂过的复杂人生。

---

① 《白谦诚访谈录》，http://www.cctv.com/anchor/special/C10554/20040601/101422.shtml，2004 年 6 月 1 日。

② 孙祖平：《中国主持人专业教育问题探究——兼上戏主持人专业十年办学思考》，《上海戏剧学院学报》2005 年第 4 期，第 73 页。

③ 杨华：《杨锦麟这家伙　香港凤凰卫视读报人》，长沙：岳麓书社 2006 年版。

## 四、改革方案

针对这些现状和原因，笔者认为应当尽快调整和改变我国主持人的培养模式。

1. 一分为三，拆分播音主持专业

笔者认为主持人当然应该分类培养，如果不分类培养，培养出来的人既无法播音，也无法主持好任何一类节目。但分类不能太细，分得太细会导致无法在实践中操作，或者培养出来的学生缺乏就业适应面。笔者认为可以把目前的播音主持专业拆成三个部分：播音专业、新闻主持方向（设在广播电视新闻专业）和娱乐主持方向（设在影视艺术专业）。

之所以是这三个部分而不是其他，得从播音员主持人的源起和释名说起。最早出现在美国电视屏幕上播报新闻的媒介人物叫 announcer，他们所承担的职能是直观地播报新闻。这种媒介人物对应于我国的播音员。后来 CBS 新闻制片人唐·休伊特对这种机械播读新闻的方式不甚满意，就安排克朗凯特在报道时组织串联起所有新闻，新闻中融入了播报者的主观因素，并用 anchor 一词来形容这一媒介新角色，这就是新闻主持人。除了 announcer 和 anchor 两类与新闻类节目有关的从业者外，美国主持人中的另一大类是 host，主持各类轻松搞笑的娱乐类节目。那么 announcer、anchor 和 host 就是美国主持人中三大主要类型，对应我国的播音员、新闻主持人和娱乐主持人。（见表 2）当然主持可以细分为很多小的类别，但无论如何分类，大致都可以归为新闻主持人和娱乐主持人两个大的范畴内。那么相应地，我们应当按照这三大类型来分别培养播音员和主持人。不仅要分类培养，更重要的是除了播音部分继续作为专业独立存在外，新闻主持人和娱乐主持人应该分别出自广播电视新闻专业和影视艺术专业。这两个专业需设立相应的主持方向。

表 2　主持人三大主要类型

| 美国播音员主持人主要类别 | 我国播音员主持人主要类别 | 职业定位 | 所承担职能 | 代表人物 |
|---|---|---|---|---|
| announcer | 播音员 | 播音员 | 直观播报新闻 | 邢质斌、李瑞英等 |
| anchor | 新闻主持人 | 记者 | 主持、分析、评论新闻 | 水均益、白岩松、敬一丹等 |
| host | 娱乐主持人 | 艺人 | 主持各类娱乐节目 | 李咏、董卿、吴宗宪、小 S 等 |

播音应该作为一个专业独立存在。这是中国传媒大学播音主持艺术学院等院系的传统强项，基本上可以沿袭原来播音专业的课程设置，主要是培养学生吐字发音、播读新闻和配音的能力，给各级广播电视机构输送播音员和配音人员。

主持这部分应该由一个专业变为新闻主持和娱乐主持两个方向，因为新闻主持人和娱乐主持人从本质上来说是"记者"和"艺人"两种截然不同的职业，不应该放在一个专业用同样的课程设置和教学方法培养。在香港和台湾，新闻主持人属于媒体从业人员，而娱乐主持人则属于艺人的概念，在大陆也开始出现这样的趋势。新闻主持方向应该设在广播电视新闻专业，学生在学习必要的语言表达技巧的同时，首先是要成为一个优秀的新闻记者，毕业后也不应该直接去做主持人，而是先在业界实践，做好记者后再去做主持人。娱乐主持方向应该设在影视艺术专业，学生毕业后常常兼有艺人和娱乐主持人的身份。

在广播电视新闻专业中设新闻主持方向，在影视艺术专业中设娱乐主持方向，即是在这两个专业的主要课程设置上加入播音主持课程，让学生在掌握专业知识的同时，掌握基本的语言和形体表达技巧。这样可以改变我国主持人没有主专业的现状，避免培养出花瓶式的主持人。

播音专业和两个主持方向的要求和侧重点各不相同：播音专业对学生语音规范、科学发声以及外在形象等要求特别高；而广播电视新闻专业的新闻主持方向对形象和声音的要求不如播音专业，但在应变能力和综合素养方面要求更高；影视艺术专业的娱乐主持方向对个人的才艺素养、现场气氛的调动和驾驭能力要求最高，但对新闻敏感等方面的要求不如新闻主持方向的学生。（见表3）

表3　播音主持专业可分为一个专业＋两个方向

|  | 隶属专业 | 课程设置 | 所需素养 |
|---|---|---|---|
| 播音专业 | 独立专业 | 可以基本沿袭原播音专业的课程设置 | 吐字发音、外在形象、播读新闻和配音的能力 |
| 新闻主持方向 | 广播电视新闻专业 | 广播电视新闻专业课程＋语言技巧、形体表达等 | 新闻敏感、逻辑思维能力、综合素质、应变能力、基本表达能力等 |
| 娱乐主持方向 | 影视艺术专业 | 影视艺术专业课程＋语言技巧等 | 才艺素养、场面驾驭能力、应变能力、综合素质、基本表达能力等 |

2. 降低学校在主持人培养中的权重，重在科学选拔主持人

主持人是否是艺术，这一结论并不重要，对艺术的不同界定会得出不同的结果。但国外没有主持人专业却有大量优秀主持人的现实，提醒我们考虑降低学校在主持人培养中的权重。播音员由学校专业教育培养是合适的，但主持人可以来自社会的各行各业，当他们在各自的生活经历、职业生涯中历练成为一个有魅力的人后再来主持节目，好过让学生直接从学校走上主持人岗位。

因此我们在反复思量如何改革播音主持专业的同时，不妨打破思维定式，考虑降低学校在主持人培养中的权重，由社会来培养主持人。所以我们应当着手控制播音主持专业的规模。那些出于功利目的仓促上马的播音主持院系，缺乏培养播音员主持人的经验和师资，无法培养出业界所需人才，学生毕业后如果不能如其所愿担任播音员或主持人，那么必然带来后续生源的匮乏。这类播音主持院系将来应当慢慢压缩规模，乃至取消。对于办学条件比较成熟、就业情况较好的播音主持院系来说，要避免盲目扩招。

和改革高校播音主持专业同等重要的是，在社会上建立一套公开科学的主持人选拔机制。只要你有才华、有潜力，无论学历、专业和职业，在通过这一选拔机制后就有机会成为主持人。目前这种选拔机制正在形成之中，电台、电视台面向社会的各类公开招聘，各类选拔主持人的节目和主持人大赛等，但这些选拔方式还没有制度化，更多的是一种偶然行为。当主持人选拔机制成熟、透明、公开化后，我们会选拔到更多的优秀人才，无论这些人才来自学校还是社会。

[本文原载于《现代传播（中国传媒大学学报）》，2007 年第 12 期，原文名为"论我国节目主持人培养模式改革"，作者：张潇潇、谭天，有改动]

# 中国广播亟待第三次升级转型

转型是当今广电媒体发展的核心命题之一，回顾中国广播最近十年的发展，虽然每年都保持两位数的增长，但在整个中国传媒产业中的比例仅为 1% ~ 1.5%。[①] 我们不禁要问，中国广播实现转型了吗？它的转型面临什么问题？如果不搞清楚这些问题，就不能从根本上扭转广播媒体的弱势地位。因此，在新旧媒体交替之际，我们不妨对中国广播的转型作一番系统分析和深入研究，以期为传统广播的转型升级提供理论参考。

## 一、第一次转型：城市媒体

中国是一个农业大国，在电视成为大众媒体之前，相比报纸，广播作为一种接收简易、成本较低的大众传媒，从有线广播时代到无线广播时代都深受农村听众欢迎。但是 20 世纪 80 年代开始，电视机随着其价格的不断降低而普及每一个家庭，电视也进入了广播的世袭领地——农村。早在 2005 年，笔者曾带学生在粤西农村进行过媒介使用的调查，发现电视已基本取代广播占据了农村受众市场，成为农民接触的最主要媒体。此外，还有一个技术因素，就是广播信号的传输由调幅波改为调频波，虽然接收质量大为提高，但传播范围受距离所限，尤其是山区丘陵地带，调频广播的覆盖需要投入更大，投入大、收益少也促使产业化的广播退守城市。幸运的是，适逢我国城市化进程加快，广播迎来新的发展机遇。

改革开放初期的 1980 年，全国城市也不过 223 个，2008 年，我国城市数量达 655 个，城市化水平提高到 45.7%；从 1995 年到 2009 年，全国总人口由 12.1 亿增加到 13.3 亿，年均增长 0.7%，同期城镇人口从 3.5 亿增加到 6.2 亿，年均增长 4.2%，城镇人口占总人口的比例从 29.0% 提高到 46.6%。广播受众

---

[①]　崔保国：《中国传媒产业发展报告》，北京：社会科学文献出版社 2007—2010 年版。

主体从农村转移到了城市，城市居民广播接触率明显高于农村，城市及其周边地区成了广播听众的主要密集地，也是广播市场竞争的核心区域。传统听众向现代市民转变，生活节奏加快、价值观念开放、消费追求时尚、心态积极进取，沿用多年的传统综合广播模式手段简单、定位呆板、缺少交流，越来越不能适应听众的口味。

1986 年 12 月 15 日珠江经济广播电台开播，拉开广播专业化发展的序幕，全面推进广播的改革，这是中国广播对城市化进程的一次敏锐呼应，农村广播转变为城市广播，从而迈出了媒体转型的第一步。通过变化节目样式和调整节目内容，珠江经济广播电台吸引了大量的听众，"珠江模式"对其他广播电台的业务改革和频率专业化转型起到了示范作用。广播频率专业化是指："广播电台根据广播市场的内在规律和广播听众的特定需求，以一个频率为单位进行内容定位划分，使节目内容和频率风格能够比较集中地满足某些特定领域广播听众的需求。"①

随着社会的发展，人们生活方式发生改变，受众需求出现多样化；信息泛滥，媒介竞争激烈，受众选择性接收日益明显；受众市场"细分"成为时代特征。20 世纪 90 年代，上海、北京的广播系列台相继开播，如教育台、儿童台、音乐台等，这些名称的出现，显示了广播频率的定位开始向各个专业方向细分。2003 年，国家广电总局确定当年为"广播发展年"，要求加快广播频率专业化、节目对象化步伐，广播频率专业化改革在全国迅速铺开。目前，我国共开办专业化广播节目 450 余套，类别包括新闻综合、经济、交通、音乐、生活、财经、健康、城市管理等 20 多种。专业化是广播人在适应社会变化、深入认识广播传播规律的过程中做出的选择，广播节目布局和节目形态发生了质的变化，广播的贴近性得到了极大的体现，收听率提高、影响力扩大，广播经营收入保持年增长近 20% 的良好态势，极大鼓励了广播人的自信心。

然而，这一阶段的广播遭遇了人才流失的危机，随着具有视听双通道的电视的迅速崛起，许多优秀的广播人才跑到新兴的电视媒体去了。人才匮乏使得退守城市的广播难以与其他媒体相抗衡。其间，虽然有"珠江模式"的创新，但随着中国传媒市场化的脚步，更有商业价值的城市受众成为各类媒体争夺的

---

① 孙孔华、谭奋博：《频率专业化——广播与时俱进的必由之路》，《中国广播电视学刊》2002 年第 10 期，第 4 - 6 页。

对象，既没有报纸影响力也没有电视传播力的广播，加上体制改革和机制创新滞后，陷入了弱势媒体的窘迫。为了应对媒体竞争和市场压力，不少广播电台被迫采取杀鸡取卵的做法，大量做起被称为"坐台节目"的医疗广告，某省台的医疗广告竟然高达90%。医疗广告致使节目品质下降，猜谜节目更是直接出卖媒体公信力，广播的媒体生态环境日趋恶劣。随着广播电视体制改革，广播与电视合并为广播电视台，广播的媒体地位进一步被削弱。

城市化为广播转型提供了机遇，遗憾的是在这次转型的过程中，作为城市媒体的广播没有抓住机遇，及时进行升级，如同进城的农民工并没有取得与城里人同等的社会经济地位。

## 二、第二次转型：移动媒体

当广播被迫退守城市的时候，一个天赐良机出现了。随着中国经济持续增长，城市空间扩张，路网建设全面进行，汽车保有量剧增并迅速走进家庭。1991年，中国第一座交通广播——上海人民广播电台交通信息台诞生，上海市政府利用该频率为司机提供及时有效的路况信息，疏导城市交通。随后各地出现开办交通广播的热潮，并随着我国经济发展，由东部沿海地区向西部地区推进，由经济发达地区向欠发达地区扩张。2011年8月底，中国汽车保有量首次突破1亿大关，位居世界第二，中国人的消费结构开始从衣食为主转向住行为重。现今，全国交通广播的数量超过百家，交通广播与音乐广播、新闻广播一起构成了我国城市地区处于主导地位的三大类频率。广播声音的伴随性同汽车的移动性天然契合，交通广播的目标听众为"移动群体"，包括驾车人士、随车人员等，所以交通广播的频率专业化是"对象专业化"，与音乐广播、文艺广播等"内容专业化"频率有所不同。驾车人士的广播接触率高达99%，而这部分听众往往拥有较高收入、具有较强购买力，广播听众的含金量，即市场价值大大提升，备受广告客户青睐，交通广播广告收入占全国广播广告收入的近一半。正如广播媒体在美国、日本等国家的发展经历一样，"汽车家庭化，居住郊区化，城市拥堵化"为广播带来新的发展机遇，可以说是车轮拯救了广播。但是交通广播的重要意义不仅在于多了一个赚钱的专业频率，而是使中国广播从固定媒体转变为移动媒体，受众接收方式发生巨变，为广播发展打开全新思维空间。

现代社会，人们的生活半径扩大，生活节奏加快，各种活动丰富多彩，"流动"成为经常性的状态，广播的"伴随性"优势充分展现，约85%的听众在收听广播的同时还会做其他事情，包括开车、工作、学习、其他休闲活动等。赛立信媒介研究2010年调查数据显示，听众居家收听份额呈下降趋势，非居家收听份额明显上升。流动收听量的增加，首先是驾车听众规模越来越大；其次因为广播进入地铁、公共汽车、各大购物商场，公共场所的广播收听量扩大；最后，居民在户外活动消闲的时间增多，广播便于携带，不受时空限制，伴随收听和移动收听成为广播媒体的最大优势。完美诠释移动与伴随的手机在各种移动终端中特别适合广播受众的特点，成为随时随地的贴身媒体。截至2010年9月15日，我国内地的四级广播机构共有404套广播节目在手机网上实时播出。[①]

但广播的媒介优势远未被充分发掘，根据复旦大学2010年《全国居民生活与媒体使用调查》显示：全国公众与媒体触达率最高的依然是电视（97.4%），远高于网络的35.5%和报业的40.1%，广播仅以28.0%的成绩位居第四。从接触地点来看，69.6%的听众选择在家收听，在私家车里收听仅占16.3%，在户外收听统计能达到30.3%。值得注意的是收听终端：除传统收音机占比42.0%以外，车载占比27.1%，手机占比13.9%。广播的伴随性是它不可替代的优势，车载广播是其最有价值的部分，手机广播最具发展潜力，广播作为城市媒体和移动媒体，理应成为高端媒体，可惜它的运营仍处低端。目前中国手机用户数已达10亿，这是广播最大的潜在受众群。当车载广播发展逐步到达"天花板"的时候，能否开发手机广播这个"第二战场"？就中国广播的产业现状和运营水平而言，恐怕难担此重任。

我国"三网融合"的集结号已吹响，2011年6月22日，中国国际广播电台的互联网电视集成业务平台已通过广电总局的验收，将获得正式颁发的互联网电视集成业务牌照，这也显示了广播界迫切的"跨媒体"发展心态。北京人民广播电台在新媒体发展实践中也提出"音视频共做"的概念。"共做"的核心就是指音、视频的并存关系，问题是"音视频共做"中的视频会不会"喧宾夺主"？而广播由此成了"陪太子读书"？这样做会不会丢失广播特有的伴随性这一传播优势？根据尼尔森最新公布的2011年调查数据：手机成为最普遍的广播收听方式（48%）；其次为收音机（42%）、车载广播（41%）；MP3/MP4、

---

① 张康敏：《全国广电机构手机广播情况调研》，《电视工程》2010年第4期，第56页。

互联网也有20%左右的比例，越年轻的受访者用手机收听的比例越高，随着移动通信技术革命性的发展，终端的未来潜力巨大。但这一调查数据没有说明收听广播的手机是使用网络收听的智能手机，还是收听 FM 信号的普通手机。诚然，广播多元化战略是一个大的方向，手机广播完全可以采取多种运营模式发展。在此需要提醒的是，任何媒体发展都不要丢掉媒体原有的传播优势和差异化竞争力。广播，不能在新媒体的冲击下乱了自家阵脚。"作为一个传媒产业来说，完全可以进行多媒体经营，完全应该进行横向拓展。但是，作为一种媒体类型而言，还应该沿着其产业价值链做好纵向延伸。"①

在第二次转型中，同样遗憾的是，作为移动媒体的广播与其他媒体相比，运营水平和竞争能力都较弱。除了如北京人民广播电台、深圳广播电台等少数广播媒体之外，车载广播也未能使大多数广播媒体因其高端受众而成为真正的高端媒体，而面对手机广播这个最大的潜在市场的开发，广播也没有做好思想准备。

## 三、升级的主要障碍

两次转型促进了广播形态的改变，然而，它虽在转型却未能升级。经历短暂的繁荣之后，中国广播发展仍然十分缓慢。据中国市场与媒体研究（CMMS）2008 年统计显示，广播的收听人数以每年 2 百分点左右的速度下降，在 30 个主要城市中，只有 19.9% 的人士"昨天有收听过广播"，创历史新低（1999 年为 35.5%）。②

究其原因，首先是转型中的广播界因急功近利而导致应对失策。转变为城市媒体、移动媒体的中国广播，若要与城市的发展比翼齐飞，得到高端受众的喜爱，就必须努力打造品牌，提升品位，但虚假医疗广告泛滥至失控，最终牺牲了媒体公信力和权威性，严重影响了广播媒体的社会形象。在新媒体的冲击下，传统广播急于抢占新兴的、有引领性的传播资源，以至于乱了自家阵脚，要么自以为是，在新媒体战略上判断有误，错失良机；要么盲目出击，在无情的市场面前，折戟沉沙。广播的听众现已随着时代的发展而变化，从灌输教化到传播服务，受众为本成为普遍理念，但实际操作中，浮躁心态使广播界很难

---

① 谭天：《手机广播"傍大款"》，《媒体时代》2011 年第 7 期，第 17 - 18 页。

② 《你同意广播所占的市场份额会持续下降吗？》，http://mf. a. com. cn/bjzm007. shtml。

真正以受众为本实现有效传播，更遑论服务受众了。

其次是广播专业化水平低，不能满足受众的需求。虽然广播频率打着专业的旗号，但只是形式上的专业化，众多频率还是以综合定位为主，各专业广播频率之间节目类型相似，特色区分不明显，同质化竞争严重。以呼和浩特地区为例，现有省、市级广播频率 11 套，其中"新闻广播"3 家，"交通广播"2 家，"生活广播"2 家，其实都是相关的综合台，功能简单重复。美国 3 亿人口，近 14 000 个各类电台，分 70 多种专业类型，广播节目的细分就是"锁定"特定听众群；我国人口是美国的 4 倍多，截至 2010 年 7 月，全国只有广播电台 234 个，根本无法面对日益细分的受众市场，众多电台都在专业与综合的功能定位上长期摇摆，最终还是回归到不同程度的综合。

我国地域辽阔，民族众多，不同地区广播受众的收听需求是不同的，例如，北京听众对新闻节目与流行音乐节目比较关注，上海听众收听广播的主要目的是了解新闻，广州听众收听广播的主要目的是听音乐与休闲。但是很多电台没有按照各地区经济、文化的差别来设置自己的专业广播频率，仅仅对成功的模式、栏目、节目进行简单模仿、完全克隆，实际上造成了专业化水准下降。广播节目投入少，缺乏认真的调研、策划、组织，定位模糊，制作粗放，主持人读读报纸、读读网络、闲聊几句、放放歌曲，一档节目就完成了，成本很低，出不了精品，难以吸引受众。为了争取市场，甚至不惜迎合部分受众庸俗低级的趣味，在内容、形式、语言等方面流于低俗化。

最后是体制弊端日益阻碍广播发展。三十年来，虽然广电体制改革取得了一定的进展，但是现有体制的禁锢仍十分严重。频率数量有限是造成我国广播专业化程度无法提高的背后原因，我国的广播是与行政层级同构的建台格局，电台都是一级一台，只能增设该台的频率，而不能在同一层级增加台数，这就极大地限制了广播电台的总数，使得同一层级市场无竞争可言，一些电台坐吃体制内优势，故步自封、缺乏活力与动力。① 此外，条块分割，阻碍资源整合，加剧利益矛盾；政事不分，政企不分，责任主体不清晰，行政管理的公正性、权威性和有效性受到影响；事业产业混营，导致市场主体缺失，产业功能发育不良，运营实体不能拥有充分参与市场竞争的自主权。所有这些，都阻碍和制约着广播电视事业特别是广播电视产业的发展。

通过对广播转型历程的分析、现状的梳理以及对认识误区的辨析，我们可

---

① 周小普、吴盼盼：《中国广播：现状与前瞻》，《传媒》2011 年第 6 期，第 7－10 页。

以得出一个基本判断：中国广播的转型尚未完成，转型过程中产生的主要问题不容忽视，尤其是新媒体蓬勃发展，带来了新的媒介生态环境，对广播而言，是契机、转机还是危机呢？这亟待认真思考，积极应对。

### 四、以升级带动转型

面对新媒体的迅猛发展，传统媒体个个自危，"变"与"不变"不仅是策略的选择，还是基于自身发展优势和对传播规律的重新认识。美国广播公司近年就经历了收听快速增长的变化，这是因为广播对其他多数媒体都具有辅助功能而非替代性质。"伴随性、移动性、专业性、服务性；多元化、网络化、类型化、本土化……"，广播发展的可能性，未知远远大于已知。

《中华人民共和国国民经济和社会发展第十二个五年规划纲要（2011—2015年）》明确提出"转变方式，开创科学发展新局面"。与此同时，国家广电总局也提出"六个重大转变"，即：①以传统媒体为主向传统媒体与新媒体融合发展转变，实际上要求发展模式的升级；②农村广播影视由工程建设向公共服务体系建设转变，实际上要求服务理念的升级；③内容生产由以数量扩张为主向以质量提高为主转变，实际上要求内容生产的升级；④广播电视网由传输覆盖向全功能全业务转变，改单向传播为双向互动，实际上要求传播方式的升级；⑤管理由以行政手段为主向综合运用法律、经济、行政、科技等手段转变，实际上要求管理方式的升级；⑥以国内发展为主向统筹国内国际发展转变，实际上要求影响力的升级。

其实，更重要的升级还是从传统媒体自营到媒介平台对接的升级，平台思维是一种开放的思维，而非唯我独尊、因循守旧。把握平台思维的要点，有利于广播产业升级转型，增强自身竞争实力拓展未来的生存发展空间。进入媒介融合时代，人们对于媒体的需求，已从简单的信息消费需求发展到多重内容与服务需求，单一媒体单一产业已不能满足受众需要，于是，一种新的媒介组织形态出现了，那就是平台。平台是一种中间性组织，它通过资本合作、技术合作、渠道合作等多种方式将产业链中的各个环节整合在一起，以最大限度发挥各环节的最优功能，从而提升整个系统的价值。媒介平台主要通过对资源进行聚合、对关系进行转换、对传媒影响力进行扩散来实现自己的功能。媒介平台最主要的作用或者说核心的价值就是为传媒经济提供意义服务，以满足传媒产业运行的基本条件。基于系统管理和传媒经济上的媒介平台理论无疑是解决媒介融合方式的一种全新而有效的思路，而新的媒介平台将会形成一种广播新业态。

广播媒体从 20 世纪 90 年代开始加速推动数字化、网络化步伐。1996 年 12 月，珠江经济台率先在中国内地开展网上实时广播，截至 2009 年，全国共有广播电视网站 397 家，其中广播电台网站 131 家，广播电视综合网站 104 家，有 167 套广播频率实现了网上直播①；2005 年 7 月，国家网络电台"银河台"开播，24 小时网上播出；2011 年 5 月，新浪微电台正式上线，来自北京和上海两地的 13 家电台入驻，截至同年 10 月，有超过 230 个频率入驻。新媒体时代，受众结构、接收方式、媒体运行模式都发生了变化，许多习惯思维和传统做法都受到极大的挑战，不少传媒理念和发展思路也在不断调整。北京人民广播电台台长汪良的思想也发生变化："多年前，我提出的'广播为体，新媒为用'这个说法得到大家的尊重，直到今天电台很多同志在实践中坚持这个观点，并坚定不移地认为这是正确的。我自己现在倒不这么认为了。……而现在，广播应该进入'融合'的'涅槃'阶段。"② 这种自我否定的勇气让我们看到了广播人的文化自觉和升级希望。美国有一个叫"潘多拉"的电台，它有两个重要的概念，一个是平台化，另一个是社会化。汪良台长认为："广播要从'改良'转为'革命'，将来的重点要建设像'潘多拉'这样的台。"③

转型只需"改良"，升级需要"革命"，观念的"革命"才是引发升级、促进转型的真正动力。广播的创新与发展不独在自身系统内产生，目前其他媒体也在办广播，如凤凰卫视的广播、腾讯开发的微信等进入现代广播发展的行列，而这种开放式竞争和多媒体参与必将加快广播发展的升级和提速。对于广播业而言，一个全媒体时代已经到来。向现代媒体战略转型是中国广播重塑竞争优势、提升社会价值、构建新产业形态的必由之路，也是一条不断变化、充满挑战的蜕变之路，与时俱进的中国广播将在成长中壮大，走上可持续发展之路，再度孕育辉煌。

（本文原载于《新闻记者》，2012 年第 10 期，原文名为"中国广播亟待第三次升级转型——破解广播发展困局的思考"，作者：谭天、赵敏，有改动）

---

① 申启武、褚俊杰：《媒介融合背景下广播的发展趋势》，《传媒》2011 年第 6 期，第 15 – 17 页。

② 汪良：《广播的改良与革命》，《北京广播影视》2012 年第 3 期，第 6 页。

③ 汪良：《广播的改良与革命》，《北京广播影视》2012 年第 3 期，第 7 页。

# 从《故宫》看中国纪录片的转机

1997 年夏，在北京二十一世纪饭店举行的首届北京国际纪录片学术会议上，数百名中法纪录片人聚精会神地观看国际纪录片大师的作品并与他们对话。

屏幕：一片漆黑，脚步声，一束电筒光在搜寻着，一扇大门，"咣"的一声大门打开，飞出三个大字——卢浮宫城。这是会上放映的法国纪录片《卢浮宫城》的片头。影片通过卢浮宫一次内部装修，拍摄了这个伟大的博物馆，首次向世人揭开了这座西方艺术宫殿神秘的面纱。

"太美了，相比之下我们的（纪录片）拍摄落后了。"中国传媒大学的朱羽君教授感叹道。

"这是少数能在电影院上映的纪录片之一。"巴黎真实电影节主席苏塞特·格莱娜黛尔告诉我们。

什么时候我们也能把故宫拍成纪录片，让世人见识这一东方文化与艺术瑰宝，让它和中国的纪录片一起名扬天下呢？笔者思忖着。

2005 年 12 月 26 日，笔者在家中把遥控器调到 CCTV－1。荧屏里一组三维动画让人惊诧不已：夜空中两颗流星划过，急速俯冲东亚大陆、华北平原，画面中古地图先后叠现出各朝代京城的轮廓图像，镜头随之俯冲到清代京城，掠过天坛、正阳门箭楼，穿过天安门飞入故宫……这是大型纪录片《故宫》第一集《肇建紫禁城》的开头。

这部摄制了三年的大型历史文献纪录片，第一次全面揭示了故宫这个世界上最大的皇宫，历经明、清、"中华民国"和中华人民共和国长达 600 年的历史风云。《故宫》是中国迄今为止投资最大、制作最精细的一部"国家级"纪录片。这次播出的是精华版，共 12 集每集 50 分钟，制作组还将编出一套百集系列，预计到 2007 年完成。①

面对故宫的博大精深和无与伦比，任何人把它拍成纪录片，都会让人评头

---

① 刘华、刘玮：《〈故宫〉中的动画》，http://www.cctv.com/,2003 年。

论足，比如网上关于《故宫》大量使用动画制作的态度就各有不同，有赞同，有反对。笔者不想从文化传承和艺术创作上加以讨论，这自有名家大师见仁见智，而是把它放在中国纪录片发展的时空中加以考察。笔者认为：《故宫》至少在纪录片的传播理念和市场开发上取得了突破。

## 一、再造真实的时空

中国纪录片的大发展源于 20 世纪 90 年代，1991 年中央电视台摄制的大型纪录片《望长城》是一个里程碑。1993 年中央电视台《生活空间》开始"讲述老百姓自己的故事"之后，电视纪录片节目如雨后春笋般在全国各地电视台出现，有人把这称为"新纪录运动"。复旦大学吕新雨教授认为"中国的'纪录片'不应该简单等同于西方的'Documentary'，纪录片在中国语境下是作为'专题片'的对立面出现的，它以反叛旧有的习惯方式而获得意义，并以专题片为参照达成共识，便在另一个意义上结成同盟，'运动'得以形成"①。出于对说教味很浓的专题片的反叛，中国纪录片很自然地亲近并接受直接电影理论，长镜头和同期声成为特有的表现手法，个人化和独立性成为纪录片理念。然而，这种片面单一的执着也使中国纪录片前进的路子也越走越窄。对原生态的机械记录使影片变得拖沓冗长，对人文价值的刻意追求使影片忽视可视性和叙事技巧，对边缘题材的热衷使影片远离主流社会和大众视线。所谓的"新纪录运动"稍纵即逝，成了过眼云烟。特别是在中国电视日趋市场化、产业化的 21 世纪，中国纪录片更是面临着生存危机，大部分纪录片栏目被放到深夜或白天非黄金时段，全国只剩下上海和深圳有纪录片频道。

低迷的原因在哪里？就在我们对真实性的理解上，把摄像机镜头等同于我们的眼睛，只能记录我们所能看到的东西，在表现历史时显得苍白无力，只能凭借档案文献和人物追述。"故事重演"和"情景再现"被认为有损真实性。面对历史，纪录片到底选择"再现真实的时空"还是"再造真实的时空"？理论界争论不休。其实，早在 1916 年，弗拉哈迪拍摄的《北方的纳努克》里已有答案，在这部被国际影视界公认为第一部完整意义上的纪录片里，弗拉哈迪就

---

① 吕新雨：《在乌托邦的废墟上：新纪录运动在中国》，见孟建、李亦中主编：《冲突·和谐：全球化与亚洲影视——第二届中国影视高层论坛文集》，上海：复旦大学出版社 2003 年版。

让因纽特人重演了他们父辈的生存方式，导演了造冰屋、凿冰钓鱼、用原始方式猎杀海象等生活情景。在历史和现实题材的纪录片中，不少纪录片大师都采用了搬演、扮演、模拟演示等多种虚构节目里的表现手法，在遵循真实性的前提下，大大地丰富了纪录片的表现力。当代国外不少纪录片也大量采用了搬演这一表现手法，有的甚至占到一半的篇幅。搬演也并非始于《故宫》，早在《望长城》里就采用了"烽火传警"这一模拟演示，在《复活的军团》里更运用解放军的骑兵扮演了秦帝国的威武之师。

《故宫》还有一大特色，就是运用电脑特技和三维动画显示强大的时空再造能力。《故宫》中动画制作长达 50 分钟，制作成本高达数百万元。这是以往拍摄的展现历史建筑的纪录片中绝少出现的大手笔。国内顶尖的两家动画制作公司承担了动画的后期制作：

天安门上空是禁飞区，任何飞行活动都得经过多个部门批准。然而在动画师眼里，这些飞行活动都能直接变成可能。当你在空中观看故宫建筑（三维动画）的同时，忽然间建筑就可能变成二维平面图，让你清晰地知道自己所看到的这座宏伟建筑在故宫所处的位置。反之亦可，在第二集《盛世的屋脊》中，你会看到这一另类的艺术。

当今纪录片都非常注重叙事学研究，就是力图把故事讲好。要讲文物故事，最好把它放在当年文物所在的位置上，但这又和文物的安全相矛盾，如何解决？动画师有办法，先通过实景拍摄文物，然后用三维动画再造当年的环境，最后进行合成。就这样，一个个稀世珍宝很快就回到它们当年的位置上了，故事讲得非常顺利。

从《骇客帝国》到《指环王》，大量电脑特技已成为电影的一大亮点，这在《故宫》里也有展示。为了营造闯王起义军声势浩大的场面，导演想拍摄一组大军压境，战马奔驰、摇旗呐喊的大场面镜头。如此兴师动众需要多少演员、服装和道具啊！但到了动画导演那里，事情就变得简单多了，他只用十名装扮成闯王起义军的士兵就办到了。一个月后在动画公司的电脑显示屏上，我们看到了草原上，狼烟四起，战马回旋，数以万计的士兵在摇旗呐喊，声震云霄。同样，在北京故宫太和殿广场上，拍摄第三集《礼仪天下》时，原本只有几十名演员的登基大典场景，摇身一变成了上千人的盛大场面。像这样的镜头还有很多。

这些动画制作都是在历史学家的指导下完成的，在遵循历史真实的前提下充分运用现代科技手段和电影表现手法，从传播效果上来看，《故宫》绝不逊色于《卢浮宫城》。长期以来，我国对纪录片的研究多停留在艺术创作的层面，很少研究它的传播规律。纪录片从电影转向电视和网络时，它的传播功能、传播方式以及受众欣赏习惯都有了很大的变化。应该把传播理念放在与艺术创作同等重要的地位，对于历史研究来说，应该是再现真实的时空，复原历史的真实；对于视听传播来说，应该是在现代传播中再造一个真实的时空。使用历史学家提供的各种"真实参数"，《故宫》编导用数字技术虚拟了这个世界上最大的皇宫，是一种多视角、全方位、最形象的历史再现，它不仅满足了观众的认知需求，而且满足了观众的审美需求和娱乐需求，让纪录片最终走出象牙塔，真正地实现了大众传播。

## 二、成功的文化商旅

"《故宫》的拍摄是一次文化行动，也是一个商业行为。我们希望能够为中国纪录片的商业化运作摸索一种经验。"编导王冲霄在央视网站上回答网友的问题时说，"以往中国纪录片往往口碑很好，但是市场反应不佳，与国外纪录片的创作形成了比较鲜明的对比。像美国的国家地理、Discovery，英国的 BBC，他们往往会以非常大的投资去拍一部非常高质量的纪录片，形成良好的商业循环。不考虑商业动机的纪录片最终只能走到死胡同"[1]。记得在首届北京国际纪录片学术会议上，有人问日本纪录片评论家渡部实先生一个问题：纪录片如何收回投资？渡部实一句话堵死了纪录片市场化的路子，他认为纪录片的投资是不可能回收的。长期以来，我国纪录片理论界也陷入了文化与商业选择两难的泥淖。过于强调个人化和独立性，使中国纪录片远离大众，在电视市场中日趋边缘化。进入 21 世纪，在国外纪录片大投入、大产出，成功进行商业运作的影响下，中国纪录片开始转变观念，进行艰难的市场化探索，并把目光投向海外市场。

北京科学教育电影制片厂摄制的纪录片《宇宙与人》《史前部落的最后瞬间》《复活的军团》《消逝的大河桥》等，不仅收视率、获奖率高，而且被海外媒体高价收购，成为纪录片界称道的"科影现象"。

新疆电视台与全球第二大纪录片制作公司新西兰自然历史公司合作，在成

---

① 谢岚：《〈故宫〉的商业前景》，《新闻晨报》。

功进行纪录片《山玉》《回家的路有多远》的国际市场运作后，新疆纪录片开始进入国际纪录片的销售渠道。

民营电视公司北京零频道是中国第一家专业纪录片公司，是专门从事纪录片制作、发行与传播的传媒机构，目前已与30多位中国顶尖的纪录片导演签约，为他们找市场、找资金，提供制作、发行、传播等全方位的服务。

而作为国家级电视台，中央电视台、中国教育电视台近年来在纪录片运营上有了长足进步。但是，他们绝不满足于中国纪录片的国内热播。长期以来，我们把纪录片看作艺术品，而不是一种内容产品、一种可以进入市场流通的特殊的文化商品。

《故宫》的市场营销标志着中国纪录片的市场开发跃上了一个新台阶。它的市场开发分为国内和海外两个市场三大部分。第一部分的收入主要来自央视播出前后的贴片广告。《故宫》总导演周兵透露，《故宫》的收视率已经超过了一般电视剧的收视率，甚至超过了《京华烟云》。第二部分是播映权的销售，据了解不少地方台都有意向购买《故宫》的播映权，而且还有公司表示愿意购买整个播映权。至于价格，中国国际电视总公司表示涉及商业机密不便透露，但应该比另外两部央视纪录片《复活的军团》和《郑和下西洋》高。第三部分是音像制品的销售，据了解已订出10万张DVD。《故宫》的海外销售同样也包括电视播映和音像制品两大类。中国国际电视总公司节目代理部海外发行部经理张琳说：“我们不是简单地把片子卖给美国国家地理，而是有一揽子的合作计划。此外，我们还会去欧美和东南亚主要的电视节做推广。”为了得到海外观众的认可并推广到国际市场，来自美国国家地理频道的制作人员加入了《故宫》的制作队伍。考虑到海外观众的欣赏需求，特将12集每集50分钟的版本改编成两集每集60分钟的国际版特辑向海外发行和播映。美国国家地理频道拥有国际版特辑的海外独家发行代理权。专家评论：“这的确是近几年来拍摄的最与国际接轨的一部纪录片。”

《故宫》的整体市场营销，虽然没有具体的数字透露，但许多人都认为《故宫》作为一个“长销”产品，盈利应该是没有问题的，营销的重点也正在围绕这一点展开。《故宫》能挣多少钱现在还说不清，但《故宫》的市场开发是值得称道的，它告诉我们：纪录片的投资不仅可以回收，而且可以盈利。据《故宫》总导演周兵透露：目前美国国家地理频道已经将《故宫》的播放权卖给140多个国家的电视台。这说明纪录片《故宫》真正走向了世界。

如果说《望长城》是中国纪录片创作的一个里程碑的话，那么《故宫》就是中国纪录片运营的一个里程碑，它创造了我国纪录片市场开发的新模式——与国际电视机构联合制作、共同经营，它让中华民族的优秀文化在海内外电视市场中得到增值，并且得到更广泛、更有效的传播。诚然，光凭一部《故宫》来判断中国纪录片是否出现转机是不够的，还是要考察整个中国纪录片现状才能作出准确的判断。

## 三、"中国纪录片年"来了吗

纪录片是世界了解中国的一个重要窗口，而在过去人们大多是通过一些外国纪录片大师的作品来了解中国，如被誉为"飞翔的荷兰人"尤里斯·伊文思拍摄的《四万万人民》（1938 年）、《愚公移山》（1976 年），意大利人米开朗基罗·安东尼奥尼拍摄的《中国》（1972 年）。这种情况到 20 世纪 90 年代有了改变，1996 年段锦川拍摄的《八廊南街 16 号》荣获 1997 年第 19 届巴黎真实电影节长纪录片大奖。之后，不少中国人自己拍摄的纪录片被送到国外的纪录片电影节上，并频频获奖。

然而，在墙内开花墙外香的同时，是国内纪录片的生存危机，中国纪录片的本土发展陷入了低潮。上海电视台纪实频道的资深编导李晓认为这种低潮是一种理性的回归，"20 世纪 90 年代初的那种繁荣，实际是一种泡沫，现在是把泡沫压下来了。以前的片子，编导们很多都是在研究国外国内评委，拍片是为了获奖，是'面子工程'，脱离了老百姓的审美趣味，中国纪录片是自己淘汰了自己"①。

当今中国纪录片走出国门的毕竟是凤毛麟角，进入西方主流频道的节目更少。"世界在关注中国，世界想了解中国。在过去的三年中，我们制作的纪录片 25% 与中国有关"，美国 Discovery 频道亚洲公司制作部总监维克兰·夏纳的话传递了一个信息，世界对中国纪录片有极大的需求量，因为纪录片是世界关注中国最好的渠道和方式。但是美国国家地理频道中国区高级经理郑也夫在感慨找不到适合他们播出的中国纪录片时说，"我们只好选用外国人制作的中国题材纪录片"。海外大量需求中国题材纪录片，而国内每年的纪录片产量也不少，可

---

① 陈明辉、陈诗慧：《近 300 位外国代表广州寻求合作》，《羊城晚报》，2005 年 12 月 10 日。

为什么这些中国纪录片无法进入海外播出系统，而海外买家又苦苦寻找而无所得呢？这有中国纪录片制作水准的问题，也有生产方在市场意识上的薄弱问题，更有中国纪录片编导在创作理念上的滞后问题。可喜的是，近年来中国纪录片界通过不断探索、创新和努力取得了很大的进步：

凤凰卫视摄制的系列纪录片《唐人街》、纪录片栏目《口述历史》都获得不俗的收视率，同时也说明中国纪录片在叙事能力方面的提高。而 DV 更让纪录片制作平民化，李京红历时三年用 DV 拍摄的 18 集纪录片《姐妹》，以"说人话、讲故事"热播大江南北。

中国（广州）国际纪录片大会，首创纪录片交易平台，引入与国际接轨的纪录片"DOCUMART"交易形式，让制片人和买家面对面直销。2005 中国（广州）国际纪录片大会共收到 14 个国家的 106 部纪录片和拍摄方案报名参加交易，同时大会赞助了 50 名中国导演和制片人。有 26 个纪录片买家报名参加本次大会，其中 21 个买家来自国外，包括《国家地理》杂志、Discovery 频道、日本放送协会（NHK）、英国广播公司（BBC）、澳大利亚广播公司（ABC）、美国公共广播公司（PBS）等国际顶级媒体。

今天，从国外反馈回来的信息来看是十分乐观的。中国纪录片学会会长刘效礼等专家认为：今后 5 年将进入"中国纪录片年"。纪录片《阿八姑》的导演姚国发说："国外的纪录片，这几年最热门的是战争题材，可是这类型的片子拍得差不多了，大家都在寻找新的兴奋点。随着中国的发展日益迅速，许多国外片商和制作人越来越关注中国纪录片。曾在中国工作过的加拿大"4SQUERE"电视制作公司制片人比尔·杰金斯的话更有说服力，"中国的变化给我的印象太深刻了，我后悔没有早点回来。一些外国人也许不够了解中国，他们很好奇，我们把中国的实际情况拍出来，这会很有市场"。

不少迹象似乎表明，中国纪录片的复苏正在到来，但专家们仍持谨慎态度。刘效礼认为"中国纪录片走向市场的路还很长"。他认为，首先是各家电视台支持不够，"大部分节目上不了黄金时段"，"希望能开设更多的纪录片频道"。然后是政府的支持力度要增加，在加拿大拍一部纪录片，大约 80% 的资金来自政府，你只需要寻找剩下的 20% 的资金就可以了。

不过，李晓则认为政府的支持已很足够，"各地电视台都在投资拍纪录片，这就是一种政府支持"，现在关键是走"市场化"之路的探索。他认为："'超级女声'证明了只有真正贴近群众口味的电视节目才会受欢迎。拍纪录片时就得好好想想，拍什么样的题材才能抓住老百姓的心。"

中国电视艺术家协会电视纪录片学术委员会的吴木坤认为发行是纪录片市场链条中最关键的环节，"在近几年内，先是依附于生产或播出方的发行机构越来越专业化，有些会从母体中脱离出来，开辟更广阔的客户空间。市场上也会有一批专门从事纪录片发行的公司逐渐成熟起来，共同引导中国纪录片的生产和创作，将中国纪录片源源不断地推向国内外各播出端口，共同推动中国纪录片走上市场化道路"①。

综上所述，笔者认为：中国纪录片转机的出现是必然的，但这是一个较长的过程。问题是如何加快这一进程，或者说如何才能迎来一个真正的"中国纪录片年"，这需要我们创造以下条件：

（1）中国纪录片的崛起要建立在电视内容产业的建设与发展上。要培育和完善纪录片市场，要形成完整的内容产业价值链。

（2）要塑造纪录片新的投资主体，即政府、民间和外资，中国纪录片的可持续发展要解决造血功能，要体制内外双翼齐飞。

（3）政府要给予高度重视和大力支持，一方面要制定扶持纪录片发展的文化产业政策，另一方面要采取建立纪录片专项文化基金等有力措施。

（4）充分利用网络媒体、数字电视专业频道等多种播出平台以及多种营销渠道，纪录片的复活要融入数字内容产业。

（5）中国纪录片只有大量打入国际市场，才能拥有广泛的国际影响和广阔的盈利空间，才能算真正走向世界，才能迎来真正的繁荣。

中国纪录片的转机和繁荣是一项浩大的系统工程：从题材的选择到理念的创新，从政府的支持到市场的运作，还需要纪录片观众群的培育和国家文化战略的规划。我们希望并相信："中国纪录片年"不应该是一个运动，而是一个时代！

（本文原载于《中国电视》，2006 年第 5 期，有改动）

---

① 吴木坤：《中国纪录片市场发行症结与解》，《纪录手册》2005 年 10 月。

# 南派纪录片的理论分析与现实判断

2010 年 2 月 2 日，中国南派纪录片创作基地继在广东电视台挂牌（2008 年 10 月）后，又在广东省中山广播电视台落户。这是中国纪录片学会和广东电视界为推动中国纪录片创作繁荣的又一举措。此时，"南派纪录片"这一概念再次被明确地提出来。然而，如同早前相继提出的"京派""海派""渝派"以及"西部纪录片"等概念，此类以地域文化为划分依据的纪录片流派仍存商榷甚至质疑，并未取得学界和业界的广泛认同。本文试图从美学特征和作品影响两个维度对南派纪录片进行分析，以此判断其在中国纪录片版图中的地位与作用。

## 一、概念的提出、界定及演进

"南派纪录片"这一概念的提出，始于 2007 中国（广州）国际纪录片大会"广东日"活动。时任广东电视台副台长蔡照波在发言中提出："关于打造南派纪录片这个命题，我认为应该是我们南方纪录片创作者共同追求的目标……中国的武术有南拳北腿，中国的绘画与北方相对应的有岭南画派，以至于我们的电视剧……都是凸显南国神韵之作。我们的纪录片当然也不能离开这个地域特有的人文环境，这样才会有我们的价值，我们的底蕴，我们拓展的空间，才能形成我们的品牌。"[1] 与此同时，广东资深纪录片人郭际生则给"南派纪录片"下了更为完整的定义："有当代岭南文化风范的、鲜明地域特点的、思维开放的、广东公众喜闻乐见的、雅俗可赏的、真实反映本地情状或代表岭南审美观念的各类纪录片。"[2] 这些论述可归纳为两点：一是从应然的角度出发，提出推动南派纪录片发展的建议；二是在岭南文化的基础上，初步概括出南派纪录片的文化特征。遗憾的是这些界定还是不够严谨和清晰。

---

[1] 蔡照波：《南派纪录片的生机与路向》，《南方电视学刊》2009 年第 2 期，第 64 页。

[2] 郭际生：《岭南文化烙印与"南派"纪录片》，《南方电视学刊》2009 年第 2 期，第 70 页。

欧阳宏生认为，"纪录片的创作过程显现出纪录片的创作和地域文化、经济和社会之间的紧密关联。在一定区域，纪录片呈现出比较鲜明的创作特色和共同的倾向。从这个意义上讲，纪录片创作流派已经形成"①。郭际生则认为"派"是相对而言的，"所谓派，是一定历史时期、一定数量作品、一定影响力、一定作品所形成的地域文化特色综合积淀的结果"②。在其他论及"京派""海派""渝派"和西部纪录片的文章中，我们也不难发现作品蕴含的"地域文化"被视为界定其概念的一个重要指标。同时，在相关的比较文章中，题材、叙事风格和记录对象都构成梳理派别的经纬。例如，"京派"纪录片被认为以宏大叙事为主，与国家的政治文化紧密联系；"海派"聚焦大环境下小市民的普通生活；"渝派"则更多地表达对边缘人群的人文关怀；西部纪录片除兼具"渝派"的特点外，还擅长对环境、自然、少数民族的记录。

倡导者在提出"南派纪录片"这一说法时没有对其进行具有质的规定性的概念界定，而是以感性的语言进行了一番描绘。这就使得后来者在研究"南派纪录片"时，在逻辑起点上即遭遇边界划定的困惑。究竟哪些作品能被称作"南派纪录片"？是那些以岭南地域人与事为对象的作品，还是指出品单位隶属于广东的作品？如果以后者为标准，体制外的独立制作人应该按籍贯还是工作地来划分呢？笔者通过文献检索发现，这些表述中都或多或少地提到作为"南派纪录片"代表的纪录片作品，而这些纪录片与"南"挂钩的最大特征是——出产于广东。由此，"产于广东"可以认定为"南派纪录片"的地域身份了。

任何艺术流派的生成和成熟都依赖于悠久的历史传统和深厚的文化积淀。那么，南派纪录片有吗？我们先来看看它所植根的这片土地。广东，是中国纪录电影的发源地之一。中国电影的拓荒者黎民伟就是广东人，大革命时期他就在广东境内用电影胶片记录了孙中山的革命活动，先后拍摄了《中国国民党第一次全国代表大会》（1924）、《国民革命军海陆空大战记》（1927）等。中华人民共和国成立后，1956 年经中央同意在广州成立的珠江电影制片厂，在当时是少有的综合性电影制片厂，既拍故事片也拍纪录片。成立于 1959 年的广东电视台是我国电视事业的先行者，也是制作和播出纪录片（当时叫专题片）数量最大的省级电视台。从资产阶级民主革命到中国的改革开放，许多重大的历史事

---

① 欧阳宏生：《纪录片概论》，成都：四川大学出版社 2004 版，第 334 页。
② 郭际生：《岭南文化烙印与"南派"纪录片》，《南方电视学刊》2009 年第 2 期，第 70 页。

件和社会变革都发生在广东，可以说，这片南国热土给中国纪录片提供了丰富的创作素材。

当然，进入真正的纪录片创作始于 20 世纪 90 年代后期兴起的"新纪录运动"。如此说来，纪录电影和纪实性电视在广东有着悠久的历史和文化的传承。问题是在广东这片热土上孕育出来的南派纪录片，有没有形成自己独特的美学风格？有没有形成可辨析的美学特征？

## 二、南派纪录片的美学特征

对于"南派纪录片是否成型"这一命题的论证，本文的分析思路是：首先，考察广东最近十年里具有较大影响力的纪录片作品，作为分析样本。其次，应用框架理论和内容分析的研究方法，概括出这些代表作最基本的美学特征，从而说明南派纪录片的美学风格和独特存在。基于最一般的意义，框架指具有定性区别作用的任何事物，其认知功能在于界定各种需要分析的区间（或叫"界限"）。笔者采用被普遍接受的纪录片分析框架，从"题材类型""地域文化""叙事风格"和"记录对象"四个界限对遴选出的 20 部优秀广东纪录片进行了对应的分析。（见表1）

表1　20 部优秀广东纪录片

| 片名 | 题材类型 | 地域文化 | 叙事风格 | 记录对象 |
|---|---|---|---|---|
| 百年留学 | 历史 | 涉外 | 宏大叙事 | 人与事 |
| 祝福珠江 | 现实 | 国内 | 宏大叙事 | 事 |
| 哈军工 | 历史 | 国内 | 宏大叙事 | 人与事 |
| 古劳水乡奥运梦 | 现实 | 国内 | 百姓故事 | 人 |
| 土缘 | 现实 | 国内 | 百姓故事 | 人与事 |
| 龙船 | 现实 | 国内 | 百姓故事 | 人与事 |
| 房子 | 现实 | 国内 | 百姓故事 | 人 |
| 莱茵河：人与自然的对决 | 现实 | 国外 | 以小见大 | 事 |
| 寻找幸福 | 现实 | 国外 | 百姓故事 | 人 |

（续上表）

| 片名 | 题材类型 | 地域文化 | 叙事风格 | 记录对象 |
|---|---|---|---|---|
| 百年名琴的深圳的传奇 | 历史与现实 | 国内 | 以小见大 | 事 |
| 巨变 | 历史与现实 | 国内 | 宏大叙事 | 事 |
| 海外中山人 | 历史与现实 | 国外 | 百姓故事 | 人 |
| 香山商帮 | 历史 | 涉外 | 以小见大 | 人 |
| 根在五邑 | 历史 | 国内 | 宏大叙事 | 事 |
| 海风吹来我的歌 | 现实 | 国内 | 百姓故事 | 人 |
| 我们走在大路上 | 现实 | 国内 | 以小见大 | 事 |
| 越过大洋去握手 | 现实 | 涉外 | 宏大叙事 | 事 |
| 寻找少校 | 历史与现实 | 涉外 | 以小见大 | 事 |
| 深圳民间记忆 | 历史 | 国内 | 以小见大 | 事 |
| 厚街 | 现实 | 国内 | 以小见大 | 事 |

题材类型：20 部作品中现实题材的有 11 部，历史与现实结合的有 4 部，这两类作品加起来占了 75%，而历史题材只占 25%。南派纪录片比起内陆尤其是北方的纪录片，或许缺少一些历史沧桑感和时代的厚重感。但其鲜明的特色就是关注当下的中国，改革中的广东。不仅三分之二的作品是现实题材，而且在现实题材之中，不乏像《祝福珠江》《土缘》《我们走在大路上》《巨变》等讴歌改革开放的经典力作。深圳电视台拍摄的《百年名琴的深圳的传奇》，通过讲述一架德国依巴赫钢琴在深圳的命运，展示了改革开放给这座城市乃至我们这个国家带来的巨大变化。广州电视台拍摄的《房子》讲述的是水灾之后岭南阿亮一家，在当地政府的关心下，重建新房，在贫困中挣扎的故事，一波三折，体现了中国老百姓不屈不挠的奋斗精神。该片由此荣获 2006 中国（广州）国际纪录片大会"评审团大奖"，说明南派纪录片在选题上已开始与国际接轨。广东在中国近现代史上，一直扮演"排头兵"的角色，无疑也给南派纪录片提供了源源不断的创作灵感。因此，"关注当下的中国现实，记录今日发生的历史"就成为南派纪录片的审美旨趣。

　　地域文化：从作品蕴含的地域文化来看，传播中华文明和岭南文化的有 13 部，占 65%；涉外的作品有 4 部，另有 3 部则是记录和介绍西方文明——二者加起来占 35%。发掘和弘扬本土文化仍然是南派纪录片及至整个中国纪录片创作的第一要义。如《古劳水乡奥运梦》《土缘》《龙船》等都散发着浓郁的南国水乡气息。涉外和完全记录国外的纪录片虽然只占三分之一，但近年来数量却有增加的趋势。大型系列纪录片《海外中山人》已拍摄了 100 多集，中山广播电视台的创作者的足迹遍及世界各大洲。笔者创作的《越过大洋去握手》则首次记录了我国海军舰艇编队出访五大洲四大洋的军事外交活动，在异国他乡展示祖国的强大。毗邻港澳的广东是中国最早也是最重要的对外开放口岸，位于东西方文化的交汇处。荣获中国广播影视大奖的《百年留学》就充分体现了南派纪录片这一地域文化优势。利用纪录片这一载体，南派纪录片不仅传递中华文明和中国文化，同时也大胆地走出国门，引进和吸纳西方先进文化。如南方电视台与欧洲国家合作拍摄的纪录片《莱茵河：人与自然的对决》《寻找幸福》，体现出南派纪录片创作中的国际视野。

　　叙事风格：相对历史文献片的宏大叙事，广东纪录片似乎更青睐于细腻描述、贴近生活的叙事风格。在 20 部作品中，聚焦普通老百姓，以小事情反映大主题的作品多达 14 部，占据 70%。《土缘》《龙船》《海风吹来我的歌》《我们走在大路上》《厚街》等一批作品讲述的都是一个人、一个村子或一条街的故事，点滴细节的聚合折射出了时光流传、社会变迁。广州电视台拍摄的《土缘》通过四位农民在土地投包中的得失喜忧，反映了改革开放给珠江三角洲农民带来的可喜变化。笔者创作的《海风吹来我的歌》通过讲述农民作曲家黄华钦的音乐人生，展示了中国农民富起来之后的精神世界。"我们在讲述老百姓的故事时，平凡而不平淡；在表现普通人生活细节时，细小而不渺小。"① 即使是宏大的历史事件也努力选择较小的切入口，从普通观众感兴趣的细节入手，力求以小见大。像《百年留学》《哈军工》《巨变》等历史文献片，广东人也拍得更为细腻，更贴近生活，力求表现更多的生命个体和生活质感。鸿篇巨制也罢，见微知著也好，广东纪录片在叙事风格上再一次印证了岭南文化的多元、包容、开放与务实。宏大叙事昭示的是广东作为改革开放前沿阵地，以及文化大省、

---

　　① 谭天：《平中见奇　小中见大——谈电视纪录片如何表现普通人》，《电视研究》1996 年第 4 期。

经济强省的气魄与胸襟；"讲述老百姓自己的故事"则表现出岭南文化的温润和颜。

记录对象：在文学创作中，既可以事写人，也可以人写事。而在纪录片创作中，人永远是不可忽略的记录主体。但在我国纪录片创作中对人的记录、对人物的刻画还比较弱，见事不见人更是专题片创作中的通病。作为样本的 20 部纪录片中，单纯记录事件的或以记录事件为主的纪录片与记录人的纪录片各占一半。纪录片是历史的镜鉴和档案。《厚街》《房子》告诉人们，在"东方风来满眼春"的大背景下，还有人生活在阴暗逼仄的角落，为了生存背井离乡，还有人盖不起房子，与天斗、与人斗，卑微地挣扎在生活边缘。这些作品都以平等的姿态观察和记录社会主流、边缘人群，没有手舞足蹈的肆意吹捧，也摒弃了居高临下的悲悯同情，而是平静、质朴地讲述，将它背后的意蕴娓娓道来。值得称道的是，在忠实记录的基础上，这些纪录片在具体的表达方式上也敢于创新。例如《龙船》大胆采用了"童声"解说，以孩子的讲述贯穿始终，组织起各个片段。对于龙舟比赛这样的水乡传统，孩子的好奇心更容易成为观众的向导。《海风吹来我的歌》把写实与写意结合，不仅能让观众对农民黄华钦的音乐成就有所了解，又在音乐本身的气质中烘托出全篇积极向上的主题。无论以人或以事为记录对象，在南派纪录片中离不开对人的生存和发展这一终极关怀，这恐怕也是南派纪录片最主要的记录视角。

如上所述，被纳入"南派纪录片"体系的作品在题材上更加关注社会现实、在地域文化的反映上贯通中西，叙事中更显细腻贴近，记录中更注重人文关怀，整体呈现出与岭南文化相匹配的多元、开放、包容、创新的特质，同时也追求细腻感人、贴近生活的人文情怀。如此鲜明的个性风格，我们完全可以推断南派纪录片在美学层面上已基本成型。

## 三、南派纪录片的影响与发展

既然南派纪录片已成雏形，何以未获得广泛的认同？最重要的原因就是其作品的影响还不够，因此在中国纪录片领域里还未能独树一帜。所以现在的所谓"南派纪录片"，可谓"千呼万唤始出来，犹抱琵琶半遮面"。南派纪录片影响不大源自于其生产力、传播力和影响力三个方面的欠缺。

首先，表现在南派纪录片的精品生产能力不够，精品力作不多。广东的纪录片生产存在着两大问题，一是从总体上来看质量还不高，尽管不时出现一些精品，但能称得上经典力作的还较少；二是生产布局极为分散，上述 20 部作品散落于广东电视台、南方电视台、广州电视台、深圳电视台、中山广播电视台、江门电视台以及民间机构。有一些电视台的纪录片创作还是空白，有一些电视台则出现后继无人的情况。纪录片创作基本上仍处于自然分散状态，在全省并没有组成一支强大的纪录片创作队伍，也缺乏相应的人才培训和生产机制，致使南派纪录片创作力量不强，创作人才匮乏。"海派"有上海纪实频道和纪录片编辑室，"渝派"有重庆广电纪实传媒有限责任公司，"京派"则更是依托中央电视台军事部、专题部、对外部、社教中心纪录片室，还拥有北京电视台对外部等创作群体。但愿新成立的南派纪录片创作基地能够充分发挥其作用。此外资金一直是困扰中国纪录片生产的难题，这在经济实力相对雄厚的广东也不例外。可喜的是，近年来广东纪录片人在引进国外和民营资金方面做出了积极的探索。如南方电视台利用国外资金制作的《莱茵河：人与自然的对决》《寻找幸福》等一批异域人文纪录片，深圳民间机构拍摄的《寻找少校》《深圳民间记忆》等形成了南派纪录片多元化的生产格局。

其次，表现在南派纪录片作品的传播力不够，影响范围有限。纪录片播出平台的搭建十分重要，在 20 世纪 90 年代，广东也曾开设一些纪录片栏目和频道，如广东卫视的《纪录片地带》，深圳电视台的纪实频道。但在市场经济的大潮下，这些栏目和频道也随全国形势一起潮起潮落。所幸的是，近年来，广东境内各省、市级电视台开始重视纪录片的发展，不仅有跨市的合作，而且各个电视台都创办了自己的纪实类栏目。如广东电视台的《今日广东》《珠江纪事》，广州电视台的《南国纪事》《影像广东》，深圳电视台的《魅力深圳》，汕头市广播电视台的《潮汕风》，珠海广播电视台的《珠海故事》，中山广播电视台的《海外中山人》，清远广播电视台的《北江纪实》，河源网络广播电视台的《客家古邑》等，这些栏目都在为南派纪录片栏目化生存而努力。但总体来看，在中央电视台、卫视频道、海外媒体等国内外重要平台播出的优秀纪录片数量仍然十分有限。但可喜的是，在这几年里，广东先后创办了中国（广州）国际纪录片大会和南方多媒短片节，为南派纪录片搭建了很好的传播和交易平台。

最后，南派纪录片作品的影响力不够，主要体现在其学术影响力不足。目前在 CNKI 上收录的关于南派纪录片的文章基本为零，而"京派""海派""渝派"和西部纪录片已经成为期刊网的搜索关键词。缺少研究的推动，缺少理论的提升，只是满足于业界简单的经验总结，南派纪录片是立不起来的，也是走不远的。理论的孱弱必然导致创作的苍白，缺乏清晰的理论内核何以指导南派纪录片的创新与发展？但愿广东电视人要充分认识理论总结的重要性和学术研究的必要性，从理论建构和精品创作两手抓，才能打造出名副其实、具有核心竞争力的南派纪录片。

打造南派纪录片有先天的优势条件。首先，广东是中国改革开放的前沿阵地，在这片广袤的土地上随时都可能发生和见证社会的变迁。任何政治、经济、文化、公共事业的新举措都会在这里产生效应——积极的，抑或带着改革阵痛的。变化中的社会能为纪录片的创作提供源源不断的素材。其次，广东的文化兼容并包，本土文化、中原文化和外来文化在这里交融、碰撞，也给创作者提供灵感；广东宽容、务实的文化氛围和政策环境也为纪录片创作提供了宽松的空间。最后，广东是中国的 GDP 大省，经济实力雄厚，人才济济，为纪录片创作打下了良好的资金和人才基础。

摆在广东纪录片人面前的是两个亟待解决的问题：如何打造精品力作？如何实现品牌传播？这不仅是南派纪录片的问题，也是整个中国纪录片事业在前进道路上面临的挑战。

[本文原载于《中国电视（纪录）》，2010 年第 6 期，原文名为"犹抱琵琶半遮面——南派纪录片的理论分析与理实判断"，作者：谭天、杨俊君，有改动]

# 纪录片《互联网时代》评析

2014 年，是中国实现与国际互联网的全功能连接的第二十个年头，二十年间，中国互联网从起步到驶上快车道，网民数量已突破 6 亿大关。同年 9 月 19 日，阿里巴巴在美国纽交所上市，标志着中国互联网创造的商业模式获得了成功。在这个中国互联网走向世界的历史节点上，中央电视台 10 集纪录片《互联网时代》悄然登场，没有做过多的宣传推广，却取得不错的收视率，并获得网络点击和微博评论数据的不断攀升。如果我们把《舌尖上的中国》看作是对纪实美学的一种回归，那么，我们可以把《互联网时代》看作是对梦想起航的一种呼唤。笔者认为这部纪录片取得的成功及影响主要体现在三个方面。

## 一、引领时代，开启民智

一部有影响力的纪录片一定是在不同层面、不同方面起到某种引领作用的，如《故宫》引发国人对历史文化的思考，如《大国崛起》引发我们对追寻中国梦的想象。《互联网时代》的思想意义和历史价值可在三个层面上体现：

首先是科普层面。互联网从出生开始，就以一种势不可挡的速度急剧地蔓延到每个国家、每个角落，影响着人类的生产方式、生活方式、工作方式，而我们对它的了解却不是很多。中国要从互联网大国走向互联网强国，国民素质尤其是网络素养很重要，《互联网时代》无疑是作了一个互联网知识的普及教育，深入浅出、形象直观、生动有趣，可以说这是一部很优秀的科教片，而且通过央视和互联网等多个平台，进行了十分广泛的大众传播。我们生活在这个时代，必先要了解这个时代各个方面的变化，无论是政治领域、经济领域还是社会领域、科技领域，每个人都无法置身其外。

《互联网时代》将科技中的互联网作为主题，用镜头展现互联网对科技创新、人类的组织方式、商业模式等的影响，在呈现互联网给人类带来的巨大便利的同时，也引领人们思考变化背后的安全危机、隐私问题。《互联网时代》

不停留在新事物的表层描述，而是思考新时代背后的诸多命题；它不止于纪录，更是带有明确的意见性信息的传播，既是知识传播的过程，也是思想启蒙的过程。就像一位网友写道："我们享用着那些伟大创造者们的智慧结晶，却因无知而不能洞察背后的规律和意义。连接世界上每一台计算机的是'共同语言'。互联网，让思想、视野更开放。"

其次是应用层面。互联网不仅是新技术，更是新应用、新服务，尤其是它给商业方面带来的变革。中国经济经过改革开放几十年的发展，正在遇到一些瓶颈，亟待改变经济发展模式和增长方式，而互联网经济让我们看到了希望，互联网产业让我们看到新路。《互联网时代》不仅是一部科教片，还是一部商业教材。例如第二集《浪潮》，它追溯了网景浏览器、雅虎以及以斯坦福大学为中心的"硅谷"高新技术产业聚集地的最初发展过程，它让我们看到孙正义等风投资本家的眼光，"在'硅谷'崇尚创造力""兴趣是创造的母亲"，一直到后来的扎克伯格和乔布斯，都彰显着互联网为商业模式创新提供的空间，这就不难理解为什么《互联网时代》不是由央视科教频道制作，而是由财经频道制作了。

最后是观念层面。在传播科技知识和技术的同时，《互联网时代》还对传播新的思维方式做出贡献。随着中国崛起的脚步，我们面临的困难和挑战也在增加，在现实空间里传统观念已经形成不少阻碍我们前进的陋习和定势，而虚拟世界却给我们实现中国梦更多的想象力和创造力。笔者认为《互联网时代》最大的贡献还是在思想观念和思维方式层面，也就是现在人们常说的互联网思维，它帮助我们重新认知世界，帮助我们获取新的能量，帮助我们开拓广阔视野。《互联网时代》引领观众更直观地认识互联网带来的社会变革：它解构了传统的特权中心地位，带来自由、分享、平等的交流氛围；它为每个人提供了合作与创新的条件，催生了无数创意的创造，带来了席卷全球的创新浪潮；它创造了全球协作的社群合作新模式，大大提高了生产效率，并促使商业模式发生了变革……这些观点是在大量的历史资料和专家采访的基础上提出的。

它不是一部单纯的科技类纪录片，而是在引导人们正确地认识互联网时代，尝试用互联网思维思考问题，"它不是或者不仅是一种技术思维、营销思维、电商思维，而是一种系统思维、管理思维、创新思维。互联网思维不只适用于互联网企业，也适用于传统企业乃至任何行业和领域"①。互联网为我们营造了开放、平等的氛围，人们可以超越时空的阻隔进行交流与合作，产生思想的激烈碰撞；它颠覆了传统的自上而下的传播结构，形成了"去中心化"的传播方式；它颠覆了物质世界的思维基础，产生了商业模式的创新。正如解说词所说，"互联网形成了一个'扁平的世界平台'，使得个人现在能够以个人的形式采取全球行动。这就是这个时代的新新事物"。（《互联网时代》第三集《能量》）"互联网让那些以前没有发言权的人发声"。（《互联网时代》第四集《再构》）《互联网时代》文化顾问兼创作指导麦天枢说，"我们用 10 集的篇幅，每集 50 分钟，讲述互联网会给整个人类带来什么"。而科技思维的普及和传播影响的是人们的思维层面，这种影响将是最为深刻的。这部片子其实也在不断地暗示观众，互联网浪潮给了中国一个"弯道超车"的机会。

## 二、科学神话，艺术讲述

互联网是人类社会发展进程中创造出来的一个科学神话，用纪录片这种视听纪实方式来进行传达的时候，创作者要考虑如何形象、直观且有艺术感染力地讲述和表达，让作为非专业人士的普通老百姓都能听得懂、看得明。这是科技类纪录片创作中面临的最大挑战。

作为科技类纪录片，它的功能之一是传播科学知识和科学方法，为了很好地做到这一点，在拍摄前，主创人员做了大量的前期调研和市场论证，从互联网、社会学、伦理学、法学、政治学等学科领域寻找关于互联网发展的系统的知识，掌握了关于互联网发展历史和所创造成果的丰富资料。在拍摄中，创作人员采访了一批互联网领域的创始人或元老级的专家学者，对互联网发展历程的重大事件从科学的角度进行权威解读，并作为纪录片的一个叙述元素融入其中，大大提高了纪录片的科学性和传播力。当然，这个过程也是充满艰辛的：第五集《崛起》的导演赵曦说，"写一句话要看上万字资料"。总导演石强说，"这个题目难度很高，纪录片的准备时间接近 2 年，国内的顾问团接近 40 人，进行了 150 多场研讨"。

我国科技类纪录片不多，除了之前的工程科学技术类纪录片《超级工程》

---

① 谭天：《"互联网思维"深受推崇背后》，《人民论坛》2014 年第 11 期，第 54 页。

和环境自然生态类纪录片《环球同此凉热》，我国纪录片制作人很少涉及科技这一领域。一方面是因为题材难以把握，技术门槛较高，科学发现和科技成果不易做到深入浅出、通俗易懂；另一方面是因为科技类题材内容较枯燥，抽象的理论和专业术语很难用画面语言来表达。《互联网时代》在视听表达中有着自己的美学追求，追求可视化和趣味性，同时不乏人文情怀。

1. 内容可视化

《互联网时代》气势恢宏，视听语言表现不落俗套。与传统科普片的呆板、枯燥相比，《互联网时代》的视觉呈现方式更具有画面冲击力。如：利用航拍来呈现哈佛、杜克、斯坦福等11所全球著名高校的全景镜头；利用绚烂的光影来表现风情万种的夏威夷；利用众多的快速推拉镜头、快速摇移镜头、组合镜头等，穿插深沉大气的背景音乐，呈现了一种厚重、大气却又灵动的视觉效果。

《互联网时代》内容十分宏大，电视不易直接表达，摄制组独辟蹊径，摆脱纯粹的解释和说理，充分挖掘互联网发展过程中有说服力的典型人物和典型故事，挖掘他们在当时的"所思所想"，把散点叙事和焦点架构很好地结合起来。

摄制组精选了大量有分量的经典案例，如：世界知名网络公司 Google、雅虎、苹果、YouTube、Facebook、维基百科等的创业故事；北京暴雨、余姚水灾、韩国百万民众抗议游行等典型事件；贾斯汀·比伯、杰克·托马斯·安佐卡、艾瑞克·惠特克、唐家三少等因被网络挖掘而走红的人物故事等，来进行"情景再现"。通过画面叙事和解说词叙事，我们能更形象地感受到维基百科显示的强大的无组织的组织能力，北京暴雨和余姚水灾展现出的强大的社会动员能力以及互联网平等的环境为贾斯汀·比伯的走红所提供的机遇。

不过，由于纪录片高密度的剪辑率，这些故事不是贯穿每集的显性故事，而是由多个小故事拼成的散点叙事，多个故事统一服务于每集的主题。在第四集《再构》中，从北京暴雨到余姚水灾再到众多母亲们为癌症妈妈搭理"魔豆宝宝的小屋"，编导们用复调结构串联起这些事例，环环相扣，自然地展现出本集的主题：互联网时代有强大的自组织力量，它往往能凝聚起人们的善意，汇聚成一股力量，去做在互联网时代之前根本不可能完成的事。散点叙事让纪录片的主题变得触手可及、形散神不散。

这种有说服力的故事增强了纪录片的感染力，也在不断变换的故事中调节了纪录片节奏，舒缓观众疲惫感。如果仅凭理论讲述，互联网的这些特点可能没有人有耐心看下去，或者说看完也不能真正理解。这些故事，为纪录片增加了情节，也更符合理解的逻辑，成功地化抽象为形象。

《互联网时代》在进行叙事时，擅长用细节增强内容的感染力，往往能抓住有代表性的某一点进行细致描述和刻画，以此来突出主题。在"北京暴雨"的事例中，"百盏车灯"就是重点勾画的一个细节。解说词是这样描绘的："那迷蒙的灯光许久都没有消失。它丰富了现代人类的都市夜空，丰满了一个城市的精神积淀。雨过天晴，太阳升起，但深夜闪烁的车灯依旧持久照耀着这座城市，从盛夏一直到深秋，都没有消散它的温度，也没有褪去它那抚慰人心的力量。"充满感情的解说加上当时的资料画面，充满感染力。观众看到的是漆黑的夜空下，下着暴雨的北京，一辆辆打着双闪的私家车井然有序地行驶在路上，而他们，是在同胞被困机场几小时之后汇聚成的百辆车队，在暴雨的夜晚，这种"光亮"的细节有着感动人心的力量，也彰显着互联网强大的社会动员力量。

2. 增强趣味性

对于纪录片创作者而言，在内容可视化的同时注重增强传播的趣味性也很重要。电视科技纪录片可以通过设置悬念、增加趣味性故事等创作手段来勾起观众兴趣。"情节为了避免平铺直叙，为了拥有叙事的魅力，常常通过制造悬念和意料之外来吸引观者的注意。"[①] 片子经常利用互联网时代的顶级人物来刺激观众的神经，点燃观众的兴奋点。在摄制组近 200 位受访者中，有载入史册的人物，如"互联网之父"、阿帕网负责人、万维网创始人、TCP/IP 协议创始人等，还有互联网理论的权威学者，如《失控》作者凯文·凯利、《世界是平的》作者托马斯·弗里德曼、《数字化生存》作者尼古拉斯·尼葛洛庞帝、《大数据时代》作者维克托·迈尔－舍恩伯格等。这些互联网大佬的出场不仅吸引了观众的眼球，也带来了一些趣味性故事。比如说，第一集《时代》中叙述了罗伯特·泰勒（前阿帕网信息处理技术办公室主任）讲述了他为了邀请到拉里·罗伯茨（前阿帕网项目负责人）到五角大楼工作所经历的故事。我们从来不知道互联网诞生背后的故事，《互联网时代》为我们"再现"了当时的情景。于是，科学知识化为情节，用故事的逻辑讲述，观众接受信息就变得自然而然了。

---

① 宋家玲：《影视叙事学》，北京：中国传媒大学出版社 2007 年版，第 198 页。

### 3. 人文关怀与抒情写意

互联网也是人类社会的一部分，人文关怀在科技类纪录片中也是必不可少的，甚至可以说是它的灵魂所在。《互联网时代》着重渲染的不仅是时代巨变和奇观效果，还有互联网时代和人类命运的紧密相连，技术创新所产生的伦理、安全问题。我们跟随纪录片思考它所提出的一系列问题：互联网技术在大规模民用之后是利大于弊还是弊大于利？为什么一些拥有高智商和高科技知识的群体在现实生活中不会犯罪却会在网络上犯罪？未来，隐私将被置于何处？未来是人统治机器还是机器统治人？这些问题穿插在《控制》《忧虑》《眺望》中，正是层层拷问，吸引着观众看下去。而这种吸引是带着思考和对现实本身的观照，它赋予了技术以人文关怀，起到增加思辨性、激发兴奋点、提升片子深度和广度的作用。但我们也可以看到的，《互联网时代》虽然在思想和创作方面都有创新，但仍带有央视的传统风格，如：大场景、重抒情。从解说词可以窥见一斑。

## 三、纪录中国，填补空白

国内纪录片在题材选择上一直有一大偏向，即偏爱历史、文化类题材，缺少其他类型的题材内容，致使大部分资金和人才都向历史文献类题材集中。从《话说黄河》《话说长江》到《故宫》，历史题材类纪录片成为国内纪录片的主流，缺乏对当下中国社会现实的全面认识和全球化现实语境的密切观照。不但无法丰富纪录片品种，壮大纪录片产业，最终也会导致中国纪录片在国际上丧失话语权。纪录片要观照历史、传承文化，但不等于纪录片只有文化历史这一种类型，纪录片类型多元化、题材多样化是中国纪录片未来发展的趋势。

优秀的电视科技纪录片不仅要有深刻的思想，有在科学性的基础上不失美感的艺术性表达，还要有先进的技术、创作团队、资金做支撑，这些方面，是我国科技类纪录片需要提高和加强的。《互联网时代》制作耗时 3 年，拍摄足迹遍及全球 14 个国家，采访到互联网领域的各界精英近 200 人。无论是制作投入还是制作水准都达到了新的高度。其实，与中国人的欣赏习惯不同的是科技类纪录片在国外有很大的市场。央视纪录频道拍摄的五集工程类科技纪录片《超级工程》就深受外国观众的喜爱，该片参加 2012 年戛纳国际电影节，其风头竟然盖过了《舌尖上的中国》。由此可见，科技类纪录片在国际市场上有很大的市场需求，完全可以作为我国文化产品出口的一个重要类别。

2014 年是中国接入国际互联网 20 周年，世界互联网大会将在中国举办，《互联网时代》有力地呼应了这一主题，作为科技题材的纪录片，它改变了我国媒体纪录片以历史文献为主导的单一类型品种，在科技题材方面有突破，拓展了纪录片的创作空间。在《互联网时代》之前，关注互联网这一时代主题的纪录片只有一部《商战之电商风云》。2014 年 8 月 25 日，央视推出大型纪录片《互联网时代》，不仅填补了"互联网"这一纪录片题材的空白，而且填补了我国科技类纪录片大片的空白。它的主题宏大而深远，所关注的实际上是全人类的生存发展的新时代，实际上也是与每个人都息息相关的社会现实题材。毫无疑问的，当下中国已是一个互联网大国，网民数量已经排名全球第一，但就总体而言，中国仍然不是一个互联网强国。正如《能量》中的一句解说词这样说："一个国家民族能为人类生产线提供多少全新的构想，已经在转化为全球民族国家竞争的新的疆域。高低优劣，正是强弱盛衰。"要提升我国的国际传播力和文化软实力，参与国际竞争，进行对外传播，纪录片是一个十分重要的文化出口产品。在笔者看来，《互联网时代》不只是引领我们进入互联网新时代的一部纪录片，而且也在昭示着中国纪录片要迎来它的新时代——就是类型更加多元化、题材更加多样化。对此，笔者大胆预言：中国纪录片春天到来之日，或许就是"中国梦"实现之时。

[本文原载于《现代传播（中国传媒大学学报）》，2014 年第 12 期，原文名为"引领新时代的纪录片——《互联网时代》评析"，作者：谭天、张甜甜，有改动]

# 纪录片《新丝绸之路》的对比分析

20 世纪 80 年代，CCTV 和日本 NHK 首次合作拍摄了大型纪录片《丝绸之路》。时隔 20 多年后两家再度合作，采用统一命题、分别拍摄、各自制作的办法摄制了《新丝绸之路》。中日两个版本的纪录片风格和理念完全不同，并且两部片子呈现出两种不同的文明观。本文对此作一比较分析。

## 一、中日版本《新丝绸之路》的对比

古罗马著名学者塔西陀说过，要想认识自己，就要把自己同别人进行比较。对于中日两个版本的《新丝绸之路》，只有通过比较才能了解纪录片背后传达给我们的不同的文化内涵与历史观。2005 年中日合拍的《新丝绸之路》沿途选取楼兰、西安、敦煌、龟兹、和田、吐鲁番、黑水城、青海之路、草原之路、喀什这十个拍摄地点，面对同一条丝绸之路，同样的记录对象，却有不同的关注视角，体现了中日文化差异对纪录片创作的影响。

### （一）表现内容

CCTV 版本所聚焦的内容，大多数是古城、壁画等文物遗迹，着力表现的是古代丝绸之路上人民的生活生产状态，在人物展示方面，主要是对古代人物的刻画，如《生与死的楼兰》《一个人的龟兹》《探访黑水城》都用了"情景再现"的方式去构建的古人生活影像，再加上专家学者关于历史或者文物的讲解。

NHK 版本的《新丝绸之路》着重表现丝绸之路上当下人与事的自然状态，如丝路之上的城市建设、宗教问题、环境问题、经济发展等。NHK 尤其关注以群像或个体为代表的普通人，在历史与当下交融的丝绸之路上的时代记录。NHK 版本的十集中有七集是从现代人的生活开始，再回到现代人结束，呈现了对普通中国人的现实关怀。这一点，在《哈拉浩特·消失在沙漠中的西夏》中表现得尤为明显，片中一张拍摄于 1980 年黑水河水量充沛的照片，与当今黑河支流干涸的状态形成了鲜明的对比，沙漠与绿洲的环境矛盾，民族游牧传统与世俗定居生活的文化冲突，都成为对自然与社会环境的拷问。

同样是哈拉浩特，CCTV 版本的《探访黑水城》一集中展现的是通过情景模拟再现的方式，为观众重现了两千多年前西夏黑水城一户人家在兵荒马乱之年的故事，再现这个中国边疆小镇的风土人俗以及西夏时期的文物展示。显然，相比两千多年前的人物，《哈拉浩特·消失在沙漠中的西夏》中噶米一家和多尔吉夫妇该何去何从的疑问更能牵动观众的心。

### （二）影响范围

CCTV 和 NHK 呈现给观众的版本都是十集的容量，但 NHK 版本的总时长比 CCTV 版多了一倍，虽然素材共享、主题相同，但两个版本在内容和思想的呈现上却大相径庭，这并非是简单的内容删减问题，更涉及纪录片创作的极大差异。

作为向 NHK 建台 80 周年的献礼片，NHK 版本的《新丝绸之路》于 2005 年首播，采取边拍边播的形式，一个月播出一集。而 CCTV 版本的《新丝绸之路》于 2006 年在央视黄金时段首播。两个版本的《新丝绸之路》播出后都在本土获得了很大的反响，其中 NHK 关于和田玉的一集，在日本本土创下了 13% 的收视率，而 CCTV 版本的《新丝绸之路》在首播当晚北京地区的收视率已达到 4%。

但两个版本在各自本土以外的传播，可谓相距甚远，NHK 的版本在东南亚和东亚都获得了广泛的传播，甚至通过网络吸引了部分中国观众，而 CCTV 版本在全片播完之后却未在其他国家的观众中产生太大影响。

然而这并不仅是个别现象，尤其是日本 NHK 涉华题材的纪录片中，对于中国场景的展现，如故宫、黄河等，都比中国版本在国外收获了更广泛的传播效果，要探讨中日版本纪录片主题、视角乃至影响范围，都要从中日纪录片不同的文明观说起。

## 二、中日版本《新丝绸之路》文化差异解构

文明是人有意识的自觉的创造，文化正是这种意识的记录和反映。"文化物

质主义"的倡导者雷蒙德·威廉斯曾经提出："文化并不仅仅是物质现实的反映，而且是物质现实不可分的部分。"① 任何一部纪录片的表达，都是主创人员在某个文化背景下的反映，因此我们在看纪录片的过程中，不仅看到的是纪录片本身，更可以看到其文化展现乃至背后的文明观。

### （一）CCTV 版本中的"中国梦"

塞缪尔·亨廷顿在《文明的冲突与世界秩序的重建》中提出：东亚的经济发展正改变着亚洲与西方的均势，具体讲是与美国之间的均势。成功的经济发展给创造出和受益于这一发展的国家带来了自信和自我伸张。财富像权力一样也被看作是优点的证明及道德和文化优越性的显示。当东亚人在经济上获得更大成功时，他们便毫不犹豫地强调自己文化的独特性。②

随着中国国力不断增强，中国在文化上的自信也日益增强，因此在保持国际交流的同时宣扬本国的文化就成了对外传播的趋势，作为一个享有千年文明的大国，这种文化自豪感在《新丝绸之路》中是随处可见的。同时，中华民族对祖先的追溯以及敬重，是中华文明的特点，古城、壁画、文物、遗址无不是中国作为一个文明古国的见证，对于古代生产生活情景的再现也传达出了主创人员对中国悠久历史的自豪感。此外，片中还着重描绘了丝绸之路上的民族融合，东西方文化交流的兼容，青海在丝绸之路上的重要位置，喀什作为中西方文明交融的地方，也借古喻今地表现中国作为一个文明大国的包容姿态。"包容""民族融合""历史传承"这些主题都会加深国人的自豪感和国家认同感。

CCTV 版本《新丝绸之路》中的《吐鲁番的记忆》和《敦煌生命》这两集重点介绍了壁画的保护工作，摄制组辗转各个国家寻访关于古代丝绸之路上的各种文物，其痛心和惋惜溢于言表。这种感情，本国人民是容易接收并且易于理解的，而对于国外观众，他们并不完全了解中国历史，对于中国文物流失海外的痛惜之情，或许他们并不能理解。

### （二）NHK 版本中的日本全球观

塞缪尔·亨廷顿在《文明的冲突与世界秩序的重建》中说道，日本民族是

---

① 张颐武：《文化研究与大众传播》，《现代传播（中国传媒大学学报）》1996 年第 2 期。
② ［美］塞缪尔·亨廷顿著，周琪等译：《文明的冲突与世界秩序的重建》，北京：新华出版社 2002 年版，第 84 页。

一个不断寻找自己从何而来的民族。塞缪尔·亨廷顿这样讲述日本文明："日本在历史上经历着这样一种循环，引进外来文化，通过复制和提纯而使那些外来文化'本土化'，然后是引进和有创造性的推动力被耗竭，从而导致了不可避免的动乱，最终再向外部世界开放。"① 对先进文化的吸收能力让日本时刻抱有一种全球观念，他们会努力吸收世界先进文化并为己所用。所以在日本历史上，引进过中华文明，也引进过欧洲文明，日本善于吸收和学习别国的文化，并最终被日本民族吸收、改进，最终形成日本文化，但日本民族从来都没有停止过对自己从何而来的拷问。

这一拷问在片中也得到了具体的展现，在《楼兰·四千年的睡梦》中，通过对小河墓地遗迹考古发掘的展现，不断追问"3 800 年前生活在塔克拉玛干沙漠的人们，他们到底是从何时、何地来的人？"有人提出大胆假设：4 000 年前，一支欧罗巴人从西向东迁徙来到中亚腹地，其中会不会有一个分支继续向东抵达日本呢？而这，或许就是日本人自 20 世纪初对丝绸之路萌发不懈热情的原因之一。

日本文化相信万物皆有灵，即泛神论，我们可以在众多的影视作品中看到日本民族对山神、树神等众神的尊敬和崇拜，这与西方文明中基督教、伊斯兰教乃至犹太教的一神论不同，也与中国崇拜祖先与皇帝不同。在日本人的价值体系中，现世与死后的世界并无太大差别，而是进入一个与自己生活的城市或村落一模一样的地方，并没有超越现世的东西，他们是现世主义的。

这种现世主义在丝路系列纪录片中的呈现就成为对现实的观照，无论是中国境内丝路上的普通人面临的生存、经济、环境等问题，还是中亚、中东、高加索地区的流血、斗争与冲突，在丝路系列纪录片中都得到了较为客观的呈现和冷静的分析。这些对现实问题的呈现对西方国家的观众无疑是有吸引力的。

在纪录片的呈现中，我们可以清楚地看到日本对于当下人物生活状态的呈现，《喀什·千年的小巷流淌着诗歌》中，描绘的都是喀什人们在当下最普通不过的生活，通过对香烟店店员罗扎阿吉木、陶器工匠吐尔逊、巴扎小贩依买木、长老阿普利斯巴库木、跳舞女孩玛甫布拜、馕店学徒萨马德进在恰萨老城平凡的一天的展示，真实亲切，这种具有符号性特征的人物展示，是对丝绸之

---

① ［美］塞缪尔·亨廷顿著，周琪等译：《文明的冲突与世界秩序的重建》，北京：新华出版社 2002 年版，第 74 页。

路上典型的地域与文化的描绘和解释。斯宾格勒在《西方的没落》中指出现代社会存在着一种共有的命运观，体现为"一种不断斗争的力量。个体生命的历程是内在心灵发展的历程，生存的灾变也是必然的。冲突是生活的实质，没有它，个人生命便没有意义，只是肤浅的生存价值而已"[①]。在这一点上，相较于CCTV 重点描绘喀什民族融合的茂盛景象，无疑对崇尚人本主义和普世价值的西方更加具有吸引力。

### （三）不同文明观对纪录片创作的影响

比尔·尼科尔斯在《纪录片导论》中提出纪录片具有"构建民族身份"的作用，认为"纪录片对那些在特定时期、特定地点构成（或争取成为）社会归属感（或集体归属感）的特殊形式的价值观和信仰，并为信仰和价值观的建立提供一种具体可感的表达方式"[②]。中国对于纪录片的功能也更看重它的宣传教育属性。因此在 2010 年 10 月国家广电总局出台的《关于加快纪录片产业发展的若干意见》一文中，明确表示了"国产纪录片是形象展示中国发展进步的重要文化传播载体"的观点。所以类似于《丝绸之路》《故宫》等历史题材的纪录片，不仅背负着社会民族厚重的历史责任感和使命感，更承载着国人希望在世界中扮演大国角色的期盼。

NHK 是公共广播电视机构，虽然有观照本国观众的一面，但更多的还是作为一个国际化的公共媒体的形象出现。它面对的不仅是日本观众，还有国外观众，尤其是西方观众。在纪录片的创作过程中，受到的更多的是西方文化的影响。纪录片创作者为了让纪录片有市场，都会关注观众的想法，以观众的需要作为考量标准。

## 三、对我国电视对外传播的启示

中日版本纪录片《新丝绸之路》由于文化背景的不同所呈现出的不同版本，都在各自国内获得了很大的反响，但日本在世界范围内传播更广，通过两

---

[①] ［美］露丝·本尼迪克特著，张弱、傅铿译：《文化模式》，广州：花城出版社 2003年版，第 329－330 页。

[②] ［美］比尔·尼科尔斯著，陈犀禾、刘宇清译：《纪录片导论》，北京：中国电影出版社 2007 年版，第 161 页。

部片子的对比，或许可以给中国纪录片对外传播一些启示。

### （一）用共同价值讲述中国故事

美国文化产业经济学家考林·霍斯金斯曾提出"文化折扣"的概念："扎根于一种文化的特定的电视节目、电影或录像，在国内市场很具吸引力，因为国内市场的观众拥有相同的常识和生活方式；但在其他地方其吸引力就会减退，因为那儿的观众很难认同这种风格、价值观、信仰、历史、神话、社会制度、自然环境和行为模式。假如电视节目或电影是用另外的语言制作的话，因为需要配音和打字幕，其吸引力就会减少。即使是同一种语言，口音和方言也会引出问题。"①

对于 CCTV 版本在《新丝绸之路》中呈现出的民族自豪感、对文物损坏流落在外的痛心疾首等情感，外国人恐怕很难产生共鸣，而日本文化在明治维新时期受西方文明浸染，在某一方面，具有西方文化共同的理解力，更符合西方的人本主义的接受习惯。

美国人类学家爱德华·霍尔在文化价值维度研究方面提出了"高语境文化"（high context culture）和"低语境文化"（low context culture）的概念。他认为中国、日本等东方国家由于历史、传统、民俗风土等高度的重叠性，其社会成员所交流的绝大部分信息都已储存于既成的语境中，成为全体成员共享的资源，这种"同质社会"多属于高语境传播社会，在表达感情和传递信息方面，喜好用含蓄、间接、隐晦的方式，并且内向羞涩，不擅长自我表现；而西方由于缺少共同的历史文化背景，很难形成心照不宣的非语言的理解，他们在交往中必须更多地借助直接、清晰的符号编码信息，这种"异质社会"多属于低语境传播社会，其所属成员则喜好用坦率直白的方式进行沟通，并且外向，热衷自我表现。语境越低的国家在跨文化传播中的文化折扣方面越占有优势。②

在东西方文化的交流中，整个西方文化属于低语境。所以，西方受众对于更高语境的中国文化乃至东方文化是缺乏耐心的。日本文化受到中华文明的影响，但也是有所保留地提取和吸收。此外，日本有过"脱亚入欧"的西方化进

---

① ［英］考林·霍斯金斯等著，刘丰海、张慧宇译：《全球电视和电影产业经济学导论》，北京：新华出版社 2004 年版，第 45 页。

② 高峰、赵建国：《中国纪录片跨文化传播的障碍与超越》，《现代传播（中国传媒大学学报）》2009 年第 3 期。

程，虽未完全西化，但思想也受到了西方文明的影响。因此，既保留了中华文明，又受到了西方文明影响的日本，对纪录片的创作就经历了"翻译"或"解码再编码"的过程，其中表现出的人本主义和普世价值更容易让欧美国家接受。

普遍的道德原则认为，为人们和社会所肯定、接受的价值关系就是道德的、善的；反之，那种不为人们接受的、被否定的价值关系，则是不道德的、恶的。这种原本符合人类共同追求的价值理念，以"普世价值"的名义变成了西方资本主义推行自身价值观的工具，借助经济科技上的优势，维持着思想上的统治。这种包裹着制度、文化霸权的"普世价值"与普遍真理、客观规律有本质的区别。日本本身就是资本主义国家，因此以"普世价值"与西方对话当然没有什么障碍，但如果中国纪录片要走向世界，一定要迎合所谓的"普世价值"吗？

答案当然是否定的。习近平在纽约联合国总部出席第70届联合国大会时提出和平、发展、公平、正义、民主、自由，是全人类的共同价值，而这个共同价值是符合人类共同追求的价值理念的。

因此，中国在对外传播融入国际化表达的过程中，是要学会讲述中国故事、表达共同价值。我们需要在观念层次上与世界各地的人们对话、交流。如果我们将自己的话语体系永远放置于地方性的位置上，那么外国人对中国的理解只能还是停留在"遥远的""东方的""神秘的"，甚至是具有"威胁性"的。如果我们希望世界听到我们的声音，那么传播就要在同一个平台展开。国与国之间有差别，而人类共同追求的价值和人与人之间的情感却有更多的相通之处，不要认为对外传播就是要树立"大而全"的国家形象，多从"人"的角度出发，才能挖掘其中人类最本质的精神内核。

### （二）发行海外版与国际接轨

中日分别于1980年和2005年两次合拍丝绸之路，但NHK总是比CCTV多了中国境外丝绸之路的拍摄，分别是1983年版的丝路系列第二部以及2007年版的《新丝绸之路·动荡的大地纪行》。中亚、中东、高加索地区都成为NHK镜头下关注的重点，此外日本还对海上丝绸之路进行了拍摄。

提起丝绸之路，大多数人脑海中浮现的都是来来往往的商队、贸易、文化和物质的交流。但在《新丝绸之路：动荡的大地纪行》中，NHK为观众展现的却是波诡云谲的政治局势，以及在战争背景下无以为生的平民百姓。这时候我们才发现，战争、流血、冲突、动荡也是古代丝绸之路的现实存在。丝绸之路上的国家除了中国，大多在政治上不独立，受外部强国的影响很大，无论是古代还是现代，这都是一条充满鲜血与泪水的道路。民族问题、宗教问题、边界纠纷，各种文化冲突让无数人死在战争中。而在这动荡的背景下，NHK 展现的一个个普通民众的故事更加引人深思，在《新丝绸之路·火与十字架》中 80 多岁因战争被迫背井离乡的老太太做梦也渴望回到故乡，而她的孙子却认为回到故乡是危险的事；在《新丝绸之路·望乡的铁路》中，以色列与叙利亚关于戈兰高地的争夺，致使一家人隔着山谷，只能互相呼喊，而无法相见。在 NHK 的拍摄中，用客观的视角记录发生在动荡的丝绸之路上普通人的故事，更多的是人性与情感的体现，由此引发观众对这些冲突的思考。

而 CCTV 的丝绸之路展现的都是中国境内的丝绸之路，并没有着墨于中国境外的丝绸之路。中国要向世界传达出以和为贵的中国梦思想，并不是要将所有的冲突和矛盾藏着掖着，在媒介全球化的时代，采取回避的做法反倒会适得其反。对具有话题性和国际性的问题采取不回避、不敷衍的做法，才能展现大国姿态。

## 四、结语

很多中国纪录片在对外传播的过程中，往往是中国的素材，西方编导重新剪辑才给予播出。Discovery 频道亚洲电视网制作总监维克兰·夏纳称，中国纪录片虽然在拍摄的角度、人物感情和细节的表达上有独到之处，但往往只是思想性强，故事性弱，节奏缓慢，观赏性比较差，很难迅速吸引观众。在纪录片的制作过程中，应多观照受众，了解观众想看什么，摒弃那些节奏缓慢、晦涩难懂的传统表达方式，增强纪录片的趣味性和娱乐性。这一点与宣传和形象建构并不相违背，而是在"寓教于乐"的过程中让纪录片变得吸引观众。

有人说："只有中国的，才是世界的。"笔者认为这句话也可以反过来说："只有世界的，才是中国的。"中国悠久的历史和当下所处的大变革时代都是纪录片巨大的题材库，既要表现以和为贵的中国梦，也不要回避冲突，这样纪录片或许更具话题性和国际性，用世界话语讲述中国故事，或许这样中国纪录片乃至中国文化才能真正"走出去"。

（本文原载于《视听》，2016 年第 3 期，原文名为"两种文明观：中日版本纪录片《新丝绸之路》的对比分析"，作者：曾丽芸、谭天，有改动）

# 后　记

……

　　"道可道，非常道"系列凝聚了我十多年来的研究成果和微信公众号写作的精华，在尝试做"快乐学术"和进行有趣探索的过程中，我得到许多专家、学者、朋友、老师的帮助和指教，也有赖于我那些优秀研究生的通力合作，在此一并致谢；还要感谢暨南大学王列耀教授、刘涛教授提出的宝贵意见；特别感谢暨南大学出版社高婷、康蕊两位编辑的精心编校和辛勤劳动；更要感谢阅读此书的读者，相信你们的认真阅读一定会有所收获，也欢迎你们提出批评意见，更期望与你们做进一步的交流和对话。

　　这三部书的出版并不意味着我的研究结束，而预示着新理论研究的开始，更新的研究、更多的探索可以在谭天自媒体矩阵（"谭天论道"公众号、微博号，头条号"东行漫记"、一点号"新媒体前沿"，以及知乎、QQ空间、抖音、快手等）中看到，也欢迎在上面与本人联系和交流（邮箱：303811975 @ qq. com）。

谭　天

2019 年 11 月

新媒体　新传播　新思维

# 暨南文库·新闻传播学
# 第一辑书目